이 책의 각 장 끝에 있는 QR코드를
'휴대전화 QR코드 인식 앱'으로 찍으면 토론방으로 연결됩니다.
다른 독자들이 각 장을 읽은 후 남긴 소감을 접할 수 있습니다.
여러분이 느낀 바도 남겨주십시오.
질문을 주시면 이 책의 저자와 소통할 수도 있습니다.
사람멀미 없는 직장을 함께 만들어가고 싶습니다.

※ **사람멀미: 사람에게 부대끼고 시달려서 머리가 아프고 어지러운 증세.**

사람멀미 처방전 제1권

직장인의 마음(心) 사용법

꼰대 상사에서 존경받는 멘토로!

사람멀미 처방전 제1권

직장인의 마음(心) 사용법

HOW TO BETTER USE

YOUR MIND

남충희 지음

『7가지 보고의 원칙』 저자

황금사자
GoldenLionBooks

조직생활 성공학 원론

많은 분들이 이 책의 초고를 읽고 평해주었다. 대부분 30대 중반에서 50대 초반의 중간관리자다.

강병준 NFN Co. 대표이사, 전 위즈덤홀딩스 책임컨설턴트

'내가 사람멀미의 피해자가 아니라 혹 가해자가 아닐까.' '나는 과연 인간다운 인간인가.' '인간관계가 왜 이리 힘들까.' '나는 직장인으로서 행복한가.' '상사로서 나는 무엇을 어떻게 해야 하나.' 남충희 박사는 수십 년간 다양한 직장생활에서 얻은 통찰을 학자의 치밀한 논리로 정리하고, 소설처럼 흥미진진하게 풀어내 주었다. 후배들로서는 고마울 따름이다.

강종원 롯데케미칼(주) 연구소 연구전략팀 팀장

팀장이 되자마자 운명처럼 이 책이 내게 왔다. 사흘 만에 읽고 얼혼이 빠지고 말았다. 흡사 '인간개조 캠프'에 들어갔다가 나온 느낌이다. 누구나 앓는 상사 멀미, 부하 멀미, 자녀 멀미 등 사람멀미의 해결책이 전율을 불러일으킨다. 나라는 인간이 우선 바뀌어야 한다니 …. 새로운 영혼이 제자리에 들어찬 느낌이다. 자기혁신 전략을 당장 실행하려고 한다. 마음, 귀, 입 사용법을 한 번도 생각해보지 않은 직장인에게 이 책을 권한다.

권운상 China Gas Holdings 총재조리, 전 SK이노베이션(주) 신규사업팀 팀장

술술 읽힌다. 풍부한 사례들이 '쿵' 가슴을 울린다. 책 내용은 잘 안다고 생각했지만, 사실 고백하건대, 전혀 모르고 있던 것들이다. 결국, 나도 꼰대임을 자각하게 되었다. 내가 비웃던 그 꼰대 말이다. 이 책을 다음 세 분께 추천한다. 첫째, 스스로 훌륭하다고 생각하는 상사. 둘째, 예전에 공감, 소통, 피드백 교육을 좀 받아본 상사. 셋째, 부하 관리 때문에 스트레스받는 상사.

김민지 전 제주항공 객실본부 사무장

하늘과 땅 위의 상사들이 저자의 이 섬세하고 예리한 '상사 위기 탈출 처방전'을 받아들면 어찌 바뀌지 않겠는가? 직장인을 향한 저자의 애정과 진솔함에 감동했다. 직장생활 구석구석을 분석한 통찰력에 경탄했다. 10년 전 저자의 책, 『7가지 보고의 원칙』은 솔직히 나만 몰래 읽고 싶었는데, 이 책은 내 주변 모두가 꼭 봤으면 좋겠다.

김재성 군무사무관 (예)해병 소령

책 속의 사례들을 읽으며 한참 웃던 중 '꽝!' 망치로 뒤통수를 맞았다. 정신이 번쩍 든다. 바로 내 이야기가 아닌가. 갑자기 반발심이 생겼다. '이거 근거 있어?' 그러다 '꽝!' 또 맞았다. 하나하나 다 기막힌 이론적 근거가 있다. 하염없이 빠져들었다. 이 책의 처방은 상하관계뿐 아니라 모든 인간관계에 적용된다. 드디어 보인다. 무엇이 문제였는지. 이제 알겠다. 앞으로 어떻게 살아야 할지.

김지은 SK건설(주) PL

한마디로 놀랍다. 직장인들은 모두 읽어야 한다. 올해 중2 된 딸에게도 읽히려고 한다. 세대 간 소통이 어려운 이 시대가 아닌가. 새로운 언어가 필요하기 때문이다. 이 책은 마음, 귀, 입을 어떻게 사용해야 하는지 제대로 알려준다. 소통이 조직을 살릴 수도, 죽일 수도 있음을 느꼈다. 소통은 기본이다.

김희준 두산중공업 계측제어기술팀 팀장

이 책은 자기계발서가 아니다. 인문학 명저다. 그런데 현장감이 생생하다. 재미있고 유익하다. 성공한 '상사' 그리고 품격 갖춘 '인간'으로 기억되고 싶다면, 이 책을 꼭 세 번 이상 읽어봐야 한다. 이 책을 늘 책상 위에 펼쳐놓고, 각 장의 요약 부분을 책상 앞에도 붙여놓겠다. 그러나 한 가지! 이 책의 큰 단점은 인간다운 인간, 훌륭한 상사가 되기 위해 체화(體化)해야 할 숙제를 너무 많이 내놓았다는 점이다.

남상현 EY Consulting Manager

신나게 통쾌했다. 부하 처지에서 이 책을 읽으니 그랬다. 그러나 상사로서, 선배로서 곧 묵직한 반성이 밀려온다. 바로 내가 그 무섭다는 젊은 꼰대가 아닌가. 읽었으니 다행이다. 큰일날 뻔했다. 부하나 후배를 한 명이라도 데리고 있다면, 혐오와 회피의 대상이 되기 전에, 하루빨리 읽어야 할 책이다. 그런데 고민이다. 상사들에게 이 책을 무슨 말로 추천해야 할지. "이 책을 읽고 제발 좀 좋은 상사가 되십시오!"라고 말할 수는 없고 ….

남은실 (주)POSCO 인재경영실 HR전략그룹 조직제도섹션 리더

혹여 세상사 험한 물결 속에서 고통스러운 사람멀미를 앓고 있는가? 행여 질식 직전인가? 이 책은 시원시원하다. 진솔한 통찰로 짠 튼실한 구명 밧줄을 던져준다. 사실 이 정도를 넘어섰다. 목마름을 해소하려다 거대한 폭포 벼락을 들이켠 듯하다. 현장감과 설득력의 물줄기가 참으로 매섭다. 부하, 상사와 부대끼며 느껴왔던 끊임없는 갈증을 이 폭포수가 채워준다. 이 책을 가까이 두고 계속 마셔야 한다.

문광오 (주)대한항공 항공기술연구원 차장

시나브로 나도 고참이 되어 있었다. 나는 왜 쉽사리 호통을 칠까? 예전에 당한 대로 후배들에게 갚아주고 있는 것이 아닌가 싶었다. 이래선 안 되겠다 싶던 차에 이 책을 만났다. '피하고 싶은 고참'에서 '닮고 싶은 선배'가 되는 비밀을 풀어놓은 책이다. 한 번 읽을 책이 아니다. 『7가지 보고의 원칙』처럼 곁에 두고 계속 읽으며 되새김해야 한다.

박수명 한국철도공사 부산경남본부 차량처 처장

무척 재미있는 책이다. 단숨에 읽었다. 책 속의 사례들이 흡사 내 이야기 같았기 때문이다. 현장감과 생동감이 흘러넘친다. 관리자로서 이 책을 이제야 읽은 것이 아쉽다. 면담, 경청 그리고 질문의 원칙과 기술을 당장 내일부터 적용하려고 한다. 지금 어서 날이 밝아 출근하기만 기다리고 있다. 사람멀미가 사라진 직장을 만들고 싶다.

박정찬 현대건설 구매본부 책임매니저

이 책은 이해가 쉽고, 설득력이 높다. '다양한 사례'의 날줄과 '탄탄한 배경이론'의 씨줄로 짜였기 때문이다. 가뿐히 읽은 이 책이 두 가지 무거운 과제를 남긴다. 첫째, 바쁨에 치여 망각했던 나의 마음, 귀, 입 사용법에 관한 성찰이다. 인간의 조건임에도 놓치고 살았던 것들이다. 둘째, 이 책의 친절하고 따끔한 충고를 우리의 상사에게 과연 어떻게 정중히 전달할 수 있을까. 이 숙제 역시 무겁다.

박정현 이랜드그룹 (주)이랜드리테일 자산개발실 팀장

신입사원 때 저자의 『7가지 보고의 원칙』을 회사 추천 도서로 접했다. 덕분에 직장이라는 전쟁터에서 생존할 수 있었다. 이 책은 내가 10년 동안 기다리던 저자의 후속작이다. 역시, 기대 이상이다. 사례는 재미있고 내용은 깊다. 이제 팀장이 된 나에게 딱 맞는, 마치 나를 위해 써준 책이다. 덕분에 내가 익히 알고 있던 팀장과는 완전히 덕목이 다른 새로운 팀장이 되어야 할 큰 숙제를 떠안게 되었다.

서성제 한국전력기술 원전안전센터 내진검증팀 팀장

이 책은 재미있다. 쉽게 읽었다. 그러나 조심해야 한다. 후유증이 오래간다. 출근할 때마다 중얼중얼 주문처럼 외운다. 공감! 경청! 질문! 지시! 그리고 지지적 피드백! 팀장으로서 오늘 하루 이 모든 것을 어떻게 할지 머릿속에 이미지 훈련도 한다. 팀원들에게 새로운 인간, 재탄생한 상사의 달라진 모습을 보여주고 싶다.

손동진 삼성전자 Foundry사업부 M기술팀 수석

어쩌다 '낀 세대'가 되었다. 위에서 하라면 우리는 무조건 했다. 우리는 그렇게 살아왔다. 그러나 신세대 부하들은 다르다. 앞뒤 배경을 자세히 설명하고 왜 해야 하는지 합당한 이유까지 주면서 조율해야 한다. 이렇게 급변하는 세상에서 과연 내가 '좋은' 상사가 될 수 있을까. 꼰대라는 오명을 피하기만 해도 다행이리라. 마침 이 책을 읽었다. 낀 세대와 신세대 사이의 깊은 강을 건널 수 있었다. 상사 앞에 '좋은', '훌륭한', '따르고 싶은'이라는 수식어를 붙일 수 있겠다는 확신이 생겼다.

손병천 현대자동차 연구개발본부 중형차 총괄 Project Manager

늦게까지 시간 가는 줄 모르고 읽었다. 이 책의 매력은 실감 나는 사례다. 내가 현재 직장에서 매일매일 경험하는 일들이 생생하게 그려져 있다. 마치 내 이야기 같다. 상사와 후배 사이에서 외줄 타는 중간관리자의 고민을 분석했다. 해결책도 명확하다. 저자의 첫 번째 책, 『7가지 보고의 원칙』이 부하가 지킬 원칙이라면, 이번 책은 인간다운 인간, '좋은 상사가 되기 위한 최소한의 원칙'으로 가득 차 있다. '마음, 귀, 입 사용법'을 제대로 익힌다면 직장인들은 스트레스 대신 생동감이 충만하게 되리라.

신상묵 (주)프로토텍 사장

바로 이 책 때문에 회사생활의 전환점을 맞게 되었다. 좀처럼 남에게 쉽게 설득당하는 법이 없던 내가 이 책에 넘어갔다. 누구나 뜨끔한 느낌을 받게 되는 사례, 현실감 넘치는 대화 그리고 풍부한 이론적 근거 때문만은 아니다. 심리학, 진화심리학, 경영학, 신경과학, 커뮤니케이션학 등을 동원한 논리적 설득의 내공이 경이롭다. 단순히 A를 하면 B의 효과가 있다는 설교가 아니다. A 행동이 본능적으로 왜 하기 어려운지, 극복 방법이 무엇인지, B의 효과가 어떤 경로를 거쳐 나타나는 것인지까지 설명해준다. 나를 깨우쳐주는 값비싼 일대일 컨설팅이다.

양희일 SK텔레콤(주) ESG혁신그룹 부장

중간관리자 이상에게는 가히 '조직생활 성공학 원론'이라 할 만하다. 직장, 가정 그리고 모든 인간관계에 적용해야 할 소통의 진리를 위트 넘치는 사례들을 들어 설명했다. 바이블로 삼아 항상 옆에 둬야겠다. 매너리즘에 빠지거나 감정 통제가 어려울 때 다시 들춰보아야 한다. '꼰대화'의 늪에 빠지지 않을 수 있을 것이다.

오정화 세종문화회관 공연기획팀 팀장

신고당할 것인가? 아니면 칭송받을 것인가? 이 책 속의 국가인권위원회 조사 결과가 끔찍하다. 직장인의 무려 73.3%가 지난 일 년간 한 번 이상 직장 내 괴롭힘을 경험했다고 답했다. 이 책은 잠재적 가해자에서 벗어나 사람다운 사람, 좋은 상사가 되는 체계적인 이론서다. 아니, 실용적인 실천서다. 부하나 후임을 한 명이라도 데리고 일한다면 이 책은 필독서다.

이의동 현대자동차 연구개발본부 소형차 Project Manager

대박 시리즈물이다! 후편은 전편보다 기대에 못 미친다는 통설을 뒤집었다. 10년 동안 필자의 내공이 더 깊어졌다. 한마디로 명작이다. 신입사원을 포함한 직장인의 필독서다. 더 나아가 사회에 진출할 대학 4학년생들의 교양과목 강좌로 개설되어야 할 내용으로 가득 찬 정통 교과서다. 다시 10년 뒤 후속작이 기대된다.

이진 (주)신세계아이앤씨 인사팀 부장

읽는 내내 반성했다. 알아채지 못했던 부하들의 생각과 감정을 이제 이해할 수 있게 되었다. 상사들이라면 반드시 읽어야 한다. 신임 리더들에게도 꼭 권하고 싶다. 리더들에게 성공을 향한 노력 방향을 명확히 제시하는 책이다. 그런데 한 번 읽어서 소화할 수 있는 가벼운 책이 아니다. 다행히도 다시 읽고 싶은 마음이 저절로 들게 되는 재미난 책이다.

장치복 홍인테크 상무, 전 GS건설 Project Manager

'그래서 그랬구나!' 그때 내가 이 책을 읽었더라면 좋았을 텐데 …. 지난날, 기대와 영 틀어진 다면평가 결과를 받았을 때 황당했다. 도저히 원인을 찾을 수 없었다. 이 책의 마지막 페이지를 덮은 후 기억을 들춰보았다. 지난 20여 년 직장생활 속에 어지럽게 널려진 각종 변수가 이제야 원인과 결과로 산뜻하게 연결된다. 내 평생 처음으로 적극 추천한다. 이론과 경험을 재미있게 얼버무린 인문학 명저다.

조세민 SK하이닉스(주) 품질보증신뢰성기술팀 TL(수석연구원)

수년 전 카이스트 대학원에서 뵌 남충희 교수는 '인간'이 아니었다. 15분간 발표한 나에게 174개의 지독한 질문을 퍼부어 댔다. 내 귀에서 연기가 났다. 뇌가 타고 있었다. 혼절 직전에야 질문이 끝났다. 새벽 1시였다. 그런 분이 책을 썼다니 … 역시, 과연, 예상대로, 깊이는 지독하다. 뜻밖에도 재미까지 있다. 10년 전 『7가지 보고의 원칙』은 나의 바이블이었다. 이제 『사람멀미』 시리즈는 뉴 바이블이다. 관리자가 된 나를 지금 지독하게 뒤흔들고 있다.

이 책에 깃들인 수많은 분들의 목소리

지난 10년간 이 책을 쓰며 나는 많은 분께 빚을 졌다. 한국과학기술원(KAIST)의 대학원생들과 국립 한밭대학교 대학생들이 고맙다. 수업 시간에 조직생활과 조직 내 소통 이론에 관해 다양한 질문으로 나를 정신이 번쩍 나게 해주었다. 서울대학교 EPM 프로그램에 참여한 기업의 중간관리자들도 고맙다. 밤새우는 '지옥의 워크숍'에서 나의 무디어진 현실 감각을 날카롭게 만들어주었다. 그리고 인터뷰에 응해 많은 이야기를 들려준 직장인들이 참으로 고맙다. 그들의 질문과 하소연을 이 책에서 내가 만족스럽게 해결했는지 두렵다.

나를 아껴주는 지인들 그리고 가족들도 고맙다. 독자의 위치에 서서 이 책의 초고를 서너 차례씩 읽고 비판해줬다. 이분들의 귀한 아이디어와 충고를 내가 과연 충분히 소화하고 반영했는지 다시금 옷깃을 여미게 된다. 이 책을 함께 만든 분들은 다음과 같다. 깊은 감사를 드린다.

감태병 에버베스트파트너스 PE투자본부 대리, 강동호 영남에너지서비스 본부장, 강민정 동대전고등학교 교사, 강병준 NFN Co. 대표이사(전 위즈덤홀딩스 책임컨설턴트), 강종원 롯데케미칼(주) 연구소 연구전략팀 팀장, 권운상 China Gas Holdings 총재조리, 권형례 대전사립 유치원연합회 회장, 김민지 전 제주항공 객실본부 사무장, 김시훈 만나 CEA 개발팀 팀장, 김은광 다쏘시스템 이사, 김재성 군무사무관 (예)해병 소령, 김정옥 주부, 김주만 삼성전자 혁신기획그룹 박사, 김준문 마젤란인베스트먼트 대표이사, 김지선 전 ECOBIO 기술연구소 연구원, 김지은 SK건설(주) PL, 김희준 두산중공업 계측제어기술팀 팀장, 남상우 충남대학교 스포츠과학과 교수, 남상현 EY Consulting Manager, 남승진 제일기획 국장, 남은실 (주)POSCO 인재경영실 HR전략그룹 조직제도섹션리더, 두진문 Newlife신생활그룹 부회장, 문광오 (주)대한항공 항공기술연구원 차장, 민경호 한국레드햇 영업대표, 박경서 고려대학교 경영대학 경영학과 교수, 박동호 전 청강문화산업대학 총장(전 CJ엔터테인먼트 대표이사), 박성훈 보스턴컨설팅그룹(BCG) 홍콩 시니어 파트너, 박수명 한국철도공사 부산경남본부 차량처장, 박정찬 현대건설 구매본부 책임매니저, 박정현 이랜드그룹 (주)이랜드리테일 자산개발실 팀장, 박창우 서울대학교 공과대학 EPM 책임교수, 변성준 (주)팝콘 사장, 변영환 해안건축 상무, 서성제 한국전력기술 원전안전센터 내진검증팀 팀장, 성정은 (주)KT Customer 전략담당 고객조사분석팀 차장, 손동진 삼성전자 Foundry 사업부 M기술팀 수석, 손병천 현대자동차 연구개발본부 중형차 총괄 PM, 신상묵 (주)프로토텍 사장, 심연옥 (사)한국유전자협회 회장, 안소영 LG AI연구원 연구기획팀, 양태용 한국과학기술원(KAIST) 기술경영전문

대학원 교수, 양희일 SK텔레콤(주) ESG 혁신그룹 부장, 오정화 세종문화회관 공연기획팀 팀장, 오채원 오채원연구소공감 대표, 유병찬 (주)팝콘 대표, 이윤정 김&장 법률사무소 변호사, 이의동 현대자동차 연구개발본부 소형차 PM, 이진 (주)신세계아이앤씨 인사팀 부장, 장치복 홍인테크 상무(전 GS건설 Project Manager), 전경은 삼성전자 한국총괄 Store디자인그룹 디자이너, 전재백 한국전력공사 전력공급부 부장, 전지은 과학기술정책연구원 부연구위원, 정선화 환경부 대변인, 정용훈 Ringleplus 이사, 주영섭 전 중소기업청 청장, 최광철 SK그룹 고문, 최동엽 인천국제공항공사 건설본부 건설기획처 사업관리팀 팀장.

최현문 황금사자 대표는 집필 방향을 끊임없이 조언해주었다. 유영숙 한국과학기술연구원(KIST) 책임연구원은 책 쓴답시고 툭하면 밤을 꼴딱 지새는 남편을 적절히 통제해주었다. 절실할 때 자신감도 불어넣어 주었다. 내가 이 책을 탈고한 이후에도 이렇게 육체적 · 정신적으로 생존해 있음은 오로지 아내를 잘 만난 덕이다.

안팎을 바꾼 갑옷과 방패

필자의 첫 번째 책 『7가지 보고의 원칙』 발간 이후, 독자들의 요구가 거셌다. 못된(?) 시어머니를 모시고 사는 착한(?) 며느리들이 아우성쳤다.

"힘없는 저희 아랫사람들만 '보고'를 잘하면 되나요? 먼저 윗사람들이 바뀌어야 해요. 빨리 『상사가 지켜야 할 7가지 원칙』 좀 써주세요."

강연에서 만난 직장인들도 하소연했다.

"스트레스가 심합니다. 부하를 함부로 대하는 상사가 너무 많아요. 우리 사무실에 몰카를 설치해서 저희가 매일 겪는 온갖 갑질을 보여드릴까요?"

그러나 상사, 특히 '중간관리자들', 주로 30대 중반~50대 초반의 팀장들은 오히려 자신을 피해자로 생각하고 있었다.

"세상에, 상하 간 갈등이라고요? 요즘 시대에 그런 일이 있나요? 요즘 애들 아시잖아요. 눈치코치 안 보고 '칼퇴'합니다. 눈치 보는 건 거꾸로 우리예요. 우리가 부하들을 함부로 대한다고요? 당장 노조에서 항의가 들어와요. 절대 못 합니다. 사실, 우리가 신세대와 구세대 사이에 갇힌, 불행하고 불쌍한 '낀 세대'죠. 윗분들은 아직도 권위주의 시대에 살고 있거든요. 아마도 스트레스 제일 많이 받는 사람이 우리 중간관리자들일 겁니다."

더 높은 사람들은 어떻게 생각할까? 아직 CEO로 남아 있는 지인들을 만나봤다. 그들의 인식 속에 우리의 직장은 전혀 다른 세계였다.

"요즘 직장 분위기요? 옛날과는 크게 달라졌죠. 과장, 부장 등 직급이 거의 없어졌어요. 신입사원이 사장을 부를 때 이름에다 달랑 '님'자 하나 붙입니다. 상사, 부하라는 용어도 잘 안 쓰는 수평 조직이 되었어요. 일 시키기가 힘들어요. 이렇게 평등주의 문화가 정착 중인데, 상사 때문에 직원들 스트레스가 크다고요? 배부른 소리입니다. 과거 우리 때에 비하면 말이지요."

직급의 높고 낮음에 따라 '직장 내 평화'의 개념이 다르다. '직장 내 괴롭힘'의 정의도 제각각이다. '직장인의 행복'에 관한 인식도 차이 난다. 심지어 지위 고하를 막론하고 모든 직장인이 자신들이 바로 새로운 시대 변화 또는 구시대 악습의 '피해자'라고 호소하는 듯하다. 이러한 직장 내 상하관계 인식과 괴롭힘 현상은 물론 공기업/사기업, 대기업/중소기업, 일류기업/평범한 기업에 따라 다른 듯하다. 그러나 어떤 유형의 조직이건 절대다수의 '아랫사람들'은 이구동성으로 반박한다. 진실 여부를 떠나 그들의 인식을 들여다보자.

꼰대 총량 불변의 법칙

"호박에 줄 긋는다고 수박이 되나요? 겉이 좀 바뀐 건 사실이지만 속은 아직 그대로지요. '직급'이 없어지고 '상사'라는 단어가 기피어가 됐다고 해서 지휘권과 평가권을 휘두르는 상사(boss)의 본질이 사라지진 않죠. 신경질 부리는 상사는 여전합니다."

"저는 공기업에 다니는데요. 저희 젊은 직원들은 상사와 부딪히는 상황을 아예 피하지요. 불만이 전혀 없냐고요? 왜 없겠어요. SNS, 동기들 단톡방 그리고 ○○○○ 등의 사이트에 들어가 불만을 실컷 토로하지요. 상사가 만약 우리를 심하게 대하면 노조에 신고하면 돼요. 요즘은 꼭 필요한 지시와 보고 외에는 상하 간에 소통 자체를 서로 잘 안 해요. 그렇게 해서 일이 잘되냐고요? 그건 잘 모르겠어요."

"중소기업은 심각합니다. 정부가 대기업과의 연봉 차이를 보전해준다고 하는데, 그것보다 더 큰 문제가 있지요. 인터넷에 떠도는 '꼰대 총량 불변의 법칙' 아세요? 꼰대를 피해 다른 곳으로 옮기면 그곳에도 또 꼰대가 있지요. 꼰대가 다른 데로 가면 꼭 새로운 꼰대가 들어옵니다. 심한 꼰대 한 명이 사라지면 덜 심한 꼰대가 여럿이 나타나요. 우리나라 직장인 83%가 중소기업 등 작은 직장에 근무하지 않습니까. 중소기업의 젊은 직장인들에게는 낮은 연봉보다 오히려 높은 자리의 꼰대가 더 괴로운 문제지요."

"옛날처럼 부하를 권위로 찍어 누르지는 못하지만, 대신 은근히 무시하거나 따돌리는 등 괴롭히는 방법이 세련되고 교묘해졌어요. 가장 큰 문제는 자신이 사람멀미를 일으키는 '갑질'을 자행한다는 사실조차 인식하지 못하는 상사가 태반이라는 겁니다. 설마 자신을 모를 리 있겠냐고요? 숙련된 뱃사람이 뱃멀미를 모르는 것과 같아요. 오랫동안 폭언, 무시, 모욕, 학대라는 거친 물살에 익숙하게 되어버린 거지요. 칭찬은 물론 받아본 적도 없고 해본 적도 없는 분들이지요. 그분들 잘못이 아닌지도 모르지만, 안타깝게도 공감능력이 아예 없어져 버렸어요. 뇌 수술이 필요한 분들 많습니다."

직장, 비극의 현장 속으로

필자는 크게 세 가지를 깨달았다. 첫째, 직장인들 스트레스가 매우 높다. 누군가 『7가지 직장인 스트레스 해소법』이라는 책을 빨리 써야 한다. 매우 잘 팔릴 것이다. 둘째, 의학계에서 누군가 『상사의 공감능력 향상을 위한 뇌 수술 방법』을 연구해야 한다. 노벨 '평화상' 수상도 가능할 것이다. 셋째, 필자가 빨리 『무지(?)하고 잔혹(?)한 상사들을 개조하는 원칙』을 내놓아야 한다. 압박감이 심하다. 그런데 실제로 우리의 직장 상황이 이토록 심각할까? 윗사람들은 아니라고 손을 내젓는데?

국가인권위원회 조사 결과가 놀랍다.[1] 직장인들의 신음이 크게 들린다. 우리나라 직장인 중 무려 73%가 '직장 내 괴롭힘'(모욕 등 정신적 공격, 과중한 업무 부여, 따돌림, 사생활 침해 등)을 당한다. 전체 직장인의 12%

1 김정혜. (2018). 자세한 내용은 잠시 후 이 책의 '비극의 현장'에서 설명한다.

는 거의 매일 당한다. 이로 인해 전체 직장인의 4%가 자살을 생각하고, 실제 자살을 시도한 사람은 우리나라 직장인의 1.3%나 된다. 직장 내 괴롭힘은 놀라울 정도로 널리 퍼져 있다. 언론에 '힘센 사람들의 갑질'이 가끔 등장하기도 한다. 그렇게 수면 위에 조금 떠오른 빙산 머리 귀퉁이는 흉측한 괴물 형상이다.

아니, 우리 직장의 상사들이 이리도 잔인했나? '공감능력'은 인간이 지닌 특별한 본능이다. 정상적인 인간이라면 타인의 고통과 슬픔을 함께 느낀다. 그러니 철천지원수가 아닌 사람에게 계속해서 고통을 주입하기는 참으로 어렵다. 그런데 어쩌다 우리 직장에 괴롭힘이 이토록 널리 퍼졌을까? 인간의 공감능력이 퇴화했는가? 어찌 타인의 아픔을 알아채지 못할까? 부하의 고통을 인지하지 못하니 당연히 죄책감도 없다. 죄책감을 못 느끼니 후회와 반성 없이, 괴롭힘은 계속된다. 자살까지 생각하다니 …. 이건 『7가지 직장인 스트레스 해소법』 같은 책을 읽는다고 해결될 문제가 아니다.

근본 문제는 인간성 상실이다. 인간성이 회복되면 자연스레 공감 '본능'은 나타난다. 회복 방법은 무엇일까? 아니, 회복이 가능하기는 할까? 애당초 선천적으로 공감능력이 부족한 사람은 또 어찌해야 하나? 뇌수술은 아직 개발되지 않았고, '공감능력 강화제' 같은 약품은 상상하기 힘들다. 빈약한 공감본능을 가릴 수 있는 갑옷과 투구가 있다면 어떨까? 툭툭 튀어나오는 폭력적 언사를 거를 수 있는 필터는 없을까? 입을 벌려 목 속에 장착할 수 있다면, 우리 직장이 조금 나아지련만.

순간, 겁이 덜컥 났다. *(혹시 나도 공감능력 결핍자 아닐까?)* 댓바람에 필자는 자신의 공감 지수(EQ: Emotional Quotient)를 측정해봤다.[2] (두렵겠지만, 여러분도 각주의 인터넷 사이트에 들어가 시도해보기 바란다.) 질문이 40개다. 하나에 ±2점을 받는다. '나는 사람들이 우는 모습을 봐도 별로 괴롭지 않다.' *(어? 아닌데. 난 괴로운데.)* 필자는 '전혀 동의하지 않음'(2점 득점!)을 선택했다. '내 주장이 너무 지나치다고 사람들이 종종 이야기한다.' *(맞아! 내 모습이야.)* 필자의 답은 '매우 동의함'(헉, 2점 감점)이었다. '나는 타인이 어떻게 느낄지 잘 예측할 수 있다.' *(에이, 내가 무슨 초능력자도 아니고 …. 난 절대 못 해.)* 적극적인 부정을 하려는 순간 좀 망설여졌다. *(아니, 솔직하게 답했다가 자칫 낙제점 받는 것 아냐?)* 그래서 '전혀 동의하지 않음'(−2점) 대신에 슬쩍 '동의하지 않음'(−1점)을 선택했다. 80점(40문항×2점)이 최고점이다. 설명을 보니 인간의 공감 지수는 대부분 33~52점 사이에 분포하고, 선천적으로 남성은 낮고 여성은 높다고 한다. 내 점수는 27점이 나왔다. *(아이고, 내 진작에 그럴 줄 알았다!)* 평균 이하다. 아래 설명을 보니 이런 것도 있었다. "참고: 아스퍼거 증후군[3]이나 고기능 자폐증이 있는 사람은 대부분

2 '성인용 공감 지수 측정 설문지'를 이용했다. 다음 책에 실려 있다. 배런코언, 사이먼(홍승효 옮김). (2013). 출판사에서 '성인용 공감 지수 측정 설문지'를 인터넷에 따로 공개하였다. http://sciencebooks.minumsa.com/eq-test/ 여러분도 들어가 측정해보기 바란다.

3 아스퍼거 증후군은 자폐성 장애 유형 가운데 하나다. 공감능력이 선천적으로 몹시 떨어진다. 정상적인 소통이나 사회생활이 어렵다. 그러나 다행히 언어장애가 없고 지능이 정상이다. 이 책에서 나중에 상세히 설명한다.

20점 정도임." *(헉!)* 그래도 20점은 넘었으니 다행 아닌가. *(내가 만약 자존감 보호 노력을 팽개치고 솔직히 답했다면, 나는 아스퍼거 증후군으로 자가 진단될 뻔했다. 글쎄, 다시 해볼 마음은 없다.)*

필자도 '갑질'했나?

공감능력? 불현듯 뒤가 켕겼다. 부리나케 과거로 쫓아갔다. 마침 옛 제자 둘이 나에게 결혼식 주례를 서달라고 찾아왔기에 심각하게 물어보았다.

"예? 남 교수님 공감능력이요? 솔직하게 답하라고요? 아주 좋은데요. 왜 그러세요? 어디 편찮으세요?"

옛 직장 부하들과의 정기 모임에서도 분명히 들었다.

"상사의 갑질요? 그런 거 없었어요. 그러셨다면, 남 사장님이 회사 떠난 지 십수 년이 지났는데, 이 모임에 우리가 나오겠습니까? 그런 걸 물으시다니, 뭔가 켕기시는 게 있나 보네요? 뭔데요?"

과거 비서들은 이구동성으로 합창했다. 정말이다. 믿자.

"남 사장님 공감능력은 뛰어나요. 엄청 다정다감하세요. 이상형이에요."

(흐흐.) 귀신같이 감쪽같았다. 내가 27점짜리임을 알아챘던 사람은 아무도 없었다. 과거는 깨끗했다. 하지만 문제는 가까운 친구와 가족에게서 드러났다. *(그럼 그렇지. 들통나지 않고 배길까!)* 지적과 놀림도 많이 받았다.

한번은 지인들과 요양원에서 봉사활동할 때다. 한 할아버지가 나에게 현실 정치를 신랄하게 비판했다. 비판의 수준이 꽤 높았다. 칭찬의 말씀을 건네며 아무 생각 없이 여쭈었다.

"어르신, 대학 다닐 때 무슨 전공을 하셨어요? 혹시 정치학을 하셨나요?"

"…."

순간 주변의 할아버지, 할머니 그리고 함께 간 지인들이 잠시 동작 멈춤 상태가 되었다. *(어? 왜들 이러지?)*

요양원을 나오자 지인들은 어이없다는 표정으로 나를 닦달했다.

"아니, 초등학교도 제대로 못 다닌 할아버지들 앞에서 대학 다닐 때 전공을 물어보면 어떻게 해요! 당황하는 모습 못 느끼셨어요?"

"…."

"정말 못 느꼈어요?"

(전혀!) 나는 입엣소리만 내고 말았다.

그들은 내가 종종 타인이 어찌 생각하고 느끼는지 전혀 모른다고 낄낄거린다. 아니, 나의 공감능력이 상대에 따라 다르게 나타난다고? 그렇다면 내가 이중인격자란 말인가? 절대로 아니다. '방패'와 '갑옷' 문제다. 나의 낮은 공감능력은 가족과 지인 앞에서, 또는 방심할 때만 고스란히 드러났을 뿐이다. 그들 앞에서는, 많은 사람이 그리하듯이, 사회적 방패를 내려놓고 조심성의 갑옷을 벗고 무장을 해제했기 때문이었다. 그러다 보니 종종 가깝거나 만만한 사람을 함부로 대하기도 했다. 반면, 사회성과 조심성으로 중무장하고 출근하는 조직에서의 생활은 달랐다. 위의 많은 증언을 듣지 않았는가. 공감능력이 훌륭하다는 오해(?)를 받기에 충분했다. 사회성 훈련과 조심성 유지의 결과다.

사실을 고백하자면, 의복의 안과 겉을 뒤집어(inside out) 입은 사진처럼, 필자는 갑옷의 안팎을 뒤집어 착용했다. 갑옷의 철판이 내 몸 쪽을 향해 있다. 내 안에서 뛰쳐나와 상대에게 휘두르는 칼날을 스스로 차단하기 위해서다. 화살을 막는 방패 역시 안과 바깥을 바꾸어 들었다. 내가 쏘아대는 화살을 스스로 막기 위함이다. 즉 타인을 위한 갑옷을 입고 방패를 든 것이다. 필자의 본능적인 공격성을 억제하는 포승줄과도 같다. 이 타인 보호 무기를 학자들은 '인격적 성숙'이라 부른다. 어? 인격적 성숙? 그러고 보니, 이중인격자가 맞네.

사회성 훈련으로 만든 갑옷과 방패

청년 시절에는 멋대로 굴어도 마음 편했다. 아마도 젊음의 특권이었을 거다. 하지만 그 특권 상실 이후가 문제였다. 사회 초년 시절, 필자는 공감 무능이라는 돌부리에 걸려 자주 꼬꾸라졌다. 그때마다 '상황에 따른 타인의 감정 변화'에 관한 값비싼 경험 법칙을 머릿속에 구겨 넣었다. '타인의 실수나 단점을 맘대로 평가해서는 안 된다. 상대가 싫어한다. 객관적으로 상황만 서술하라. 그러면 상대가 알아차린다.' 사회 속에서 성장하면서 이런 법칙을 계속 입력했다. '부하와 면담해야 한다. 최우선이다. 부하 또한 나름 귀중한 삶을 가진 한 인간으로 인식할 수 있다.

그러면 비록 공감능력이 부족해도 부하를 함부로 대하지 않게 된다.'

인간관계의 수렁 속에서 헤매다 뒤통수를 맞은 적도 많다. '면담은 설교가 아니다. 가르치려 덤비지 말자. 꼰대 되기 십상이다. 면담은 경청이다. 경청을 잘하려면 질문을 잘해야 한다.' 사람멀미를 각다분하게[4] 실컷 앓고 어느 정도 나이가 들자 비로소 소통의 원칙도 조금 알아차렸다. '소통은 이성과 감성의 조합이다. 상대의 마음 문이 열리지 않은 상태에서 주는 교정적 피드백은 도로 튕겨 나온다. 아무 소용없다. 상대는 반발하고 나는 꼰대가 된다.'

매일매일 타인의 찌푸린 눈살과 분노 앞에서 재빨리 말하는 방법을 알아차리고 달달 외웠다. '타인의 단점보다 장점을 먼저 파악하자. 그리고 우선 칭찬하자.' 리더십, 조직행동론, 커뮤니케이션학 등의 이론도 쉬지 않고 애써 입력했다. '훌륭한 리더는 과업지향형만이 아니라 관계지향형 행동도 잘해야 한다.' '경영은 애정이다.' 등등. 요즘도 계속 외운다. '요양원 가서 전공 물어보면 안 된다. 어르신들 당황한다. 나는 얼빠진 사람 된다.'

원자폭탄, 미사일 그리고 기관총

공감능력 27점짜리 필자는 다행히 자신의 부족함을 감쪽같이 가릴 수

---

4 (편집자 주) '각다분하다'는 '일을 해나가기가 어렵고 고되다.'라는 뜻의 순우리말.

있었다. 이제 이 책에서 사회적 갑옷과 방패를 내려놓는다. 타인을 위한 그 방어 무기를 쪼개서 분석해본다.

이 책의 내용: 공감, 면담 그리고 말하기

공감능력이 부족한 상사의 공통점은 날구장창[5] 부하를 가없이[6] 계속 괴롭힌다는 사실이다. 상대의 고통을 못 느끼기 때문이다. 공감의 본질과 중요성만 깨쳐도 사람은 크게 달라진다. 공감능력 배양도 가능하다. 제1권에서 인간성의 핵심인 공감의 본질과 공감능력을 자세히 살펴본다.

그런데 선천적으로 공감능력이 결핍된 상사는 어쩌나? 빼도 박도 못하고 꼼짝없이 '나쁜 상사'가 되어 직장 내 괴롭힘의 잠재적 가해자가 되는 걸까? 아니다. 정확히 말하자면, 사회성 훈련이 덜 된 상사가 갑질한다. 인격적으로 성숙하지 못한 상사가 부하를 줄곧 괴롭힌다. 뒤집어 입는 갑옷과 방패 제작 및 착용법을 배우면 된다. 쉬운 일은 아니다. 그렇다고 불가능하지도 않다. 갑옷은 부하와의 면담을 통한 인간 이해다. 제2권에 면담, 경청 그리고 질문의 원칙과 기술을 담았다.

만약 사정상(시간이 없다는 등 이유는 다양하다.) 인간 이해를 위한 면담도 어렵다면, 부하에게 상처 주는 말씨를 삼가는 방법이라도 훈련하자.

---

5 (편집자 주) '날구장창'은 '날마다 계속해서'라는 뜻의 순우리말.
6 (편집자 주) '가없다'는 '끝이 없다', '무한하다'라는 뜻의 순우리말. 예: 가없는 어머니의 은혜.

바로 제대로 소통하기다. 이것이 안과 바깥을 바꾸어 드는 방패다. 제3권에서 상사의 효과적인 지시란 무엇인가 샅샅이 분해해본다. 그 후 말하기의 원칙과 기술을 논한다.

기억하기 쉽게 '폭발력' 차원의 비유를 하자면, 상사의 '공감능력'은 원자폭탄급이다. 이거 하나면 끝난다. 하지만 공감능력이 선천적으로 부족하다면 '면담을 통한 부하 이해'라는 미사일이 필요하다. 이것도 실행하기 버겁다면 어쩌나? '제대로 말하기'라는 기관총을 활용하자. 이들 모두는 자신의 공격적 본능을 제어하기 위해 자신을 향해 쓰는 무기다.

물론 확보하기 쉬운 순서는 거꾸로 기관총, 미사일 그리고 원자폭탄이다. 이 세 가지를 모두 가진다면 금상첨화다. 인재 관리에 더 바랄 것이 없다. 전체 세 권으로 구성된 시리즈의 내용은 제1권 상사의 마음(心, 공감능력), 제2권 귀(耳, 면담과 경청) 그리고 제3권 입(口, 말하기) 사용법 설명이다. 여러분이 평소 활용 가능한 무기를 폭발력의 순서로 정리했다.

이 책의 근본 주제: 인간의 인간다움

이 책의 집중 주제는 '인간다움이란 무엇인가?'다. 정확히는 '직장 상사의 인간다움'을 뜻한다. 인간다움? 이게 무슨 말일까? 인간은 선천적으로 착하니 '인간다운 상사'가 되려면 조금만 더 노력하면 된다는 뜻일까? *(아니, 인간이 원래 착하게 만들어졌다고?)* 글쎄? *(그럼, 인간이 선천적으로 악하다는 주장인가?)* 그렇다면 인간다운 상사가 되려면 인간 본연의 사악한 심성을 지워내려고 애써 노력해야 한다는 의미인가? 인간의 본성이 뭘까? 본성을 살려야 하나? 지워야 하나?

필자는 심리학, 사회심리학, 진화심리학, 조직행동학, 뇌신경학, 커뮤니케이션학 그리고 동서양 철학을 읽으며 타임머신을 타고 수백만 년 전으로 시간여행을 가봤다. 인간의 본능, 사회화 과정 그리고 시대에 따라 변한 가치관을 찾기 위해서였다.

아프리카 초원이다. 사자 떼가 어린 들소 한 마리를 집중적으로 공격한다. 아니, 그런데 나머지 들소들이 왜 그저 나 몰라라 도망만 가는 것일까? 왜 힘을 합쳐서 그 붙잡힌 새끼 들소를 구출해주지 않을까? 육중한 체구에 머리에 뿔까지 달려 있는데 …. 숫자도 많으니 아주 간단하게 도와줄 수 있을 텐데 …. 아쉽게도, 들소에게는 공감능력이 전혀 없는 것이다. 사자들에게 잡혀 물어뜯기기 직전인 어린 들소가 안쓰럽다, 딱하다는 공감이 조금도 생기지 않는다. 그러니 이타적 행동이 나오지 않는 것이다.

뛰어난 공감능력은 인간에게 두드러진 독특한 본능이다. 타인의 어려움과 고통을 알아채고 함께 느낄 수 있다. 그래서 배려, 격려, 도움 등 이타적 행동을 잘한다. 선천적이다. 이 본능 때문에 인간은 사회를 구성하여 고대의 어려운 환경에서도 생존할 수 있었다. 인간 본능의 밝은 측면이다.

반면에 어두운 본능도 보인다. 늑대나 사자들은 물고 뜯고 싸워서 무리 내에서 자신의 위상을 결정한다. 사회적 동물인 인간 역시 자신과 타인의 사회적 위상을 늘 확인한다. 하지만 동물과 달리, 언어를 개발해서 모욕함으로써 다른 사람을 굴복시키기도 한다. 사회적 질서를 관리하려는 이러한 공격성 역시 부인하기 힘든 인간의 어두운 본능이다.[7] 사실 직장 내 괴롭힘의 뿌리다.

철학자 데이비드 흄이 인간의 근본 구성 요소를 밝혔다. '비둘기 일부분이 늑대나 뱀의 요소와 반죽이 되어 우리 모두의 체질에 들어가 있다.' 글쎄? 우리의 본능은 선하기도 하고 악하기도 한 듯하다. 그렇다면 인간다움이란 도대체 뭔가? 길을 잃고 헤매다 필자는 성인(聖人)들을 만날 수 있었다. 공자, 맹자, 석가모니, 예수(가나다 순) 등이다. 이 책은 그들이 정의한 인간다움을 꼼짝없이 따른다. 내 안의 본능 계발과 내 안의 또 다른 본능 억제다. 이것이 이 책의 근본 주제다. 그다음에야 비로소 직장의 상사는 자신의 마음, 귀 그리고 입을 제대로 사용할 수 있을 것이다. 우리의 직장이 천당까지는 되지 않더라도 지옥은 면하기를 간절히 바라는 마음으로 이 책을 쓴다.

---

7 어빈, 윌리엄(홍선영 옮김). (2014). 10-11쪽.

이 책의 독자: 시어머니와 며느리

이 책의 독자는 직장 내 '시어머니' 그리고 후임이나 후배를 한 명 이상 가진 '시누이'다. 잠재적 가해자가 될 수 있는 직장 내 모든 사람을 이 책에서는 편의상 '상사(boss)'라 부른다. 즉 이 책에서 상사란 ▶부하 직원, 후임자 또는 후배를 한 명 이상 ▶공식적으로 지휘하거나 ▶비록 공식적인 지휘권이나 평가권은 없지만, 비공식적으로 영향력을 행사하는 사람을 통칭한다. 이렇게 보면, 갓 들어온 신입사원 빼고는 거의 모두가 상사다.

이 책은 최소한 부하를 괴롭히지 않는, 사람멀미를 일으키지 않는 상사가 되는 방법을 소개한다. 훌륭한 상사가 되는 '리더십 매뉴얼'이 아니다. 단지 잠재적 가해자에서 벗어나는 이론적 · 실증적 방법을 논한다. 하긴, 요즘에는 나쁜 상사가 안 되는 것만 해도 훌륭한 상사다. 그런 상사가 생산성을 높이고, 직장인의 삶의 질을 높이고, 이직률을 낮춘다. 훌륭하지 않은가?

착한 부하는 훗날 꼭 착한 상사가 될까? 꼭 그렇진 않다. 착한 며느리도 시어머니 흉보며 닮아간다. 충분히 나쁜 상사가 될 수도 있다. 그래서 이 책을 특히 젊은 세대에게도 주고 싶다. 며느리도 곧 시어머니가 될 테니까.

필자의 머리에 흰서리가 내렸다. 철이 조금 들었다. 가끔 싱싱했던 옛날의 나를 돌아본다. 그 젊은이는 비교적 말을 잘했다. 날카로운 분석력, 치밀한 논리력, 넘치는 자신감 그리고 냉혹한 정의로움에 가득

차 있었다. 패기만만했던 그 젊은 시절의 나를 만났으면 좋겠다. 마주 앉아 이야기하고 싶다. 그러지 말라고. 대인관계는 머리가 아닌 마음으로 하는 것이라고. 공감능력을 키우라고. 인격적 성숙의 정수(精髓)인 인내와 겸손을 배우라고. 그러면 경청할 수 있다고. 진정한 소통은 말로 쏘아붙여 이기는 투쟁이 결코 아니라고. 입속의 날 선 도끼를 빼내 버리라고. 그래서 진정 인간다운 인간이 돼라고.

모난 돌이 갈고 깎이어 둥근 자갈이 되기까지는 오랜 세월과 세찬 파도가 필요하다. 자기 훈련은 가능한 일찍 시작해야 한다. 그 녀석을 만날 수 있으면 좋으련만 …. 패기 넘치던 그 젊은이에게도 이 책을 보내고 싶다. 필자가 겪었던 길고 고된 여행길을 단축해줄 것이다.

이 책의 특징: 사례 분석에서 뽑은 이론적 원칙

'이렇게 해라. 저렇게 만들어라.'라는 식으로 흡사 요리책처럼 방법만 나열할 수도 있었다. 하지만 그런 요리법이 과연 얼마나 쓸모 있을까? '끓는 물에 라면을 넣고 4분을 더 끓이면 맛있는 라면이 된다.'라는 식의 단순 요리법만으로는 우리 직장의 그 복잡미묘한 상하관계 문제를 해결할 수 없다. 우리의 삶 앞에는 매 순간 경우의 수가 너무 많다. 판단과 선택이 갈수록 어려워진다. 요리책에 없는 새로운 요리를 끊임없이 만들어내야 할 판이다. 응용력이 중요한 이유다. 그러니 이론적 원칙을 이해해야 한다.

인간성, 소통 그리고 조직행동에 관한 이론을 찾아 필자는 어려운 길로 들어섰다. 당연히 헤맸다. 흡사 어두운 우주 속 유영과도 같았다.

너무 힘들어 종종 후회도 많이 했다. 심리학, 진화심리학, 조직심리학, 사회심리학, 조직행동학, 뇌신경과학, 진화생물학, 커뮤니케이션학, 동서양 철학 등 낯선 행성에도 가서 살아봤다. 온갖 이론을 버무렸다. 새로운 약을 빚었다. 사람멀미와 직장 내 괴롭힘 방지약이다.

그리고 필자 자신을 실험재료로 삼아 그 약을 나에게 먹여보았다. 즉 지난 30여 년간 내 언행의 정당성과 반성할 점을 찾기 시작한 것이다. 맞아 들어가는 점이 조금 발견되면 낄낄 웃고, 대부분 두 손으로 머리카락을 쥐어 뜯으며 후회하고 반성하는 기나긴 실험 여행이었다. 다양한 사례와 함께 '인간성, 소통 그리고 조직행동'에 관한 이론의 제시가 이 책의 특징이다. 응용력 발휘는 여러분 몫이다.

글쓰기에 혁신을 시도해보았다. 이렇게 필자가 주장하면, 독자 여러분은 질문할 것이다. *(글쓰기 혁신? 도대체 무슨 소리입니까?)* 바로 이렇게 독자 여러분의 속마음에서 나오는 '입속말'의 질문을 이 책에서는 *(괄호 속에 이탤릭체)*로 표현하였다. 그 외 괄호 속 입속말은 독자의 질문이 아니라, 대화 상대의 입안엣소리다. 즉 상사와 부하가 대화하는 사례에서는, *(이분, 갑자기 왜 호통이야?)* 이는 부하의 입속말이고, *(어? 이 친구, 갑자기 왜 말이 없어?)* 이는 상사의 입속말이다. 필자의 속말도 종종 등장한다. 문맥으로 쉽게 구분할 수 있다.

이와 같은 일명 속마음 글쓰기 혁신을 도입한 것은 이 책의 내용이 공감, 공감능력, 면담, 경청 그리고 말하기를 다루기 때문이다. 공감능력은 상대의 속마음을 꿰뚫는다. 최고의 소통은 심통(心通)이다. 말이 없는 속마음의 교환이다. 당연히 속마음을 읽는 훈련이 필요하지 않겠는가? 내가 이렇게 주장하면, 독자 여러분은 분명 질문할 것이다.

(어? 필자가 어떻게 우리들의 속마음을 읽는다는 말인가?)

조금 안다. 독자의 속말 질문은 과거 필자가 강연 중에 받은 질문 및 이 책의 초고를 검토해준 분들의 대표적 질문이다.

이 책의 목적: 개인의 행복 증진과 조직의 경쟁력 향상

행복의 근원은 무엇일까? 돈? 물론 필요하지만, 결정적인 요소는 아니라고 한다. 핵심은 인간관계다. 사랑하는 사람을 바람에 실려 저세상으로 떠나보낸 사람은 안다. 관계의 상실감이 얼마나 뼈에 사무치는지. 은퇴하여 직장, 권력 그리고 바쁨까지 모두 뒤로하면, 오직 남아 있는 배우자, 자녀 그리고 친구와의 '관계'로 행복의 질이 결정되는 법이다.

이 책의 첫째 목적은 부하를 행복하게 만드는 데 있다. 만약 직장에 다니는 것이 안타깝게도 '행복하지 않다'면, 그래서 근무 의욕이 떨어진다면, 아마 그것은 십중팔구 상사 멀미 때문일 것이다. 물론 동료와의 관계, 업무 만족도, 보상 수준 등도 직장인의 삶의 질에 영향을 끼친다. 하지만 결정적인 것은 지휘권과 평가권을 손에 쥔 상사와의 관계다. 상사가 주는 이해와 칭찬 그리고 질책과 모욕이 부하의 '인정감'과 '행복감'을 좌지우지한다. 여러분이 부하를 행복하게 만드는 상사가 될 수 있다면 좋겠다.

이 책의 둘째 목적은 소통경쟁력, 집단 창의력, 그래서 조직경쟁력을 높이는 것이다. 활발한 토론에서 솟아나는 집단 창의력이 이제 이 시대의 조직경쟁력이다. 그러나 아쉽게도 우리의 토론은 서로 감정적 앙금만 남기고 끝나는 경우가 많다. '쓸데없는 회의' 무용론이 퍼져 있다. 근본 문제는 공감능력과 말하기 능력이 떨어지기 때문이다. 여러분의 공감능력, 경청능력 그리고 소통능력이 대폭 향상되기를 바란다. 그래서 우리의 조직경쟁력이 높아지면 좋겠다.

이 책의 셋째 목적은 여러분의 현실적 성공을 돕는 것이다. 한 명 이상의 부하 또는 후임과 함께 일하는가? 그렇다면 여러분은 '상사'다. 만약 부하들이 힘들어한다면, 원인은 바로 상사인 여러분과의 갈등에 있다. 우리 직장의 현실이다. 불만 없는 직원들이 생산성을 높인다. 창의력을 발휘한다. 고객을 만족시킨다. 이직률을 떨어뜨린다. 세계적 일류기업의 모습이다.

일류기업이 처음부터 풍부한 자금을 마련해놓고 개업했을까? 뛰어난 일류직원들만 모아서 시작했을까? 아니다. 그들의 공통점은 뛰어난 인재 관리다. 직원 불만율 0%를 추구한다. 직원 불만의 주된 원인 제공자는 상사다. 즉 일류기업의 인재 관리는 상하 간 인간적 갈등을 줄이는 데 그 초점을 맞춘다.

경영자로서 또는 리더로서 성공하고 싶은가? 일류기업을 만드는 리더가 되고 싶은가? 인재 관리의 기초인 공감, 면담, 경청 그리고 질문에 관해 학습해보자. 미래의 성공은 여러분의 현재 능력에 달려 있다. 여러분이 바로, 직장생활이 행복한 조직구성원들이 집단 창의력을 마음껏 발휘하는 그런 일류조직의 리더가 될 수 있다. 성공의 잠재력은 바로 여러분 속에 숨어 있다.

이 책의 구성: 직장인의 마음(心), 귀(耳) 그리고 입(口)

『사람멀미 처방전』은 총 3권의 시리즈로 구성되었다.

제1권: 직장인의 마음(心) 사용법

우선 우리의 직장에서 벌어지는 현상을 있는 그대로 묘사한다. 냉혹한 현실 이해가 위기의식을 촉발하기 때문이다. 위기의식은 혁신의 전제조건 아닌가. 그 후 가장 중요한 자기혁신인 공감능력의 회복을 논의한다.

- **제1장 '비극의 서막, 또라이와 꼰대의 갈등'**

  직장 내 '상사와 부하 간의 갈등' 속으로 뛰어든다. 적나라한 현상이 펼쳐진다. 원인은 무엇일까? 상사가 무엇을 어찌해야 하나? 해결책을 찾아본다.

- **제2장 '비극의 원인, 내가 꼰대라고?'**

  [꼰대(잠재적 가해자)+지속성(사실 꼰대의 특성이기도 하다.)+모욕적 언행(말과 행동)=직장 내 괴롭힘 가해자]라는 공식을 풀어본다. 구체적인 꼰대 탈피 방법도 살펴본다.

- **제3장 '공감'**

  공감능력은 비유하자면 '원자폭탄'만큼 힘이 세다. 소통과 인간관계의 모든 장애물을 제거한다. 공감의 중요성과 공감능력의 본질을 파악해본다. 인간 본능 이해의 첫걸음이다. 공감 소통의 사례에서 교훈도 찾는다.

- **제4장 '공감의 과정'**

  '공감'이라는 보이지 않는 것을 잘게 잘라본다. 즉 공감을 구성하는 인지(noticing), 판단(sense making), 느낌(feeling) 그리고 해결 행동(acting)을 하나씩 자세히 들여다본다. 나에게 무엇이 부족한지 찾을 수 있다. 공감능력 배양 방법도 제시한다.

제2권: 직장인의 귀(耳) 사용법

공감능력(마음)이 부족한 상사는 반드시 귀를 잘 사용해야 한다. 얼굴을 마주하는 대화, 즉 면담(面談, face-to-face talk)은 '미사일'만큼 효과가 크다. 그 귀를 어떻게 사용할 수 있을지를 제2권에서 다룬다.

- **제1장 '부하와 소통: 면담'**

  부하라는 한 '인간 이해'의 효과적 방법은 면담이다. 면담은 부하를 무심코 괴롭히는 나쁜 상사라는 오명을 피할 수 있는 유용한 방법이다. 면담이란 무엇인지 부정적 · 긍정적 사례를 들어 보여준다. 면담의 원칙도 제시한다.

- **제2장 '경청의 본질'**

  면담은 질책, 훈계, 설교, 교육이 결코 결코, 아니다. 면담은 경청이다. 면담의 기본자세로서 그토록 하기 어렵다는 경청을 분석했다. 왜 어려운지를 따져본다. 경청의 유형과 방법도 살펴본다.

- **제3장 '질문 잘하기'**

  경청하려면 질문을 잘해야 한다. 경청의 전제조건인 질문의 다양한 측면을 다루고, 질문의 가치와 분류를 설명한다.

- **제4장 '질문의 원칙과 기술'**

  상사는 온종일 질문만 하는 사람이다. 질문의 세 가지 원칙과 일곱 가지 실용적 기술을 보여준다.

제3권: 직장인의 입(口) 사용법

제3권은 '기관총' 편이다. 안타깝게도 "공감능력도 부족하고(즉 원자폭탄도 애당초 없고), 핑계임을 알지만, 부하 면담 시간도 없다.(미사일 제작도 불가하다.)"라고 고백하는 상사가 제법 많다. 그렇다면 자신의 잘못된 언어 습관을 저격하는 '기관총' 사용법을 학습하자. '제대로 말하기'는 사회생활뿐 아니라 가정생활에서도 필수다. 사실 우리 대부분은 말하기를 제대로 학습한 적이 없다.

- **제1장 '상사의 지시 능력'**

  상사는 온종일 말한다. 보고받으며, 회의하며, 면담하며, 지시하고 피드백을 제공한다. '지시'는 상사에게 가장 중요하고 기본적인 소통 수단이다. 상사의 훌륭한 지시가 어떤 것인지 논한다.
- **제2장 '피드백'**

  인간의 소통을 분석하여 피드백의 네 가지 종류(학대적, 지지적, 교정적, 무의미한)를 파악한다. 특히 사람멀미와 직장 내 괴롭힘을 초래하는 학대적 피드백의 본질을 살펴보자.
- **제3장 '말하기 원칙 1: 학대적 피드백 사용 금지'**

  수치심과 모욕감의 본질을 파헤친다. 학대적 피드백이 나오는 원인을 이해하기 위해서다. 학대적 피드백이

개인과 조직에 끼치는 악영향과 폐해를 분석한다. 신호등의 빨간색은 금지를 뜻한다.

- **제4장 '말하기 원칙 2: 교정적 피드백 사용 조심'**

  상대를 교육하고 교정해야 할 때가 있다. 어떻게 해야 내 의지가 먹힐까? 교정적 피드백의 효과를 높이려 할 때 조심할 점을 설명한다. 황색 신호등은 조심하라는 뜻이다.

- **제5장 '말하기 원칙 3: 지지적 피드백 사용 확대'**

  인간의 본능인 '인정 욕구'의 뿌리를 이해해본다. 인정감 부여의 가장 적극적 행태인 '칭찬'이란 무엇인지 분석한다. 칭찬은 왜 인간을 춤추게 할까? 그 좋은 칭찬을 우리는 왜 못 할까? 그 원인을 파헤친다. 지지적 피드백, 즉 칭찬의 원칙과 기술을 제시한다. 지지적 피드백은 신호등의 파란불과도 같다.

시리즈 마지막에는 1, 2, 3권을 종합하여 훌륭한 상사가 되기 위한 실천 프로그램도 제시했다.

차례

제3장
공감 • 159

제4장
공감의 과정: 인지, 판단, 느낌, 행동 • 233

사람멀미 처방전 제1권

직장인의 마음(心) 사용법

조직관리에서 가장 중요한 것이 무엇일까? 단언컨대 '인재 관리'다. 상사의 주요 임무다. 어느 누구도 부인하지 않는다. 인재 관리가 잘 되고 있을까? 그렇지는 않은 듯하다. 다음 공식을 보자.

[인재(competence)=훌륭한 역량(capability)×왕성한 동기(motivation)]

우리의 현실은 아쉽게도 '동기' 대신 '불만'만 왕성한 듯하다. 아무리 훌륭한 역량을 지녔더라도 투덜대면서 억지로 일하는 사람을 인재라고 할 수는 없다. 우리의 직장에는 인재 관리, 즉 동기 관리의 혁신이 급하다. 혁신이 성공하려면 위기의식이 선행되어야 한다. 위기에 찬 우리 직장의 현실을 이해해보자.

제1장 '비극의 서막, 또라이와 꼰대의 갈등'에서는 고성능 망원 카메라를 직장 내 상사와 부하 간의 갈등 속으로 들이민다. 매일매일 벌어지는 참혹한 전쟁 다큐멘터리다. 전쟁의 원인부터 과정, 폐해 현상까지 가감 없이 그대로 촬영한다. 어? 오해하지 말자. 전쟁 영화가 아니다. 전쟁을 반대하는 반전(反戰, antiwar) 영화다. 그러니 반성할 점과 해결책이 필요하다. 제2장 '비극의 원인: 내가 '꼰대'라고?'에서 '꼰대'라고 불리는 가해자의 특성과 꼰대 탈피 방법을 찾아본다.

즉 따질 것은 이렇다. 갈등과 그 갈등에서 비롯되는 직장 내 괴롭힘은 도대체 어디서 시작되고 어떻게 전개되는가? 부하의 문제는 무엇이고, 상사의 문제는 무엇인가? 직장 내 비극의 심각성과 폐해는 어느 정도인가? 상호 이해의 방법은 무엇일까? 특히 관계의 주도권을 쥔 '상사가 해야 할 일'은 구체적으로 무엇인가?

제1장

비극의 서막, '또라이'와 '꼰대'의 갈등

차멀미, 뱃멀미는 아무리 심하다 해도 사람이 죽지는 않는다.
사람멀미는 다르다.
우선 사람멀미의 극단적 현상인 직장 내 괴롭힘이 참으로 널리 퍼졌다.
대기업, 중소기업, 공기업, 교육기관, 군대, 공무원 조직 ….
2018년 국가인권위원회의 '직장 내 괴롭힘 실태조사' 결과,
우리나라 직장인 10명 중 약 7명이 '지난 1년간 한 번 이상 직장 내 괴롭힘을 경험했다.'라고 답했다.
지난 1년 동안 '거의 매일 괴롭힘을 당한다.'라는 사람은 전체 직장인의 12.0%다.
'자살까지 생각했다.'라는 사람은 전체 직장인의 4.0%이고,
'실제로 자살을 시도'한 사람은 전체 직장인의 1.3%다.
얼마나 괴로우면 자살까지 할까 ….

HOW TO BETTER USE
YOUR MIND

우리의 직장이 천당인가 아니면 지옥인가? 인간의 행복과 불행은 인간관계가 결정한다. 특히 상사와의 관계가 핵심이다. 앞서 '시리즈 책머리에'에서 언급한 국가인권위원회 실태조사를 다시 보자. 부하들이 느끼는 상사 멀미가 심하다. 심지어 (1년 이상 근무한) 직장인 10명 중 약 일곱 명이 (지난 1년 동안 월 1회 이상~거의 매일) 상사에게 괴롭힘을 당했다.

상사와의 원만한 관계는 이미 깨졌다. 당하는 사람이 행복할 리가 없다. 멀미 정도를 넘어섰다. 지옥문이 열린 것이다. 갈등, 모욕, 스트레스, 분노 등 뜨거운 불꽃이 지글지글 울부짖으며 소용돌이치고 있다. 지옥문을 도대체 누가 왜 여는 걸까? 지옥문고리는 대부분 상사가 쥐고 있는 것이 아닐까? 이 순간 상사들은 강력하게 항의할 것이다.

(뭐라고? 부지불식간에 '상사'가 지옥문을 열어젖힌다고? 덤터기 씌우기다. 아니, 상사만 잘못인가? 상호작용 아닌가?)

책임 소재를 한번 따져보자. 그 후, 부하들이 느끼는 지옥의 괴롭힘 현실은 과연 어떨까? 한번 들여다보자. 상사들은 또다시 항의할 것이다.

(괴롭힘? 세상에! 요즘 애들은 이해하기 힘들다. 고만한 것도 괴롭힘이라고 불평인가? 말도 안 된다.)

'괴롭힘' 맞다. 부하들은 그렇게 느낀다. 더 나아가, 신음하는 부하들의 마음속도 들여다보자. 어? 또 상사들이 한탄할 것이다.

(허허, 신음이라 …. 요즘 애들이 너무 나약해서 그런 것 아닌가?)

그렇다면 이해하기 힘든 부하들 머릿속 가치관도 끄집어내 살펴볼 필요가 있다. 부하를 이해하면 상사가 갈피를 잡을 수 있다.

지옥문 열기

사례 1

직장인 대상 워크숍의 휴식 시간이었다. 어떤 대기업에 근무하는 강 팀장이 필자에게 질문했다.

"교수님, '또라이' 직원들 때문에 넌더리가 나요.[1] 말도 안 듣고 …. 황당합니다. 제 리더십 문제인가요? 제 나이 이제 겨우 40 중반인데, 설마 제가 벌써 '꼰대'가 된 건 아니겠지요?"[2]

바로 이 질문이다. 강연할 때마다 필자가 늘 받는다. 중간관리자들이 끓는 속을 토로한다.

---

1 '또라이'는 우리말샘(https://opendict.korean.go.kr)에 의하면 '상식에서 벗어나는 사고방식과 생활방식을 가지고 자기 멋대로 하는 사람을 속되게 이르는 말'이다.

2 '꼰대'란 '자신의 경험을 일반화하여 젊은 사람에게 자신의 가치관을 강요하는 사람을 속되게 이르는 말'이다. '꼰대'는 처음에는 아버지나 교사와 같이 나이 많은 남자를 지칭하는 은어였으나, 점차 구태의연한 사고방식을 강요하는 직장 상사나 어른을 가리키는 말로 변형되었다. 영남 지방에서 주름이 많은 '번데기'를 뜻하는 '꼰데기'에서 유래했다는 설이 유력하다. (1960년대 초반부터 꼰대라는 용어가 사용된 것으로 보아, 일제 강점기에 백작(콩테) 작위를 받은 친일파를 비하하며 발생했다는 설은 억지인 듯하다.) 《중앙일보》(2019년 9월 24일 정혜정 기자)에 의하면, '재벌', '갑질'에 이어 '꼰대'라는 단어는 수출도 되었다. 2019년 9월 23일 영국 BBC방송은 '오늘의 단어'로 'Kkondae'를 선정했다. 뜻까지 설명해줬다. 'An older person who believes they are always right (and you are always wrong).'

"요즘 애들은 우리랑 좀 달라요. 성실성이나 협조성을 당최 찾아볼 수 없는 친구들이 제법 많아요. 인생을 포기한 인간들 같아요. 성취나 승진 욕망도 버렸나 봐요. 달래고, 구슬리고, 협박해도 도저히 안 돼요. 어떻게 해야죠?"

자주 들리는 긴 탄식이다.

"휴~, 그런 직원을 회사가 애당초 왜 뽑았냐고요? … 서류전형, 면접, 인성검사 등 입사 성적은 우수해요. 회사의 인재상에 딱 들어맞는다고 판단해서 뽑았는데, 입사 이래 거쳐온 모든 부서에서 '똘짓'을 했다네요. 시험 본 놈이 막상 입사한 놈이랑 신분을 바꿔치기했을 리는 없고. 시대가 바뀌었다지만, 이런 또라이는 도저히 이해가 안 됩니다."

필자도 자뭇 궁금했다. 또라이라니? 어떤 사람을 말하는 건가? 온종일 술 마시고 깽판 치는 사람? 최근 왜 이리 또라이 타령이 부쩍 늘었을까? DNA 조작으로 새로 출현한 돌연변이 종족인가? 궁금증은 풀어야 하니 다수의 상사와 부하를 면담해보았다.

다음은 비극의 서막이다. 가장 극적인 사례를 골랐다. 바로 위에서 나에게 질문했던 강 팀장과 부하직원과의 대화다. 직장 내 괴롭힘은 어처구니없게도 이렇게 평범한 대화에서 시작된다. 지옥문이 열리는 순간이다.

'또라이' 사원과 '꼰대' 팀장의 갈등, 그 서막

우와 엄청나게 싸다! 3박 4일 인도네시아 발리. 인당 69만 원이다. 비행기(비록 홍콩을 거쳐 가지만), 숙박(럭셔리 풀빌라!), 식사(스테이크와 포도주가 겨우 1만 원!) 그리고 투어까지 포함되었다. 가성비 최고의 특가다. 여친이 워낙 여행을 좋아해서 내 인생의 즐거움도 여행으로 바뀌었다. 컴퓨터 게임은 이젠 시들해졌다. 여행사 사이트 뒤지기가 일상이 되었다. 여친이 팔짝팔짝 뛰며 완전 좋아한다.

"팀장님, 다음 주 금요일이랑 월요일에 휴가 좀 내겠습니다."

"뭐라고?"

강 팀장은 벌린 입을 다물지 못한 채 눈을 치켜떴다. *(이놈 봐라 …. 회사를 취미로 다니나!)* 강 팀장은 곧 억지 미소를 지으며 옆 의자를 끌어당겨 앉으라고 권했다. 대화가 필요했다.

(… 이걸 뭘 어디서부터 이야기해야 알아들을까?) "휴가 간다고 보고해줘서 고마워. 그런데 자네 지지난 주에도 금요일과 화요일에 휴가 내서, *(그렇지, 월요일이 대체 공휴일이었지.)* 닷새 동안 어디 해외여행 다녀오지 않았어? 이번 주에 또 가겠다고? 휴가는 자네 권리이니까 마음대로 갈 수 있지. 그런데 말이야, 일정 조정 좀 하자. 곧 신제품 출시야."

"팀장님, 제가 맡은 일은 제가 하지 않습니까."

(뭐야?) "… 네 일만 한다고? 여기 우리 팀에서 지금 자기 일만 하는 사람이 어디 있니?"

"팀장님, 겨우 이틀 휴가 내는 것 가지고 왜 그러십니까?"

(이게 진짜, 사람 맞나! 두 눈은 장식품이냐?) "네 눈에는 안 보이니? *(내 머리카락 빠지는 것 안 보여!)* 우리 팀 동료들이 모두 일에 치여 헉헉대는 거, 스트레스 잔뜩 쌓인 거 안 보이냐고! 곧 신제품 출시라니까."

"제가 일을 안 하는 것도 아니지 않습니까. *(여친과 약속까지 해놨는데 ….)* 왜 휴가도 못 가게 하십니까?"

"넌 눈치도 없니? 사람이 그럴 수는 없지. *(이 또라이야!)* 그리고 참, 네 결혼식은 다음 달 초 아니니? 그때 열흘이나 휴가 갈 거 아냐? 그런데 그걸 못 참고 다음 주에 또 여행 가겠다고? 어? *(요즘 애들 진짜 왜 이래!)* 야, 신혼여행이란 게 원래 결혼한 다음에 가는 것 아니니?"

"…." *(에이 씨, 이 인간, 기분 더럽게 만드네!)*

"말 좀 해봐, 왜 말이 없어?"

"팀장님, 제 휴가를 제가 찾아 쓰는 게 잘못은 아니지 않습니까! … 무슨 여행이건, 그건 제 사생활이고요."

(… 어라, 이놈 봐라! 지금 이 반항하는 말투는 뭐야!) "아니, 네가 맡은 업무가 있잖아. 정신을 어디에다 쏟는 거야. 그렇게 자주 빠져서 일이 되겠냐고. 정신 집중이 된다면 그게 이상한 거지."

"…." *(아, 이 꼰대! 관두자. 말이 안 통한다!)*

어라, 이 친구가 이제 말문을 닫는다. 아무리 신세대라지만 도저히 이해가 안 된다. 이 친구가 정신 줄을 놓았다. 설득도 안 된다. 밤새워 일해도 모자랄 판에, 툭하면 휴가를 가겠다고? 팀 분위기에 재를 뿌리고 있다. 짜증이 솟구친다. 조금 후에 다시 와서 업무 진행 상황을 보

고하라고 지시했다.

잠시 후, 보고서를 훑어보던 강 팀장의 목소리가 높아졌다.

(얼씨구, 그럼 그렇지, 제대로 한 게 하나도 없네!) "너 이걸 일이라고 한 거야! 놀려고 회사 다녀? *(네 두뇌는 사물함에 빼놓고 다니냐!)* 보고서에 혼이 전혀 담기지 않았잖아!"

(어라, 직원들이 다 쳐다보는데 …. 이건 모욕이잖아. 좀 심한데!)

"… 팀장님, 보고를 원래 다음다음 주에 드리기로 했는데요. 이 보고서는 당연히 완성된 건 아니지 않습니까. 제가 맡은 일은 제가 합니다!"

(이 녀석 봐라! 얼빠진 놈이 뭘 잘했다고 이제 대놓고 반항까지 해!) "알았어! 너 휴가 가려면, 가기 전에 업무 보고 다시 해! 그거 보고 네 일이 다음다음 주까지 될지 말지 볼 테니." *(네 이놈, 두고 보자!)*

이 꼰대, 참 치사하다. 예정에 없던 보고를 갑자기 하라고? 사생활을 들추며 생트집 잡다가, 급기야 자존심을 박살 낸다. 울화가 치밀어 올랐다. 이런 모욕 받으려고 그 지옥 같았던 입시 경쟁, 학점 경쟁 그리고 취업 경쟁을 버텼나? 회사에선 때마침 워라밸(work-life balance)을 말한다. 이제 좀 쉬면서 여유롭게 인생다운 인생을 사나 했더니 …. 웬 꼰대가 충혈된 눈으로 째려보며 날카로운 혀를 함부로 나불거리다가 급기야 화염을 내뿜어 나를 볶는다.

지옥의 특성은 신뢰 상실과 지속적 괴롭힘

집을 지으려면 벽돌을 쌓아야 한다. 상사와 부하 간의 인간관계 역시 집 짓기와 같다. 하루하루 벽돌을 쌓기도 하고, 어떨 때는 자칫 허물기도 한다. 매일매일의 보고, 지시, 칭찬, 호통, 격려, 질책, 미소 등이 그 벽돌이다. 그렇게 인간관계를 쌓는다.

하지만 벽돌을 쌓기 전에 기초가 깊고 튼튼하고 실팍한지 확인해야 한다. 애당초 믿을 수 없는 사람끼리 인간관계를 쌓아봤자 소용없다. 인간관계의 기초는 신뢰다. 만약 상호 신뢰라는 기초가 흔들리면 건잡을 수 없다. 상하 간 인격적 신뢰, 역량의 신뢰 그리고 감성적 신뢰의 특성은 흡사 얼음과도 같다. 얼음은 쇳덩이처럼 단단할 수도 있지만, 잘못하면 서서히 녹다가 어느 순간 깨져버리기도 한다.[3]

---

3 Bartolome, F. (1999). 이 논문은 다음 여섯 가지 요소가 상하 간 인간관계, 즉 신뢰 형성의 필요 충분 조건이라고 주장한다. (1) Competence(능숙한 역량. 신뢰의 기본이다.), (2) Predictability(예측 가능성. 약속을 지키지 않거나, 사고나 행동을 예측할 수 없는 사람을 신뢰할 수는 없다.), (3) Support(접근 가능성, 상호 도움, 지원, 지지), (4) Respect(상호 인격적 존경 및 존중. 주로 권한위임과 경청으로 나타난다.), (5) Fairness(공정성. 예를 들어 공정한 평가를 해주지 않는다면 신뢰는 깨진다.), (6) Communication(의사소통. 예를 들어 대화가 차단되거

신뢰라는 기초의 균열

지금 또라이와 꼰대의 대화가 뿌지직거린다. 얼음 깨지는 소리다. 벽돌 한두 장 잘못 놓은 문제라면 만회라도 할 수 있으련만, 그 정도를 넘어섰다. 신뢰라는 인간관계의 기초가 갈라지기 시작했다. 그 틈새로 차갑고 혹독한 갈등이 분수처럼 치솟는다. 불신과 모욕의 차디찬 물벼락을 뒤집어쓴 부하는 고통에 몸을 떤다. 자존심의 상처에서 피가 철철 흐른다. 몸속에서는 불같은 분노가 빠져나가지 못한 채 비명을 지른다.

물론 깨진 얼음 위에서 발버둥치는 상사 역시 온전한 상태는 아니다. 신뢰와 존경을 받지 못한 자신이 어쩐지 구차스럽다. 부끄러움이 온몸을 데운다. 자신과 상대를 향한 부아통이 폭발 직전이다. 열이 오른다. 차디찬 소주 한 병을 들이붓지 않고는 숨을 쉴 수가 없다. 알게 모르게 직장 내 괴롭힘이라는 비극의 서막은 이렇게 시작된다.

자신도 모르는 괴롭힘의 지속성

누구의 잘못일까? 사실, 원인 제공자를 정확히 지목하긴 힘들다. 서로 주거니 받거니 했으니 말이다. 그렇기는 해도 법적으로 따져보자. 폭행 사건에서는 발단이 어찌 됐건, 주먹을 휘두른 사람이 가해자이고 코피

나, 정보를 주고받지 않는다면 신뢰는 깨진다.) 위 사례에서 상사는 부하의 (2), (3), (4) 그리고 (6)을 불신하기 시작했다. 반면 부하는 상사의 (3), (4), (5) 그리고 (6)을 믿지 못하게 되었다. 인간관계는 깨지기 시작했다.

흘린 사람은, 비록 애초에 상대를 약 올렸을지라도 피해자가 된다. '아니, 나는 그저 경고하고자 손만 조금 뻗었을 뿐인데, 지가 와서 살짝 부딪히고 지가 알아서 코피를 흘리니, 어쩌겠습니까?' 이런 원인과 과정에 관한 변명은 통하지 않는다. 참으로 억울하지만, 자초지종이 어찌 되었건 결론적으로 부하에게 신체적 · 정신적 고통을 계속 준 상사는 이제 법적으로 직장 내 괴롭힘의 가해자가 된다.

위 사례를 보면 한두 번으로 끝날 것 같지가 않다. 부하가 느끼는 갈등과 괴롭힘은 앞으로도 계속될 가능성이 크다. 무엇보다 상사가 잘 모르기 때문이다. 사실 부하가 촉발한 문제 때문에 상사 자신이 힘들다고 생각할 뿐이다. 즉 자신을 피해자로 생각한다. 살인자는 자신이 살인했다는 사실을 인지한다. 물론 절대 안 했다고 시치미 떼겠지만 말이다. 직장 내 괴롭힘의 가해자는 자기 행위가 괴롭힘이라는 사실을 진실로 인식 못 하는 경우가 많다. 학교 내 폭력과 비슷하다. 가해 학생은 피해 학생이 느끼는 지옥의 고통을 모른다. 그러니 지속한다. (가해자는 왜 피해자의 생각과 느낌을 전혀 모를까? 이 책 제3장에서 '공감'에 관해 자세히 살펴볼 예정이다.)

'또라이' 분석

필자의 분석 본능이 꿈틀거렸다. '또라이'로 지목된 직원 몇 명을 소개받아 면담했다. 그중 한 명을 만났을 때다.

또라이의 고백: '무엇을 배워야 할지 모르겠어요.'

강 팀장이 소개한 부하직원이 먼저 와 앉아 있었다. 머리에 뿔은 없었다. 눈도 두 개, 코와 입도 하나씩이었다. 악수하자고 내가 손을 내밀었다. 어어? 일어서지도 않고 힐끔 올려보더니 손만 뻗는다. 휴대전화에서 눈을 떼지 않는다. 상대가 기분 나빠 하는지 모르는 걸까? 공감능력이 이 정도인가? 아니면 교육받지 못해서일까? 물론 이 세대의 보편적 문제는 아닐 것이다. 20대의 BTS(방탄소년단)가 세계를 제패하지 않았던가. 그들의 경쟁력 중 하나로 훌륭한 인성, 즉 인격 완성의 징표인 겸손함과 주변 사람들에게 베푸는 배려를 꼽지 않는가. 이 친구, 실패와 좌절의 경험 부족 때문일까? 인성(人性)의 꽃은 고난이라는 거름 속에서 피는 법이니 말이다.

"교수님 말씀이 맞아요. 객관적으로 본다면, 여태까지 제 인생은 어려움 없이 성공했지요. 좋은 학교 나오고 좋은 직장에 취업했으니까요."

"여행을 가면 자유를 느끼니까요. 뭐든 제 맘대로 할 수 있잖아요."

부모, 교사, 교수, 상사 등의 압박에서 멀리 떨어져 있고 싶단다. 침묵 사이사이 말이 짧았다. 머리 쓰는 것을 보니 일반적 깜냥은 나무랄 바가 없는데, 자신의 의사를 제대로 표현하기 힘들어했다.

"토론이나 발표요? 학교 다닐 때 그런 거 없었어요. 입사 면접은 잘 봤어요. 취업 컨설턴트가 시키는 대로 준비해서 외웠지요."

태도는 어색했다. 그러나 대화를 피하는 기색은 아니었다. 면담 장소에 기꺼이 나온 것을 보면, 자신도 뭔가 개선해야 할 문제점을 느끼는 듯했다.

"사실 선배나 어른과 길게 이야기해본 적이 별로 없어요."

대인관계 경험이 심히 부족하다. 닫혀 있는 교실과 컴퓨터 게임이라는 사이버 공간에만 갇혀 살았다. 인간관계 경험 부족 때문인가보다. 아쉽게도 소통능력이 떨어진다. 공감능력도 계발되지 못한 듯 보였다.

"물론 상사를 피하기만 해서 될 일은 아니죠. 제가 기초부터 모르는 게 많아요. 근데 뭘 배워야 하는지 모르겠어요. 그게 제 문제인 것 같아요."

소통능력, 인간관계 형성능력 그리고 공감능력의 문제

무엇을 배워야 할까? 그 부하의 보고가 다음과 같았다면 어땠을까?

사례 4

"팀장님, 일이 몰려 많이 힘드시지요. 제가 맡은 일은 다음다음 주에 보고 드리겠습니다. 걱정하지 않으셔도 됩니다. 그런데 팀장님, 정말 죄송한데, 하나만 뭐 말씀드려도 될까요? 석 달 전, 저에게 글쎄 '지름신'이 강림했거든요. 특가로 나온 여행상품을 그만 질러버렸습니다. 다음 주 금요일과 월요일에 휴가를 좀 쓰면 안 될까요? 동료들이 헉헉대는데, 심한 죄책감을 느낍니다. 하지만 허락해주신다면 다음 주 휴가 가기 전에 제 업무에 관해 완벽한 중간보고를 드리겠습니다."

(1) 고객지향적이다. 상사의 스트레스와 걱정을 꿰뚫어보았다. 자신이 담당한 업무에 관해 우선 상사를 안심시켰다.

(2) 적극성의 보고 원칙을 지켰다. 휴가 가기 전에 중간보고를 약속했다.

(3) 조심성의 보고 원칙을 지켰다. 즉 상사의 '권위'를 존중했다. 휴가는 비록 자신의 권리지만, 부서 상황에 따른 조정과 승인 역시 마지막으로 조금 남은 상사의 엄연한 권한이다. 그걸 인정했다. 그래서 '통보'형("휴가 좀 내겠습니다.")이 아닌 '건의'형("휴가를 좀 쓰면 안 될까요?") 말투를 사용했다. 이상 세 가지 보고의 원칙을 지켰다.[4]

(4) 상사와 인간적인 신뢰 형성 노력을 아끼지 않았다. 심지어 '지름신'을 거론하며 자신의 인간적 약점까지 노출했다.[5]

(5) 상대의 호의와 배려를 부탁할 때 효과적인 미괄식 말투를 사용했다. 즉 다짜고짜 요구하여 상사가 당황하지 않도록 했다. 자신

---

4 남충희. (2011). 저자는 다음과 같이 보고의 원칙을 일곱 개로 압축시켰다. (1) 고객지향의 원칙, (2) 구조적 사고의 원칙, (3) 두괄식 표현의 원칙, (4) 미래지향성의 원칙, (5) 건의형의 원칙, (6) 적극성의 원칙 그리고 (7) 조심성의 원칙.

5 Powell, J. (1990). 저자에 의하면 관계지향적 행동으로 신뢰를 쌓는 중요한 방법의 하나가 자기 개방(Self-Disclosure)이다. 신뢰 형성을 위한 자기 개방은 다음의 다섯 단계다.
▶(1) 상투적 대화(Cliché Communication: "어떻게 지내?" "날씨 참 좋지요?").
▶(2) 사실과 약력 정보 교환(Facts/Biographical Information: 자신의 고향, 학력, 경력 등).
▶(3) 개인적 태도나 생각 표현(Personal Attitudes/Ideas: "회사의 경영방침이 좀 바뀌어야 하지 않나요?").
▶(4) 개인적 감정 표현(Personal Feelings: 공감 표현 또는 "사장님이 왜 저러시나 몰라. 기분이 엄청 나쁘네." 등).
▶(5) 신뢰의 정점 대화(Peak Communication: 사적인 비밀, 약점 이야기 등).
위 사례에서 부하직원은 (4)와 (5)단계를 사용했다.

의 상황을 설명하며 상사가 생각할 시간을 준 후, 부탁의 건의를 맨 끝에 배치했다.[6]

(6) 공감을 표현했다. 기특하게도 "많이 힘드시지요."라고 상사의 스트레스에 공감을 우선 표현했다. 공감은 소통의 기본이다. 공감 소통이 신뢰를 만든다.

(7) 죄책감까지 표현할 정도로 동료들의 곤경을 심각히 공감했다. 공감능력 발휘 없이 원만한 인간관계는 결코 형성될 수 없다.

보고의 원칙을 지켰고, 신뢰 형성 노력을 기울였으며 공감능력을 충분히 발휘했다.

또라이, 시대 환경 변화의 산물

신세대를 이해해보자. 과거 우리나라 고교 졸업자의 대학 진학률은 20%(대학 입학자가 아니라 등록자 기준)대에 머물러 있었다. 그러나 1990년(27.1%)부터 급증했다. 10년 후인 2000년에 62.0%, 또 10년 후인 2010년에 75.4% 그리고 그 후 쭉 약 70%를 유지하고 있다. 우리나라 대학 진학률이 세계 최고 수준이 된 것이다. 대학 입시 경쟁이 끔찍해졌을뿐더러, 대졸자의 눈높이 상승에 따라 취업 경쟁도 치열해진 것이

6 직장에서는 물론 두괄식 표현이 원칙이다. 지금 예외적 상황을 말한다. 한 심리학 실험에서, 복사기를 사용하려고 대기하는 긴 줄 앞에 가서 "먼저 사용하면 안 될까요?"라는 부탁을 두괄식과 미괄식의 두 가지 형태로 말해보았다. 타인의 양보나 희생을 요구하는 부탁의 상황에서는 미괄식(먼저 급한 자신의 처지를 설명한 후, 맨 마지막에 부탁의 말)이 훨씬 효과적이었다. 두괄식 요청은 상대적으로 거부 반응이 많았다.

사실이다.[7]

그러니 '요즘 애들'은 친구들과 실컷 놀아보지도 못했다. 친구들은 경쟁 상대였을 뿐이다. 사회 속에서 신뢰라는 벽돌을 쌓고 허물어본 경험이 부족할 수밖에 없다. 사회성 훈련이 충분하지 못하니 대인관계에서 신뢰 형성 노력이 어수룩하다.

가정이나 학교에서 토론 및 발표를 경험해본 적이 드물다. 물론 기성세대도 마찬가지다. 그러나 기성세대는 다행히도 친구들과 어울려 떠들며 놀 수 있는 여유는 있었다. 결코 학교 교실이나 학원 강의실 그리고 사이버 공간에만 갇혀 살진 않았다. 그러니 젊은 세대는 소통능력이 떨어지는 듯 보인다. 실생활에서 소통의 원칙과 기술을 익힐 기회가 절대 부족했기 때문이다. 더구나 조직생활이 처음이다 보니, 보고 등 소통의 기술을 배울 기회도 넉넉하지 않았다. 그래서 아둔하고, 불성실하고, 무기력하게 보였다.

타인과 잘 어울리지도 못한다. 경험이 절대 부족하다. 그러니 개인주의가 심한 사람처럼 보인다. 그런 환경 속에서 공감능력도 충분히 계발되지 못했다. 조직생활에서 눈치 없는 사람으로 보이는 이유다.

---

7 1990년대 초반까지 우리나라 경제는 급속히 성장했다. 대학 진학자가 흔치 않았으니 취업 걱정이 없었다. 상고, 공고 졸업생도 능히 대기업에 취업할 수 있었다. 더욱이 1990년대 초반부터 IT 등의 발전으로 경제 구조가 바뀌며 다량의 고학력자가 채용될 수 있었다. 취업률은 거의 100%에 육박했다. 그러나 1997년 IMF 외환위기 이후 모든 것이 달라졌다. 취업 상황이 악화한 것이다. 대졸자 수는 지나치게 많아졌으나 그들이 선호하는 직장의 문은 좁아졌다. 한국경영자총협회(2017)의 보고서에 의하면, 대졸 신입사원 취업 경쟁률은 평균 35.7 대 1이다. 300인 이상 기업은 38.5 대 1로서 점점 높아지는 추세다.

'꼰대' 분석

'꼰대'로 지목된 강 팀장은 완벽했나? 개선해야 할 점이 없을까? 많다.

공감능력, 면담 그리고 말하기 문제

▶공감능력 결여 문제, ▶부하 이해 부족 문제, ▶말하기 기술 부족 문제, ▶통제 방법 문제 그리고 ▶결단력 문제다. 구체적으로 총 열 가지다.

공감능력 결여 문제

(1) 강 팀장이 부하에게 준 교정적 피드백은 전적으로 '너는 잘못됐다.'라는 식의 심판과 질책으로 가득 찼다. 심지어 언어폭력으로 인식될 정도다. 모욕적인 언사는 폭행이다. 절대 피했어야 했다. 그렇게 말하면 부하의 기분이 상할 것이란 생각도 못 한 것이다. 공감능력 결핍 문제가 심각하다.

(2) 강 팀장은 공개된 장소에서 부하와 갈등을 노출했다. 땅을 치며 크게 반성해야 한다. '칭찬은 가능한 공개적으로, 질책은 절대로 개인적으로'라는 원칙을 지켜야 했다. 공개적 질책은 무모하다. 부하의 수치심과 모욕감은 천장을 뚫고 급증한다. 자존심은 지하 바닥으로 급락한다. 공개적 질책은 한 인간의 그 소중한 '타인과의 연결감'을 끊어놓는 인간성 말살 행위다. 부하는 대인기피증을 겪는다. 심하면 자살까지 한다. 부하가 자신을 사회적으로 매장하려 했던 그 상사를 쉽게 용서할 수 있을까. 다른 사람

들이 지켜보는 앞에서 질책? 조심해야 한다. 물론 강 팀장은 변명할 수 있다.

(그런데 다른 부하들도 상사의 질책을 옆에서 함께 들으면 도움 될 텐데요. 타산지석으로 삼을 수 있지 않나요?)

한 사람을 처벌해서 지켜보는 열 명에게 경각심을 주겠다고? 수치심 및 모욕감을 극대화하는 공개 처형은 인권 말살 행위다. 근대에 들어와 몇몇 후진국에만 남아 있다. 강 팀장은 공감능력 결핍뿐 아니라 인권의식 결여 문제까지 심각한 듯하다. 인간의 탈을 쓰지 않았는가.

부하 이해 부족 문제

(3) 결정적으로 관계지향형 행동이 부족했다. 강 팀장은 과거에 그와 같은 '또라이' 부하와 대화를 제대로 나눈 적이 없었다. 그러니 신세대 부하의 색다른 인생관을 이해할 수 없었다. 그런데 비싼 기계 장치를 사용한다면 그 전에 사용설명서(매뉴얼)를 꼼꼼히 읽지 않는가? 귀중한 인적 자산의 특성을 완전히 이해하려는 사전 면담 노력이 부족했다. 상사로서 큰 실수다.

군대에서 귀에 못이 박이도록 강조한다. '전투 실패는 용서해도, 경계 실패는 절대로 용서할 수 없다!' 세계적 일류조직은 정말로 인재를 최고의 자산으로 여긴다. 그래서 임원과 간부직원들에게 강조한다. '업무 실패는 세 번까지 용서할 수 있어도, 사람 관리 실패는 단 한 번이라도 절대로 용서할 수 없다!' 바쁨을 탓잡아 상사의 책무인 부하 이해를 위한 면담에 시간을 투자하지 않았기에 사람 관리에 실패했음을 뼈저리게 반성해야 한다.

(4) 강 팀장은 근본적으로 인재상이 변했음을 인식해야 했다. 창의력과 도전정신이 더욱 강조되는 시대다. 강 팀장은 왜 공연히 옛 시대의 덕목인 성실성만 들먹였을까? 다시금 '노~오~력'을 강조해야 하는 시대인가? 또라이는 기존 관습에 어울릴 수 없는 사람이다. 그런데 종종 이런 사람이 혁신을 이끌 가능성이 크다.

말하기 기술 부족 문제

(5) 강 팀장이 가르치겠다고 준 교정적 피드백은 부하에게 먹혀들지 않고 도로 튀어나왔다. 반발만 초래했다. 상대가 성인이라면, 교정해야 할 점은 절대로 평가적으로 말하지 말고 서술적으로 표현했어야 했다. 효과적으로 교정적 피드백을 주는 기술을 익혀야 한다.(제3권에서 이 주제를 다룬다.)

(6) 강 팀장은 불필요하게도 과거 이야기("지지난 주에도 5일간 휴가 갔었음")를 끄집어냈다. 피드백의 적시성 원칙을 어겼다. 지난 보름간이나 좋지 않은 감정을 기억에 남긴, '뒤끝' 있는 옹졸한 사람으로 보였을 것이다. 당연히 이런 상사는 존경받기 힘들다.

(7) 감정 통제는 리더십의 기본이다. 지지적 피드백, 즉 칭찬할 것이, "휴가 간다고 보고해줘서 고마워." 외에 정말 하나도 없었을까? 부하는 자신을 인정해주는 상사를 위해 목숨을 바치는 법이다. 강 팀장은 인간을 바라보는 시선을 바꿔야 한다.

통제 방법 문제

(8) 권위적 문화를 탈피하는 노력의 하나로 최근 들어 '통제(control)'라는 용어 사용을 기피한다. 그러나 통제의 본질이 없어질 수는 없다. 통제는 경영 과정의 하나로서 목표 대비 실행 결과를 관찰(monitoring)하여 평가(evaluating)하고 조정(correcting)하는 활동이다. 시대의 흐름에 맞추어 '자율적인 통제'가 가능하도록 유도해야 하지 않을까.

부하의 어깨 너머 들여다보면서 타율적으로 통제("그리 자주 빠져서 일이 되니? 집중 되냐고?" 등 과정상의 불성실성 문제 지적)하기보다는, 철저한 업무 목표 설정과 냉혹한 실적 평가(즉 목표 대비 업적의 평가와 육성형 피드백의 제공)가 더 낫다. 휴가 일정 때문에 말다툼할 필요가 있었을까? 차라리 부하가 달성할 목표를 치밀하게 설정했어야 했다. 그리고 냉혹하게 평가하고 정확하고 공정한 피드백을 제공해야 했다. 이것이 이 시대의 현명한 통제 수단이다.

(9) 강 팀장과 그 직원의 대화를 옆에서 듣게 된 팀원들은 어떤 생각을 하게 됐을까? 강 팀장은 결국 휴가 신청을 억제하는 듯한 분위기를 조성해버렸다. 다행히 휴가 사유를 캐묻지는 않았지만 '결혼 전에 신혼여행 가는 것 아니냐.'라는 조롱은 휴가 사유를 밝히라는 요구와 다르지 않다. 휴가는 근로계약에 포함된 법적 권리다. 휴가를 뒤로 미루고 회사 일에 우선 헌신할지, 아니면 개인의 복리후생이 우선이라고 판단할지는 개인의 가치관에 달렸다. 만약 직원의 당당한 휴가 사유가 "키우는 강아지 세 마리 목욕과 미용"이라면, *(헉, 강. 아. 지. 때문에!)* 쯧쯧 혀를 차야 하

나. 아쉽게도 강 팀장은 '모든 직원은 회사에 헌신하기 위해 존재한다.'라는 평생직장 시대의 고전적 가치관이 너무 견고했다. 시대가 바뀌었다. 개인이 우선이다. 개인이 있어야 조직도, 국가도 존재할 수 있다. 그리고 현재보다 미래가 더 중요하다. 아무리 바빠도 교육이 우선이듯이, 사실 휴가가 우선이다. 반려견은 정서 안정에 큰 도움이 된다고 한다. 휴가 사유를 밝힐 필요도 없다.

결단력 문제

(10) 어차피 휴가를 승인하지 않을 수는 없다. 실속 없이 뒷다리 잡아 끌어 인간관계를 어색하게 할 필요가 있었을까? 오히려 휴가 후에 '야근을 해서라도 맡은 일을 확실하게 마무리하겠다.'라는 약속 유도가 더 좋지 않았을까? 강 팀장의 판단 속도, 즉 결단력 문제도 개선하면 좋겠다.

꼰대 탈피 대화

강 팀장이 만약 이렇게 대응했다면 어땠을까?

사례 5

"허허, 그동안 자네와 대화를 많이 한 덕에 이제 젊은이들의 인생관도 존중하게 됐어. 휴가 가야지, 어쩔 수 없네."

"팀장님, 감사합니다!"

"그런데 이제 지름신 좀 피해라."

"알겠습니다. 이번이 마지막입니다."

"그동안 보여준 네 열정과 창의력을 내가 굳게 믿는다. 우리 팀 지금 바쁜 것 알지? 나를 배신하면 안 돼."

"네, 팀장님, 이틀 빠진 것 백배로 복구하겠습니다."

"내 마음에 안정 좀 찾게끔 해다오. 휴가 가기 전에 중간보고를 확실하게 해주고. 동료들에게 네 사정 좀 이야기해놓아라. 알았지?"

"팀장님, 감사합니다."

기분을 상하게 해서 휴가 보내건, 기분 좋게 보내건, 어차피 그 부하 직원은 여친과 여행 간다. 이렇게 하든 저렇게 하든 결과는 같다.

세 가지 열쇠: 마음(공감), 귀(면담) 그리고 입(피드백)

사례 6

필자와 대화를 나눈 강 팀장의 첫 반응이다.

"아이고, 어떠한 상황에서도 감정 통제 능력은 기본이라고요? 그렇다면 제가 할 말이 없네요. 다시 생각해보니, 제가 말이 좀 거칠었습니다. 한 번 삐딱하게 보이니까, 사실 그 후로도 계속 그렇게 됐지요."

말하기, 즉 입 사용법의 기초 훈련 부족이 문제다.

"근데 교수님, 칭찬할 거리가 없는데 뭘 칭찬하죠?"

필자가 무조건 그 직원의 장점 세 가지만 말해보라고 했다.

"음 …. 머리는 좋아요. 에, 또, 뭐가 있더라 …. 아, 자기가 맡은 일은 숙제하듯 꼼꼼하게 하긴 하지요. 그런데 말입니다. 요즘 애들이 자기 일만 해요. 주변을 안 돌아봐요. 그게 문제죠. 자기 할 일만 하고 뒤도 돌아보지 않고 싹 퇴근해버린다니까요. 개인주의가 너무 심해요."

(잉?) "아니, 강 팀장, 단점 말고, 장점을 찾아보라니까요."

"… 내성적이긴 하지만 착하고요. 싹수는 좀 있어요."

어이구, 세 가지가 나오긴 나온다. 이해 없이 어찌 사람 관리가 가능할까? 상하 간에 상호 이해의 두 손을 잡는다면 신뢰는 그리 쉽게 깨지지 않는다. 최소한 깨진 얼음 속으로 빠지지 않으려면 상호 이해가 유일한 방법이다. 이해는 오직 면담에서 비롯된다. 면담은 경청이다. 즉 귀 사용법은 인재 관리의 기초다.

"정신없이 바쁜데 언제 붙잡고 면담하지요? 아, 알았습니다. 기본이라고요? 말씀하신 대로, 부하 육성도 제 임무이긴 하지요. 보고의 원칙과 기술을 교육하려면 제가 먼저 배워야겠네요. 그런데 제가 공감능력이 떨어진다고는 한 번도 생각해본 적 없는데. 공감능력을 어떻게 해야 키울 수 있을까요?"

"상대에게 관심을 기울여야죠."

"관심요?"

"상대에게 애정을 가지면 관심이 생겨요. 강 팀장은 옛날에 안 그랬나요? 연인의 일거수일투족에 엄청난 관심을 쏟았지요? 그래서 그 연인의 감정 변화를 쉽게 알아차렸고. 무슨 생각하는지도 파악할 수 있었고."

"부하가 연인은 아니지 않습니까?"

"사실 애정 없는 사람에게 관심이 생기기는 힘들지요. 그런데 상황이 어떨지라도, 즉 아무리 바쁘고 스트레스가 심할지라도, 인간을 향한 깊은 애정을 유지할 수 있다고 해요. 인격의 깊이를 가진 사람이라면 말이지요. 인간을 인간답게 대하는 것은 인격의 힘이지요. 공감능력은 인격의 기반이고요."

"…."

하긴 강 팀장도 딱하다. 회사에서는 부하들과 공감해라, 소통해라 다그치는데, 누가 하고 싶지 않겠나. 그렇지만 늘 스트레스에 꽉 차 있다. 발등에 떨어진 불부터 끄기 바쁘다. 그런데 또다시 공감해라, 소통해라 다그침을 받으면 우습고도 슬프다. 회사의 윗분들은 공감과 소통의 모범은 전혀 보여주지 않으면서, 팀장들에게 강요하니 그렇다. '구체적으로 어떻게 하라는 겁니까?' 솔선수범은커녕 이론적이라도 방법을 가르쳐주지 않으면서 어찌하란 말인가. 낀 세대의 비극이다.

인간관계는 소통으로 이루어지고, 소통은 공감능력 없이는 불가능하다. 조직 운영에 상사의 마음 사용법이 중요한 이유다. 거꾸로 말해보자. 지옥문을 여는 열쇠는 세 개다. 그 이름은 ▶공감능력 부족. 상대의 고통을 인지 못 하니 거리낌이 없다. ▶상대 몰이해! 즉 상대방을 이해하려는 노력 부족이다. 면담과 경청 부족 탓이다. 그리고 ▶험악한 말씨. 감정적 앙금을 남긴다. 지옥 불 위에 앉아 있는 상사의 모습은 부하의 눈에 괴물로 보인다. 마음(공감능력 결여), 귀(경청 부족), 입(험한 말씨 남용)이 흉측하다. 물론 부하의 마음과 입도 마찬가지다.

묵직한 쇠망치, 뜨거운 바위 그리고 날 선 도끼

깡패는 툭하면 주먹과 칼을 휘두른다. 공감능력이 부족한 사람도 마찬가지다. 별 생각 없이 묵직한 쇠망치를 마구 휘두른다. 상대의 멍든 마음속에는 감정적 앙금이 쌓인다. 문제는, 쇠망치를 거리낌 없이 마구 휘둘렀다는 사실을 스스로 모른다는 점이다. 상대가 아파하는지 모르니 계속 휘두른다. "아프다고? 어, 왜 네가 아프지? 내가 때렸다고? 내가? 언제?" 공감능력 부족이다. 인간관계가 깨지기 시작한다. 신뢰, 쌓아 올리기는 힘들어도 깨지는 건 한순간이다. 공감과 공감능력에 관해 공부해야 한다.

평소 상하 간 대화가 없었으니 서로 깊은 속을 모른다. 그러니 상사와 부하는 남남이다. 살얼음같이 얇디얇은 신뢰로 맺어진 관계다. 그런데 그 위로 '몰이해'의 바윗덩어리가 굴러들어 온 게다. 시간이 지날수록 열 받은 바위는 점차 뜨거워지고 무거워진다. 드디어 신뢰의 얼음이 깨지고, 몰이해의 바윗덩어리가 물속으로 풍덩 떨어지면, 갈등의 차디찬 얼음물이 치솟는다. 애당초 몰이해의 바윗덩어리는 주로 상사가 만든다. 대화의 주도권을 쥔 사람이니 그렇다. 면담은 경청이다. 질문을 잘해야 경청할 수 있다. 면담, 경청 그리고 질문의 원칙과 기술을 익힐 필요가 크다.

인간은 종종 잘못 놀린 혀로 타인에게 평생 잊지 못할 깊은 상처를 준다. 설령 남남이더라도, 부하가 보고의 원칙을 제대로 지키고, 상사는 피드백의 원칙만 잘 지킨다면, 최소한 피 흘리는 생채기는 남기지 않으련만. 위험한 그 혀 밑의 도끼를 간수하는 방법을 배우지 못했다. 서로 번갈아 가며 시퍼렇게 날 선 도끼를 휘두른다. 효과적으로 말하는 방법 학습이 긴요하다.

비극의 현장: 직장인의 불만

이렇게 시작되는 비극의 현장을 들여다보자. 문제의 심각성을 인식해야만 해결의 첫걸음을 뗄 수 있다. 직장인들은 과연 행복하게, 성실하게, 집중해서 업무에 임할까? 우선 미국의 경우를 살펴보자. 2015년 여론조사 회사 갤럽이 전화로 인터뷰했다.[8] 분석 결과는 충격적이다. 미국 전역에 걸쳐 무작위로 선정된 8만 844명의 직장인 중에서 32%만이 지난 1년간 '업무에 성실하게(engaged)' 임했다고 결론을 내렸다.

'성실한 근무자'의 판단 기준은 전화 인터뷰에서 '긍정적인 근무 상태'를 밝힌 직장인들이다. 즉 자신이 가장 잘하는 일을 수행하고 있으며, 상사는 자신의 의견을 귀담아 들어주고, 상사의 격려를 받고 있다고 응답한 직장인들이다. 미국 직장인의 약 3분의 1만이 업무에 열정을 갖고 헌신하는 상태다.

3년 후 갤럽의 2018년 조사 결과 역시 성실한 근무자가 전체 직장인

---

8 Adkins, A. (2016). 갤럽은 이 전화 인터뷰 조사를 2000년부터 1년 내내 매일 시행한다. 60%는 휴대전화, 40%는 유선전화를 활용한다. 신뢰도는 95%±0.5%다. 매달 성실 근무자의 비율은 비슷하다. 계절적 요인은 없다. 1년 전인 2014년의 성실 근무자 비율은 31.5%로서 2015년의 32%와 비슷했다. 2000년 시행 이후 큰 변화가 없다.

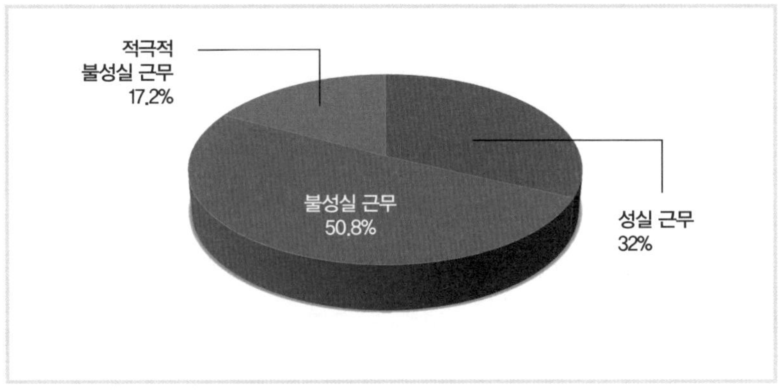

〈그림 1〉 미국 직장인 근무 상태(2015년)

의 31%로서 2015년 분석과 크게 다르지 않았다. 성실한 근무자 중에서 77%가 '상사와의 관계'를 긍정적으로 설명했다. 직원의 성실성 또는 업무 몰입도는 상사와의 인간관계와 명확한 상관관계가 있다.[9]

불성실한 근무, 미국 직장인 약 3분의 2

반면 갤럽은 전체 직장인의 50.8%(약 절반)가 불성실하게(not engaged) 근무하고, 더 나아가 17.2%는 적극적으로 불성실하게(actively disengaged) 일한다고 분석했다. 즉 68.0%(불성실 50.8% + 적극적 불성실 17.2%, 즉 전체의 3분의 2 이상) 직장인들은, 비록 다른 사람들에게 적대적이거나 업무 훼방꾼은 아니지만, 인터뷰에서 다음과 같이 부정적으로

9 HR Exchange Network. (2018). 이 기사에 의하면, 믿기 어렵지만, 동아시아 직장의 '성실 근무자'는 57%로 조사됐다. 미국은 31%다. 세계 평균은 15%에 그친다.

자신의 근무 상태를 설명했다.

▶종종 시간 때우기(killing time) 한다. ▶큰 노력을 들이지 않고 최소한의 의무 채우기 식으로 일한다. ▶점심이나 휴식 시간에 뭘 할까 등 근무시간에 딴생각한다. ▶가끔 결근한다. ▶기회가 생기면 직장을 옮기고 싶어 한다. ▶이렇듯 불성실하게 근무하는 직장인을 만든 사람은 결국 상사다.

기업이건 공공기관이건 단체이건 조직은 다양한 부정적 감정[10]이 쌓이는 장소다. 인간이 교류하는 곳이기 때문이다. 직장인의 상사 멀미가 심각하다.[11] 경제적 피해는 막심하다. 미국의 경우 경제적 피해액을 연평균 3,000억 달러(약 330조 원)로 추정한다.[12]

직장 내 괴롭힘,
우리나라 직장인 10명 중 약 7명이 경험

우리나라는 이보다 나을까? 그렇지 않은 듯하다. 유사한 우리나라 통계치는, 직장인들의 '근무 성실성 여부'를 훌쩍 뛰어넘었다. 차원이 다르다. '상사 멀미'보다 심각한 '상사의 괴롭힘'이다.

---

10 조직에 쌓이는 부정적 감정은 피로감, 실망감, 무력감, 고뇌, 위협감, 미래에 대한 불안감, 단절감, 반발심, 분노 등이다.

11 직장인의 심적 고통 결과는 업무 동기 소진, 열정 상실, 집중력 저하, 창의력 상실, 자긍심 및 자신감 추락, 대인기피 등 사회적 이탈, 소통 의욕 상실, 결정 장애 그리고 이직 초래다.

12 Rosch, P. J. (2001). 많이 인용되는 이 논문은 1990년대 말 미국 직장인들의 업무 관련 스트레스로 초래된 미국의 경제적 피해액을 추정했다. 주로 결근, 이직, 생산성 저하, 치료, 소송 등에 의한 손실액을 계산한 것이다. 이 피해액은 증가하는 추세다.

2017년 한국노동연구원의 연구 결과다. 우리나라 직장인 66.3%(10명 중 약 7명)가 직장 내 괴롭힘을 경험한다.[13] 대부분 참고 견딘다. 상담할 곳도 마땅치 않기 때문이다. 잘못했다간 소문만 난다. 피해 유형(복수 선택)은 '별로 급한 일도 아닌데, 퇴근 후 또는 휴일에 연락했다.(46.1%)'라는 답변이 가장 많았다. 이어 '명확한 업무지시를 하지 않아 업무 수행을 어렵게 했다.(43.3%)', '개인 의사와 상관없이 회식이나 친목 모임 참여를 강요했다.(37.5%)', '업무 분담이나 수행 과정에서 불평등하게 취급했다.(36.1%)'가 이어진다.

2018년 국가인권위원회의 '직장 내 괴롭힘 실태조사' 결과는 더욱 심각하다.[14] 무려 73.3%(10명 중 약 7명)가 지난 일 년간 한 번 이상 직장 내 괴롭힘을 경험했다고 답했다. 괴롭힘의 유형은 모욕 등 정신적 공격(25%), 과중한 업무 부여(20%), 따돌림(16%), 사생활 침해(14%) 순이다. 위 두 조사 결과 모두 과다 측정됐다고 볼 수도 있으나,[15] 아래 현상은 분명 뚜렷한 심각성을 나타낸다.

---

13 김근주 · 이경희. (2017). 이 연구는 2017년 8월, 30인 이상 사업체에 종사하는 만 20~50세 미만 근로자 2,500명을 대상으로, 과거 5년간 직장 내 괴롭힘에 관해 설문 조사했다. 보고서에서 정의한 '직장 내 괴롭힘'은 사업주 또는 상사가 지위나 우월성을 이용하여 특정 근로자를 대상으로 집단 따돌림, 방치, 유기, 괴롭힘, 학대, 성희롱 등의 방법으로 신체적·심리적 고통을 가하는 모든 행위다.

14 김정혜. (2018). 이 실태조사는 2017. 8. 23.~9. 7. 동안 만 20~64세 전국의 남녀 임금근로자 1,506명을 대상으로 수행되었다. (95%±2.5%) 직장 내 괴롭힘으로 제시된 항목은 ▶'내 권리(병가, 휴가, 휴직, 교육 훈련 등)를 요구할 수 없도록 압력을 가하거나 내 요구를 무시했다.' ▶'나에게 소리치거나, 화를 내거나, 모욕적인 욕설을 했다.' ▶'정당한 이유 없이 업무 관련된 나의 의견을 무시했다.' ▶'통상적인 수준을 넘어서 나에게 동료들보다 힘들고 과도한 업무를 주거나 다른 사람의 업무를 공공연히 떠넘겼다.' 등 총 30개다. ▶'국가인권위원회의 직장 내 괴롭힘' 정의는 '타인의 존엄성을 침해하거나 적대적·위협적·모욕적 업무환경을 조성하는 행위'다.

15 서유정·이지은. (2016). 이 논문은 직장 내 괴롭힘의 국제적 판단 기준('3개월 이상 근무자'가 '주 1회 이상의 빈도'로 '6개월간 지속적'으로 당한 괴롭힘)을 적용하여 거의 전 산업에 걸쳐

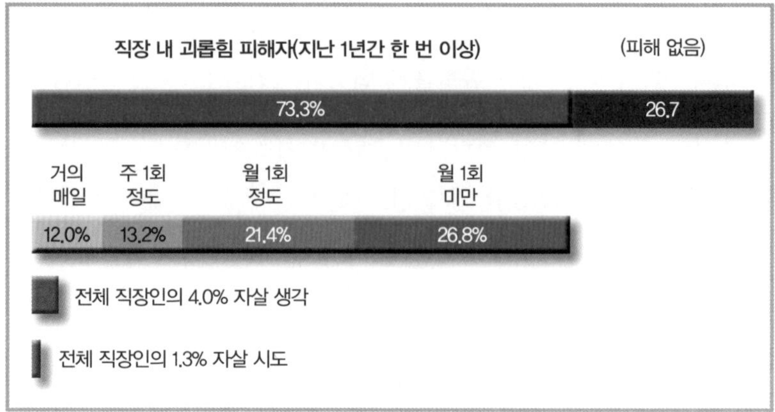

〈그림 2〉 직장 내 괴롭힘(국가인권위원회)

위 국가인권위 조사 결과에서, 지난 1년 동안 '거의 매일 괴롭힘을 당한다.'라는 직장인은 전체의 12.0%다. 그 12.0% 중에서 '자살까지 생각했다.'라는 사람이 33.3%, 즉 전체 직장인의 4.0%(매일 괴롭힘 12.0% × 자살 생각 33.3% = 4.0%)이고, 매일 괴롭힘을 당하는 12.0% 중에서 '실제로 자살을 시도'한 직장인은 10.6%, 즉 전체 직장인의 1.3%(12.0%× 10.6%=1.3%)다. 참고로 우리나라 청소년의 자살 시도율은 3.0%다.[16] 자살은 청소년이나 직장인이나 모두 심각한 사회문제다.

3,000명의 근로자를 설문 조사했다. 그 결과, 직장 내 괴롭힘의 피해자는 21.4%라고 보고한다. ▶따라서 국가인권위의 피해 조사 결과(73.3%) 중에서 오직 '거의 매일 당한다.'(12.0%)와 '주 1회 정도 당한다.'(13.2%)만을 합한 25.2%(즉 '월 1회'(21.4%)와 '월 1회 미만'(26.8%)을 제외한 수치)를 국제적 판단 기준에 부합하는 '직장 내 괴롭힘'으로 볼 수 있다. '거의 매일', '주 1회' 빈도의 반복성이라면 '지속성'도 높으리라는 추정이 가능하기 때문이다. ▶또한 국가인권위의 조사 대상이 '3개월 이상'이 아니라 '1년 이상' 근로자였기에 피해 발생률이 높게 나타났다고 볼 수 있다. 근속 기간이 긴 근로자가 당연히 피해 경험이 증가하기 때문이다.

16 통계청. (2019). 중1~고3 학생 5만 7,303명을 설문 조사한 결과다. 중3의 자살 시도율이 3.9%로 가장 높다. 남학생은 1.9%지만 여학생은 4.0%이다. http://kostat.go.kr/wnsearch/search.jsp "청소년 자살 시도율".

누가 제일 힘들어할까? 그리고 누가 주된 가해자일까? ▶직장 내 괴롭힘의 가장 큰 피해자는 20대다. 20대 직장인 75.7%(10명 중 약 8명)가 최근 1년간 직장에서 한 번 이상 괴롭힘을 경험했다. ▶괴롭힘의 가해자로서 '상사'를 지목한 직장인이 77.5%(10명 중 약 8명)다.

직장의 높은 사람들은 과연 이러한 사람지옥 현실을 잘 알고 있을까? ▶안타깝다. 경영진의 인식이 큰 문제다. '나의 직장에서는 (경영진이) 직장 내 괴롭힘을 중요한 문제로 인식하지 않는다.'라고 부정적으로 답한 직장인이 40.1%나 된다. 경영진이 사람 관리에 소홀한 듯 보인다. ▶그러니 '직장 내 괴롭힘 관련 교육'을 시행한 직장은 절반도 안 되는 47.6%(1,000명 이상의 사업장 중에서)에 불과하다. 사업장의 규모가 작을수록 점점 더 소홀하여 17.0%(50인 미만의 사업장 중에서)까지 떨어진다. 중소기업이 우리나라 고용의 83%(2017년 말 기준)를 차지하는 것이 우리의 현실이다. 즉 직장인의 대다수가 인재 관리에 지극히 소홀한 소규모 조직에 근무하는 것이다. 우리나라 전체 직장인 10명 중 7명이 직장 내 괴롭힘의 피해를 겪고 있다는 통계는 수긍할 만하다.

아마도 권위주의 문화의 전통 때문일 수도 있다. 직장을 옮기기 쉽지 않은 노동시장의 경직성 탓일지도 모른다. 그저 참고 견디는 불성실한 직장인이 훨씬 더 많음이 분명하다. 우리의 직장은 천당보다는 지옥에 더 가깝다. 결국, 상사의 '부하 관리 문제'가 심각하다. 더 큰 심각성은 경영진 등 윗사람은 모른다는 사실이다. 알았다면 이렇게 끔찍한 현상은 나타나지 않았을 것이다.

부하들의 상사 멀미 해부

젊은 세대는 쉽게 퇴직한다. 한국경영자총협회의 조사 결과에 의하면 대졸 신입사원의 1년 내 퇴사율은 27.7%다. 네 명 중 한 명꼴이다. 큰 기업(300인 이상)은 10명 중 한 명이고, 작은 기업(300인 미만)은 10명 중 세 명이 1년 내 사직서를 던진다. 모든 기업에서 증가추세다.[17]

"왜 퇴직하려고 그래요?"

사직서 제출의 결정적 이유는 갑질하는 대표와 감시하는 상사 등 윗사람 때문이다. 즉 상사와의 갈등 문제다. 신입사원만이 아니다. 우리나라 직장인 91%가 퇴사 충동을 느낀다. 그중 25%가 실제 퇴사를 감행한다.[18] 91% 중에서 나머지 66%는 퇴사 충동은 느끼지만, 아직 사표를 내지 않고 퇴사를 준비하고 있는 '퇴준생'이다. 상사 멀미를 앓으며 비록 사무실에 앉아는 있지만, 자신의 적성과 가치관에 맞는 곳을 찾아, 삶의 질 향상을 위해, 언제든 사직서를 던질 준비가 되어 있는 직장인이다.

부하들은 스트레스라는 고통을 느낀다. 대부분 상사가 주는 고통이다.[19] 부하들은 생각한다.

---

17 한국경영자총협회. (2016). 전국 306개 기업을 대상으로 조사했다. 조기 퇴사의 주된 이유는 '조직 및 직무적응 실패'가 가장 높았다.

18 뉴시스. (2019). 인크루트가 직장인 1,206명을 대상으로 설문 조사한 결과(95%±2.61%)를 보도한 이 기사에 의하면, 직장인 91%가 퇴사 고민을 털어놓았다. 퇴사 고민의 이유는 연봉(16%) 때문이라는 응답이 가장 높았지만, 상사, 회사문화, 동료 직원들을 합하면 20%에 달했다. 인간관계에서 유발한 스트레스가 곧 퇴사 고민으로 이어짐을 알 수 있다. 퇴사 결정의 가장 큰 이유는 상사와 대표의 문제(21%)였다.

(상사가 공감능력을 조금이나마 가지고 있다면 과연 '내가 당해서 싫은 것'을 남한테 할 수 있을까?)

상사와의 소통(지시, 보고, 면담, 회의 등)에서 상사가 부하에게 주입하는 스트레스의 정체는 무엇일까? 상사의 언사를 자세히 분석해보자.

모욕이라는 채찍질

(이놈은 좋은 말로 해선 안 되겠군. 좀 두들겨 패야겠어! 채찍질이 필요해!) "참 한심하다! 이걸 일이라고 했냐? 초등학생도 이 정도는 하겠다! 월급이 아깝네! 제대로 다시 해 와!" *(내가 상사야! 너보다 힘이 더 센 사람이야! 그러니 하라는 대로 해!)*

주로 모욕이다. 즉 부하의 자존심을 깨부수는 언행이다. 모욕의 강도가 셀수록, 부하는 권력의 차이를 뼈저리게 인식한다. 하지만 겉으로 드러내지는 못한다. 입속말로만 외친다.

---

19 퇴사 충동 빈도와 이유: 온라인 취업포털 '사람인'(www.saramin.co.kr, 2015년 8월)이 직장인 3,679명을 대상으로 '직장생활 중 퇴사 충동을 느낀 경험'을 조사한 결과, ▶무려 95.6%가 '퇴사 충동을 느낀 적이 있다.'라고 답했다. ▶이들 중 30.3%는 이런 퇴사 충동을 하루에도 수시로 느끼고 있었다. ▶퇴사 충동을 느끼는 상황은 대부분 상사 사이의 관계 때문이다. 즉 다수 응답 순서에 따르면 ▶'업무 스트레스가 극도로 쌓일 때'(62.1%, 복수 응답), ▶'일에 대한 보람, 흥미가 떨어질 때'(53.8%), ▶'불합리한 업무 지시를 받을 때'(45.6%), ▶'인간관계에 갈등이 있을 때'(37.4%), ▶'능력을 인정받지 못할 때'(32.4%), ▶'욕설 등 불쾌한 일을 당할 때'(28.7%), ▶'주말 출근이나 야근을 강요당할 때'(28.6%), ▶'연차 등 휴가를 마음대로 쓰지 못할 때'(27.9%), ▶'불합리한 인사평가를 받을 때'(23.1%)의 순이다. ▶충동을 유발하는 상대는 단연 '직속 상사'(41%)가 가장 많았다. 다음으로 '정책 등 회사 자체'(24.2%), 'CEO'(15.3%), '동료'(8.7%) 순이었다. ▶퇴사 충동이 직장생활에 미치는 영향으로는 '업무에 집중하지 못한다.'(68.5%, 복수 응답), '작은 일에도 짜증, 화를 낸다.'(57.2%), '안 하던 실수를 자꾸 하게 된다.'(25.2%), '상사의 눈 밖에 나는 행동을 하게 된다.'(23.5%), '성과가 눈에 띄게 저하된다.'(20.5%), '동료들과 업무상 충돌이 잦아진다.'(17.2%), '지각 등 근태관리에 소홀해진다.'(16.2%)의 순이었다.

(이런 씨, 당신이 내 목을 쥐고 있다 이거지?)

모욕이라는 채찍질을 피하고 싶다. 어쩔 수 없이, 새삼 느끼게 되는 그 큰 권력에 복종할 수밖에 없다. 상사가 부하에게 모욕을 주는 무의식적 저의는 바로 이러한 '권력의 비대칭' 인식 주입이다. 부하의 자발성을 끌어내는 리더십이 부족하니, 권력의 힘으로 모욕의 채찍을 휘둘러 부하를 타율에 굴종시키는 것이다.

"자네가 제대로 일했으면 내가 왜 호통을 치겠나? 무슨 소리인지 알겠어?"

물론 부하가 잘못했다. 혼날 만하니까 혼난다.(대부분 상사는 이렇게 생각한다.) 그러나 부하는 결코 자신의 사소한 잘못이 결정적 문제는 아니라고 생각한다. 애당초 상사의 지시부터 엉성했다. 귀싸대기 때리고 아침밥까지 굶긴다더니, 급기야 상사는 부하의 간곡한 지원 요청까지도 뭉개버리지 않았던가. 맞따잡고 시비를 캘 수 없는 부하는 억울하다. 질책이 너무 심하다. 즉 모욕감에서 비롯되는 위축감, 무력감, 비굴함, 자괴감 등 정신적 고통이 부당하다고 느낀다. 불뚝불뚝 반발심도 올라온다. (특히 신세대는 부당함을 인내하지 못한다. 주로 반발한다. 휴대전화로 녹음하여 제소도 한다.) 그러나 상사의 공감능력은 침식되어 찾아볼 수 없다. 그러니 계속한다. 꼼짝없이 당하는 부하의 마음속을 한번 들여다보자.

부하의 마음 해부: 무기력한 영혼과 으르렁대는 맹수

보인다. 소리까지 들린다.

(그래, 나는 '졸'이야. 억울하지만 얻어터지는 수밖에 ….) 권력 차이, 즉 자신에게 힘이 없음을 알았을 때 느끼는 위축감과 무력감, *(고개 숙여야 한다. 빌어먹을 ….)* "잘못했습니다." 어쩔 수 없이 굽혀야만 할 때 느끼는 비굴함, *(그런데 나를 초등학생 취급해? 아, 진짜 비참하다!)* 초래되는 자괴감(스스로 부끄러운 감정)까지, 참으로 심각하다.

"알겠습니다. 말씀 새겨듣겠습니다. 앞으로 잘하겠습니다." 내 목을 쥐고 있는 상사에게 잘 보여야만 하는 가식적인 적극성이 *(에이 씨, 이건 아니잖아! 확 받아버리고 사표 던질까?)* 인간 본연의 자존심 및 저항심과 충돌한다.

"능욕당한 나의 영혼은 무기력해지고, 그 안에 숨 쉬는 맹수가 으르렁댄다. … 이 삶에서 벗어나고 싶다. … 너무 버겁다."[20] 열이 솟는다.

---

20 19세기 초 러시아의 문학비평가이자 혁명적 민주주의자인 벨렌스키의 '벗에게 보내는 편지'에서 나온 문구다. 도스토옙스키는 어떤 모임에서 벨렌스키의 이 반국가적 편지를 읽었다는 죄명으로 체포되어 시베리아에서 강제노동을 겪어야 했다.

이 뜨거운 마찰열이 발생하는 증세를 의학적 용어로 스트레스라고 한다.

직장인들의 끔찍한 사연

차멀미, 배멀미는 전염성이 없다. 아무리 심하다 해도 사람이 죽지는 않는다. 사람멀미는 다르다. 우선 사람멀미의 극단적 현상인 직장 내 괴롭힘이 참으로 널리 퍼졌다. 사기업, 공기업, 학교, 군대, 공무원 조직 …. 얼마나 괴로우면 자살까지 할까 …. ▶급기야 상사의 갑질을 고발하는 인터넷 창구까지 생겼다. 직장인들의 끔찍한 사연이 넘쳐난다. 인간성을 파괴하는 '막말과 모욕 갑질 40선'도 발표됐다.[21] ▶심지어 대학에서도 발생한다. 교수의 갑질이 너무 심했다. 견디다 못한 학생들이 학과생 90%가 서명한 파면 동의서를 대자보로 붙였다. 교육부에 감사를 촉구하는 집단행동에 나섰다.[22] ▶은행의 여성 직원이 출산 휴가 후 직장 내 괴롭힘으로 정신과를 다녀야 했다. 그러다가 안타깝게 스스로 목숨을 끊었다.[23] ▶현장 실습에 나선 18세 공업고등학교 학생은 회사의 분임조

---

21 직장갑질119. (2019). "모든 직원 앞에서 '개돼지 같은 ×, 어디서 너 같은 쌍×이 여기 들어왔니.', (중략) 제가 앉아 있는 의자를 발로 차면서(생략)." "옆구리를 주먹으로 가격하면서, '니 옆구리 살은 내가 빼줄게, 나머진 니가 빼.'라고 말했습니다." "저를 지적하며 다른 직원에게 '재수 없어.'라고 소리 지릅니다." "고성으로 '어디서 6급 따위가 눈 동그랗게 뜨고 요구를 해?'" "험담하며 줄 세우기, 편 가르기, 왕따를 유도하기도 합니다. 몸과 마음이 힘겨워 유산하고 산부인과에 치료받으러 다니는 저에게 '또 임신하려고요?' 묻기도 했습니다." "생각 안 하세요? 할 줄 아는 게 뭐예요?" "일 제대로 하셨는지 CCTV 돌려 볼까요?" 지속적인 폭언, 고함, 쌍욕, 폭행, 모욕, 성희롱, 학력 비하 등이 심하다. 직장인들의 불안감, 우울감, 자괴감, 공포감 등 호소가 넘친다.

22 연합뉴스. (2019).

23 문화저널21. (2019). 이 기사에 의하면 업무 능력이 좋았던 한 여직원이 육아휴직 사용 후 회사에서 차가운 시선을 받았다고 한다. 근로복지공단은 산재를 인정했다.

회식 자리에서 뺨을 맞았다. 엎드려뻗쳐도 받았다. 나흘 후 "선생님, 저 무서워요." 담임 선생에게 문자를 보냈다. 그러고는 기숙사 옥상에 올라가 아래로 몸을 던졌다.[24] ▶신규 간호사가 '태움' 관행의 피해를 견디다 못해 투신자살했다.[25] ▶상사인 부장검사에게 지속해서 심한 질책을 당하던 젊은 검사가 자살하는 사건도 발생했다.[26] ▶어떤 대학병원에서는 상사와의 갈등으로 10개월 동안 4명의 직원이 자살하기도 했다.[27] ▶군대에서는 매년 61명의 청년들이 자살한다. 가혹행위, 집단 따돌림 등을 방지하기 위한 병영문화 개선이 시급하다.[28] ▶직장 내 괴롭힘이 이만큼이니, 상사 멀미는 어느 정도일지 어림잡아 헤아릴 수 있다.

어쩔 수 없는 직장의 현실이라고? 이 세상에 만연되었다고? 아니다. 세계적인 일류기업에서는 상사에 의한 이러한 스트레스는 거의 찾아볼 수 없다. 물론 일류기업 직원들의 스트레스도 대단히 크다. 상사 멀미가 아니라 실적에 관한 스트레스다. 즉 창의력, 추진력 등 자신과의 싸움에서 비롯되는 긍정적인 스트레스다. 세계적 일류기업의 경우

---

24 《주간동아》. (2016). 32-35쪽.

25 《한국일보》. (2018). '태움'이란 '재가 될 때까지 태운다.'라는 의미로, 교육이라는 미명 아래 신규 간호사를 괴롭히는 행위를 말한다.

26 뉴시스. (2018). 이 기사에 따르면, 가해자 부장검사는 보고가 소홀했다는 이유로 여러 차례 인격 모독성 언행을 가했다. 회식 자리에서 피해자 검사를 질책하다가 손바닥으로 등을 때리기도 했다. 2016년 자살 이후 발견된 휴대전화 메시지에서 밝혀진 내용이다. 연수원 동기 712명이 성명서를 내는 등 파문이 컸다.

27 《동아일보》. (2006). 간호사 2명을 포함하여 4명이 자살했다. 2016년 7월 31일 SBS의 보도에 의하면 폭언과 폭행 그리고 성희롱 때문에 또 다른 한 명의 간호사가 자살했다. "간호사들이 일년에 20% 이상 그만둬요. 왜요? 죽기 싫어서 그만두는 거죠."

28 뉴스1. (2017). 2013년부터 2017년 8월까지의 군대 내 자살 통계다. 이를 2017년 12월 말까지 잡으면 한 해 평균 61.2명이다.

'성실한 근무자' 비율은 미국 산업계 평균인 31%가 아니라 무려 70%다.[29] 그만큼 인적 자원 관리(people management)를 잘하기 때문이다. 세계적인 일류기업이기에 선진 시스템을 갖추어 사람 관리를 잘하게 된 것일까? 아니다. 원인과 결과가 뒤바뀌었다. 거꾸로 말해야 한다. 사람 관리를 잘해서 직원 불만이 없기에 비로소 세계적인 일류기업이 된 것이다.

'나쁜 상사'는, 법적으로 '물리적 채찍질'이 금지되어 있으니 '모욕'으로 그걸 대신한다. 폭언, 무례, 윽박, 폄하, 위협, 공격, 무시, 조롱, 학대 등의 행태에 거리낌이 없다. 사람은 사람이되 공감능력과 죄책감이 송두리째 빠진 사람이다. 부하들 눈에는 그렇게 보인다. 채찍질 밑에서 '노예'들의 자발성과 창의력은 찾을 수 없다. 물론 도전과 실패의 권리도 빼앗겼다. 몸을 웅크린 채 일하지 않는다. 그러나 어쩔 수 없이 습득한 연기력을 십분 발휘해서 열심히 일하는 것처럼 보이게는 한다. 보신주의가 최선의 행동 양식이다.

부하는 가끔 눈을 들어 상사를 힐끗 바라본다. 바짝 마른 공감능력이 권력만 휘두른다. 리더십은 증발해버린 지 오래다. 무능한 상사다. 피해야 할 대상이다. 만약 피할 수 없다면 재수 탓을 할 수밖에 없다. 유능한 부하는 탈출을 기도한다. 결국, 직장에서는 지속적 모욕과 소극적 굴종, 교묘한 채찍질과 약삭빠른 회피 그리고 유능한 자의 도피와 생산성 저하라는 악순환이 되풀이된다.

---

29 HR Exchange Network. (2018). 앞서 언급한 갤럽의 조사 결과다.

질책이 무조건 다 나쁜가?

잔인함? 그렇다면 상사의 질책이 무조건 다 나쁘다는 말인가? 꼭 그렇지는 않다. 효과는 '상황'에 따라 다르다. 피 말리는 축구 결승전 또는 치열한 전투 중이라면 어떨까? 긴박한 상황이라면 축구 감독이나 대대장의 호통과 질책이 그리 큰 문제는 아니다. 상대적으로 서열 의식이 강한 남성 간에는 질책이 종종 큰 부작용 없이 통하기도 한다. 상하 간 신뢰가 형성된 관계라면 문제도 아니다. 이러한 상황과 관계라면, 오히려 호된 질책이 '단기적'으로는 큰 효과로 이어진다.[30] 부하가 질책을 받아들이는 자세가 다르기 때문이다.

덧붙여, 상사의 질책을 부하가 수용하는 정도는 ▶상사의 파워(사장의 질책과 팀장의 질책은 부하의 수용 정도가 다르다.), ▶조직문화(자율성을 강조하는 연구소와 그렇지 않은 군대는 다르다.) 그리고 ▶부하의 개인 성격(소심한 성격이라면 조그만 질책에도 크게 낙심한다.)에 따라 다르다. ▶물론 시대의 변화에 따라서도 다르다. 예전에는 상사가 욕설을 내뱉으며 서류를 집어 던져도 부하는 참았다. 부당함과 불합리성도 인내하던 시대였기 때문이다.

---

30 Melwani, S., Mueller, J. S., & Overbeck, J. R. (2012). 리더는 가끔 "아무리 힘들더라도 내일까지 해와요!" 단호한 공격성도 보여야 한다. 질책이라는 공격성도 상황 조건에 따라 효과적임을 밝혔다. 그러나 필요 시에 적절한 공감능력을 보여주는 상사는, 단호함과 배려를 적절히 균형 잡을 줄 아는 현명한 사람으로 인식된다. 그래서 더욱더 훌륭한 리더로 인식된다.

사실, 역사 속에서 찾을 수 있는 뛰어난 리더 중에는 호통치는 사람이 많았다. 제2차 세계대전의 명장 조지 패튼 장군은 전쟁 공포증에 떨고 있는 어린 병사의 뺨도 때렸다. 역사에 이름을 새긴 윈스턴 처칠 총리는 결코 다정다감한 사람이 아니었다. 부하들에게 버럭 고함도 많이 쳤다. 제너럴 일렉트릭(GE)을 당시 세계 최고의 기업으로 만든 잭 웰치 회장은 인정사정없다는 평도 들었다. 애플의 창업자 스티브 잡스는 공감능력이 뛰어난 사람이 결코 아니었다. 부하들에게 모욕적인 질책을 자주 해댔다. 단지 그들의 '위대함'이 공감능력 결여 또는 인격적 부족함을 가렸을 뿐이다. 그러나 아쉽게도 우리는 패튼, 처칠, 웰치 또는 잡스가 아니다.

질책과 모욕의 차이와 판단 주체

또한, '질책'과 '모욕'은 구분해야 한다. 첫째, 모욕은 상사의 우월성과 지배력을 부하가 새삼 인식하도록 강제하는 언행이다. 맞서 싸울 수 없는 부하는 그래서 열패감을 느낀다. 부하의 자존심에 상처를 주었다면, 이는 질책이 아니라 모욕이다. 수용이 불가하다. 모욕은 무조건 상사의 잘못이다.

둘째, 예를 들어 집안에서 자녀 교육이라는 이름을 내걸고 실험해보자. "멍청아, 너는 밥 먹는 것 말고 할 줄 아는 게 뭐니? 생각 좀 하고 살아라!" 하루에 서너 번씩 수년간 지속해서 자녀를 심하게 모욕하면 어찌 될까? 그 아이가 정상적인 인간으로 성장할 수 있을까? 그야말로 인격적 살인행위와 다름없다. 마찬가지다. 상사 스스로는 부하 육성을 위한 '질책'이라고 생각하더라도, 그것의 빈도, 강도, 지속성이 심하면(너무 자주, 너무 심하게, 너무 오랜 기간 계속한다면), 그래서 부하의 자존심을 뿌리째 뽑아냈다면, 이는 인간성을 부인하는 끔찍한 '모욕' 행위다. 법적으로 직장 내 괴롭힘에 해당한다.

부당한 모욕을 합당한 질책이라고 이름 붙이지는 말자. 자존감 없는 인간이 있을 수 있을까. 자존감은 인간의 존재 그 자체다. 질책과 모욕의 구분 기준은 간단하다. 부하의 자존심 치상 또는 자존감 말살 여부다.[31] 결과론적으로 말이다.

직장 내 괴롭힘 인지 감수성

모욕의 판단 주체는 부하다. 상사가 아니다. 상사는 하소연한다.

"억울하다. 내가 원래 나쁜 사람이 아니다. 모욕할 의도가 전혀 없었다. 그리고 부하가 모욕을 느끼는 줄 전혀 몰랐다. 진작 말을 좀 하지 그랬나."

하지만 가해자의 '의도'와 '인식'에 관한 이런 변명은 통하지 않는다. 성희롱 범죄도 마찬가지 아닌가.

---

31 이 책에서 자존심과 자존감이라는 단어가 자주 등장한다. '자기를 존중하는 마음'이란 뜻은 같다. 그러나 자존심에는 '내가 상대보다 잘났다는 마음', '상대에게 지기 싫어하는 마음' 등, 상대적 비교우위 개념이 들어 있다. '자존심 상하네!'라는 말은 상대방이라는 대상이 있을 때 사용한다. 반면에 자존감은 절대적 개념이다. 자신의 단점도 그대로 인정하는 마음이다. 예를 들어 '당신은 사랑받기 위해 태어난 사람'이란 노래 가사가 대표적이다. 인간은 많은 부정적인 면에도 불구하고 절대적으로 존귀한 존재라는 뜻이다. 자존감을 높여주는 노래다. 자존심을 찾는 사람은 상대를 낮춰 볼 소지가 크다. 자존감이 높은 사람은 여유롭게 자신만큼 타인도 존중할 수 있다.

"너 오늘 엄청나게 섹시하네!"

이런 식의 말을 지속해온 남성 상사는 변명이 많다. 칭찬의 '의도'였고, 상대가 수치심을 느끼는지 전혀 '인식'하지 못했다고 주장한다. 반면 여성 부하는 자신이 성적 대상이 된 수치스러운 '느낌'을 받았다고 하소연한다. 이 두 사람의 '성인지 감수성'[32]이 다른 것이다. 사실 가해자의 '의도'와 '인식'은 알 수 없는 일이다. 물론 피해자의 '느낌'도 그렇다고 볼 수 있다. 그러나 법원은 약자의 성인지 감수성을 고려하여 사건을 바라본다. 우월한 지위에 있는 가해자보다는 약자의 인격권, 행복추구권이라는 인권을 더욱 중시하는 판결을 내리는 것이다.

이제 우리 모두 '직장 내 괴롭힘 인지 감수성', 즉 직장 내 괴롭힘을 감지해내는 민감성도 갖추어야 한다. 시대 흐름이 거세다. 인권 의식의 향상 속도가 무척 빠르다.

---

32 한경 경제용어사전에 의하면, 성인지 감수성(gender sensitivity)은 양성평등 추구를 위해, 일상생활에서 성별 차이로 인한 차별과 불균형을 감지해내는 민감성을 말한다. 1995년 중국 베이징에서 열린 제4차 유엔 여성대회에서 사용된 후 국제적으로 통용되기 시작했다. 국내에는 2000년대 초반부터 정책 입안이나 공공예산 편성 기준 등으로 활용됐다.

요약

직장의 비극은 어이없게도 쉽사리 시작된다.

☐ 물론 상사와 부하의 상호작용이다. 문제는 다음과 같다.

- 부하의 소통능력 부족, 인간관계 형성능력의 어수룩함, 공감능력 결여가 문제다.
- 상사의 공감능력 결여, 면담과 경청 부족에서 비롯된 인간 몰이해, 함부로 내뱉는 말투가 결정적이다.

'직장 내 괴롭힘' 현상은 심각하다.

☐ 모욕 등 정신적 공격, 비인격적 대우, 과중한 업무 부여, 따돌림, 사생활 침해 등이 횡행한다.

- 괴롭힘을 당한 직장인 중 77.5%가 괴롭힘의 가해자로서 '상사'를 지목한다.
- 상사는 자신의 언행이 괴롭힘이라는 사실을 인식하지 못하고 있다. 그러니 부지불식간 지속한다.

☐ 통계를 들여다보면, 우리의 직장을 행복한 일터라고 도저히 말할 수는 없다.

- 직장인 100명 중 73명이 1년에 한 번 이상 상사에게 괴롭힘을 당한다.
- 100명 중 12명은 거의 매일 괴롭힘을 당한다. ▶100명 중 4명은 자살을 생각한다. ▶100명 중 1.3명은 실제 자살을 시도한다. ▶젊은 직원일수록 피해가 크다.

질책이 항상 나쁜 것만은 아니다.

- [ ] 상황 조건에 따라 질책의 효과가 다르다.
    - 긴박한 상황, 강한 서열 의식, 상호 신뢰 형성 관계 등의 조건에서는 오히려 큰 효과를 나타낸다.
    - 부하의 수용성도 상사의 파워, 조직문화, 부하의 개인 성격, 시대정신 등에 따라 다르다.
- [ ] 하지만 질책과 모욕은 구분해야 한다.
    - 질책의 빈도, 강도, 지속성이 심하면 모욕이다. 법적으로 직장 내 괴롭힘이다.
    - 부하가 모욕감을 느꼈다면, 상사의 의도가 어찌 됐건 모욕이다.
    - 이제 '직장 내 괴롭힘의 인지 감수성'을 키워야 한다.

생각하는 시간

자신에 관해 숙고할 시간이다. 다음 질문을 생각해보자. 답을 글로 써본다면 생각이 촉진될 것이다.

□ 특정 부하직원 또는 후배 사원을 지난 6개월간 주 1회 이상의 빈도로 계속해서 질책한 적이 있는가? (우리나라 직장인 4명 중 1명이 이러한 빈도의 괴롭힘을 당하고 있다.) (각주15 참조)

- 잘잘못을 차치하고, 그것이 '직장 내 괴롭힘'이고 근로기준법 위법 행위임을 인식했는가?

□ ('없다'가 위 질문의 답이라면 참으로 다행이다.) 그렇다면 지난 한 달간 부하직원과 갈등을 만든 적이 있는가? 부하의 잘못은 접어놓고, 여러분의 문제는 무엇이었는가? 다음 측면을 생각해보자.

- 분노 조절 능력 및 감정 통제 능력 측면, 심리적 유연성(정신적 여유) 측면, 공감능력 측면, 면담에서 축적된 부하 이해 측면, 편견, 험한 말씨(혀 밑의 도끼) 측면.

□ 여러분은 상사와 갈등을 겪은 적이 있는가? 과거 기억을 끄집어내 보자.

- 그때 상사의 문제점은 무엇이었나? 바로 위에 나열한 다양한 측면을 생각해보자. 이참에 그 상사를 실컷 비난하며 스트레스를 해소하라는 의도가 아니다. 타산지석(他山之石)으로 교훈을 얻어야 한다는 뜻이다.

제1권 제1장

이 QR코드를 휴대전화의 QR코드 앱으로 인식하면 토론방으로 연결되어 여러 독자들이 남긴 소감을 접할 수 있습니다. 여러분의 느낌도 써주십시오. 이 책의 저자와 질문으로 소통할 수도 있습니다.

제2장

비극의 원인: 내가 '꼰대'라고?

"너 자신을 알라. 자신이 모르고 있다는 사실을 아는 것이 진짜 아는 것이다."
— 소크라테스(Socrates)

"자신의 무지(無知)를 깨닫고 스스로를 인식하는 것이 곧 앎의 시작이다. 나 자신을 안다는 것은 내가 티폰*보다 더 끔찍하고 사나운 존재인지 알아보는 것이다."
— 플라톤(Platon)

* 티폰: 인간과 뱀이 결합된 그리스 신화 속 괴물.

진정 모른다. 직장 내 사람멀미와 직장 내 괴롭힘의 특성 중 하나는 '가해자의 무지(無知)'다. 자신의 언행이 상대에게는 사람멀미를 일으키고 괴로움을 초래하는 괴롭힘이라는 사실을 아예 모른다. 이러한 주장에 상사들은 과연 어떻게 반응할까?

(내가 감수성이 부족하다고? 직장 내 괴롭힘의 잠재적 가해자라고? 그럴리 없다!)

흠, 그럴 수 있다. 처녀 · 총각에게 왜 결혼하지 않느냐고 잔소리해대는 어른(예를 들어 연로한 삼촌)과 똑같다. 왜 계속할까? 상대(조카)가 괴로워한다는 사실을 모르기 때문이다. 유일한 해결책은 가해자(삼촌)의 그 위 상급자(할아버지)가 현상을 파악하고 가해자(삼촌)에게 '그러지 말라.'라고 교정적 피드백을 주는 것이건만, 그 상급자(할아버지)도 똑같다. 죽이 끓는지 장이 끓는지 전혀 모른다.

가해자의 무지, 모욕 그리고 지속성

분명 가해자와 그 상급자의 '무지'가 직장 내 괴롭힘의 원인 중 하나다. 그렇다면 아랫사람이 '그런 말씀은 듣기 괴롭다.'라고 다음과 같이 콕 집어 말해주면 좋으련만.

"시대에 맞지 않는, 씨도 안 먹히는 말씀이네요. 좋게 말할 때 제발 그만하시는 게 어떨까요."

부하 처지에서 이렇게 윗사람의 잘못을 지적하고 비판하기는 쉽지 않다. 입도 뻥끗 못 한다. 두 손을 앞에 모은 채 공손히 들어야 한다. 상사는 착각한다.

(흠, 내 충고와 조언을 고분고분하게 듣는군! 얼굴에 미소까지 띠었네. 역시 나는 대단해!)

부하는 전혀 다른 생각을 하고 있다.

(너는 웃지만, 나는 운다.)

상사는 상황 인식이 힘들다. 죄책감은커녕 자기도취가 심하다. 그러니 계속 가르치려고 덤빈다. 이런 사람을 사람멀미에 시달리는 젊은이들은 '꼰대'라고 부른다. 여기에 두 가지 조건이 더해지면, 즉 '모욕적 언행'(말과 행동)을 '계속'한다면 발뺌할 수 없는 직장 내 괴롭힘이 된다. '꼰대'라 불리는 상사는 이래서 '잠재적 가해자'다. 다음 공식이 성립한다.

[꼰대(잠재적 가해자)+모욕적 언행+

지속성(사실 지속성 자체가 꼰대의 특성이다)=사람멀미 또는 직장 내 괴롭힘]

뒤집어 생각해보면 분명해진다. ▶꼰대가 아닌 정상적(?)인 상사가 사람멀미 또는 직장 내 괴롭힘의 가해자가 되는 경우는 거의 없다. ▶설령 꼰대라 하더라도 모욕적 또는 폭력적 언행을 사용하지 않는다면 직장 내 괴롭힘이 아니다. ▶만약 지속적이지 않고 일회적이라면 직장 내 괴롭힘으로 보기 힘들다.

사례에서 찾는 '꼰대'의 공통점

위 공식을 이해하려면 꼰대란 어떤 사람인지 특성을 파악해야 한다. 가장 도드라진 꼰대의 특성은 분명하다. '심하게 사람멀미를 일으킨다.'라는 점이다. 그러니 주변 사람들이 싫어한다. 또한, 어이없게도 '자신이 사람멀미를 일으키는 주체임을 진정 모른다.'는 사실이다. 그러니 계속한다. 사람멀미가 곧 괴롭힘이 되고 마는 것이다. 다음의 실제 사례에서 또 다른 꼰대의 공통점을 찾아보자.

컴퓨터 게임 경기 중계

어느 판사가 나에게 들려준 이야기다. 법원장까지 올라갔으니 사회적으로 성공한 사람이다. 그런데 천석꾼은 천 가지 걱정이요, 만석꾼은 만 가지 걱정이라더니, 요즘 코가 댓 자나 빠져서 냉가슴을 앓고 있다. 고등학교를 졸업한 후 하릴없이 재수하는 아들이 답답해서다. 걱정이다. 이 녀석이 공부하고는 담을 쌓았다. 뚱딴지같이 요리사가 되겠다는 것이다. 한마디로 아버지처럼 되기 싫단다. 매일 집으로 소송 서류를 한 보따리 가득 들고 와서 밤늦게까지 읽고 판결문 쓰고. '그런 인생이 뭐가 좋으냐.'라는 지적이다. 이 녀석과 말이 안 통한다. 뭘 가르치려 해도 귀담아듣지 않는다.

어느 주말 아침에 좀 늦게 일어났다. 아들이 거실에서 TV를 보고 있었다. "핑핑, 평평, 뿅뿅~" 소리가 이상했다. 쳐다보니, 화면 가득히 벌레 같은 조그만 뭔가가 어수선하게 움직이고 있었다. 각종 불빛을 번쩍이며 서로 쏘고 터지고 그러고 있었다. 아버지 심사가 뒤틀려버렸다. 마뜩잖은 표정으로 입을 뗐다.

"이게 뭐냐?"

"e-sports예요. 아, 컴퓨터 게임 경기 중계하는 거예요."

"쯧쯧, 이런 한심한 …. 넌 뭘 이런 거나 보고 있냐?" 아버지가 혀를 툭 찼다.

아들은 발딱 일어나 TV를 꺼버렸다.

"… 아버지는 축구 경기 중계 안 보세요? 이것도 결승전인데 왜 그러세요?"

아들은 리모컨을 소파에 내팽개치고, 자기 방으로 들어가 '꽝' 거칠게 문을 닫았다. 아버지와 같은 공간에 있는 상황조차 싫은 것이다.

누구의 잘못인가? 버르장머리 없는 아들의 대화 기피 행동은 당연히 무례했다. 그런데 건드리지 않은 벌이 쏠까? 애당초 아버지 잘못은 뭘까?

▶자신의 경험 세계에 없는 현상(컴퓨터 게임 경기)은 정상이 아니라고

생각했다. 시대 상황이 변했음에도 말이다. 더구나 요리사가 되겠다니! ▶아버지는 '자기 판단은 옳고 젊은 애들은 틀렸다.'라는 생각이 강하다. 가치관과 판단력의 우월감이다. 그래서 ▶"넌 뭘 이런 거나 보고 있냐?" 가르치려 했다. 아들의 유년기에는 자신이 바빠서 아들과 대화를 제대로 못 했다. 청소년기에는 행동거지가 못마땅해도 자칫 공부에 방해될까 염려해서 말 한마디 못 건넸다. 가르칠 시간을 놓친 것이다. 그런데 이제 고등학교 졸업해 다 큰 성인이 된 아들을 붙잡고 시시콜콜 가르치려고 덤빈다. 남의 제사에 '감 놓아라, 대추 놓아라. 깎아 놓아라. 삐뚜름하니 똑바로 놓아라. 어어, 굴러간다, 주워 놓아라.' 하는 식으로 끊임없이 간섭하는 꼴이다. 이 뒤늦은 참견이 통한다면 오히려 성인 아들이 이상한 거다.

5 대 1 맞장 뜨기 실패

정치를 하다 보면 청년들뿐 아니라 어르신들도 많이 만나게 된다. 언젠가 다섯 명의 나이 지긋한 분들과 소주를 마시게 되었다. 법원, 검찰, 언론사, 행정부, 대학에서 나름대로 크게 성취한 후 은퇴한 분들이었다. 마침 대화 주제가 '요즘 것들'로 흘렀다. 그러자 어르신들 입에서 시뻘건 불길이 솟았다. 요약하자면 다음과 같다.

"요즘 애들, 불만 같지도 않은 불만이 많다. 일자리가 없다고? 취업 경쟁이 너무 심하다고? 나약하다. 틀려먹었다. 노력도 안 하는 요즘 애들의 그런 불평을 오냐오냐 하며 다 받아주다가는 나라 망한다." "따끔하게 가르쳐야 한다. 중소기업에는 일자리가 많다. 왜 안 가나? 그러고는 직장 없다고 아우성치는가?" "우리 때는 중학교 입시가 있었다. 초등학교 때부터 밤새워 공부했다. 직장에서는 은퇴할 때까지, 심지어 주말에도 밤늦게까지 일했다. 요즘 애들 어떻게 칼퇴근을 해! 복에 겨워 구시렁대는 소리, 더는 못 듣겠다."

이때 필자가 못 참고 눈치 없이 냅다 끼어들었다. 이게 항상 문제다.

"어르신 시대는 경제가 팽창하던 때고 지금은 저성장 시대지요. 그리고 너무 치열한 경쟁 사회, 끔찍한 청년실업 문제 등은 모두 우리 기성세대가 만든 것 아닙니까? 대기업과 중소기업의 끔찍한 연봉 차이도 그렇고요. 이런 구조적 문제를 청년들에게 '왜 노력하지 않느냐?'라고 개인적 문제로 몰아붙일 수는 없지 않을까요? 개인소득 3만 달러 시대의 가치관과 행동 양식은 당연히 과거에 세계에서 최고로 가난했던 나라의 그것과는 다르겠지요."

"어허, 쯧쯧, 남충희 선생, 좀 귀담아 들으셔야지. 그래서는 안 돼요. 경청 좀 하세요."

다섯 명의 어르신 모두가 나에게 혀를 차며 한 소리씩 했다. 자신들의 말을 왜 경청하지 않느냐는 질책이었다. 필자를 '정말 아끼기 때문에 주는 쓴소리'라고 했다. 공연히 끼어든 내가 잘못이었다. 그분들은 젊은 세대를 일방적으로 성토하고 싶었던 것이었다. 그런데 나는 토론으로 오해했고, 토론이란 그분들 경험 세계에는 없는 일이었다. 이제 가르침의 대상은 필자로 변해 있었다. 어쩌겠나? 재빨리 사과했다.

자청해서 벌주로 안다미로[1] 퍼부은 폭탄주도 석 잔이나 마셨다. 어르신들의 사고방식을 바꾸려고 하다니 큰 잘못이었다.

이 사례에 등장한 어르신들 역시 마찬가지다. 그분들 생각을 요약하면 이렇다. ▶요즘 세대는 완전히 틀렸다. 이러다가 나라 망한다. ▶우리의 경험이 훨씬 우수하다. 판단력이 우월하다. ▶그러니 우리가 가르쳐야 한다. ▶그들을 아끼고 사랑하기 때문이다. 우리가 나라를 지켜야 하기 때문이다. ▶사회, 조직 그리고 가정 속에 어찌 평등한 관계라는 것이 존재한다는 말인가. 나이 든 사람은 문화적 권위를 지니고 있다. 젊은 세대는 무조건 고개 숙이고 군말 없이 경청해야 한다.

여고생 꼰대와 대학생 꼰대

꼰대는 꼭 나이 많은 사람일까? 잘못 알려진 꼰대의 특성은 고령자라는 점이다. 사실 '젊은' 꼰대도 많다. 반면 노인이지만 꼰대의 특성을 전혀 갖지 않은 사람도 있다. 꼰대는 나이로 구분하는 개념이 아니다. (물론 꼰대의 나이, 지위, 배경 등이 꼰대 짓을 당하는 상대보다 '상대적'으로 더 높은 경우가 많음은 사실이다.) 꼰대 판단의 기준은, '절대적'인 나이가 아니라, 사고방식과 언행이다.

1 (편집자 주) '안다미로'는 '담은 것이 잔이나 그릇에 넘치도록 많이'라는 뜻의 순우리말.

서너 명의 여고생들에게서 다음의 '꼰대' 여고생 사례를 얻었다. 자신들의 직접 경험은 절대 아니란다. 모두 친구들에게 전해 들은 이야기란다.

학교 앞 분식집이다. 여중생 둘이 들어왔다. 수다 떨던 서너 명의 여고생들이 죄다 한마디씩 한다.

"헐! 쟤네 뭐야. 치마가 왜 저래?" "요즘 애들 치마 길이 살벌해졌어." "치마 진~짜 짧네." "저게 치마야, 손수건이야?" "야, 우리 때는 그래도 무릎은 가렸어!" "아니지, 우리 중학교 땐 교복 치마가 아주 한~복 같았지." "얘들아, 니네 치마 너무 줄였다. 그렇게 입고 공부가 퍽이나 잘되겠다." "그런데 그런 다리 내놓고 다녀봤자겠지, ㅋㅋㅋ." "정신 좀 차려라. 이 언니들이 다~ 해보고 하는 얘기야." "사실 말이다. 너네들, 이 언니들처럼 될까 봐 걱정해주는 거야." "아니지, 우리가 뭐 어때서? 너네가 욕먹고 다닐까 봐 알려주는 거야. 마음속 깊~이 새겨들어라!"

"…."*(흥, 지네들 치마는 더 짧으면서 ….)*

"항, 얼씨구 요것 봐라! 요새는 중딩도 풀 메이크업하고 다니네." "어라, 관자놀이까지 아이라인 그렸어." "거의 신부 화장이야. 세상 참~ 좋아졌어." "헉, 중딩 머리가 허리까지 오네?" "아니, 뭐야, 염색에 파마까지~ 니네들 머리, 아주 자유분방하다." "그 머리 어디서 했냐? ㅋㅋㅋ 그 미용실 절대 안 가게." "요새는 두발 규정도 없냐? 막장이네. 우리 중딩 땐 그렇게 길면 바로 날 선 가위 댔어." "세상 참 유~해

졌네. 아~주~ 살판났어!"

여중생들이 발딱 일어선다.

"… 얘들아, 노답이다.[2] 우리 딴 데로 가자."

발바닥에 힘주어 바닥을 구르며 나간다.

10대의 여고생들도 꼰대의 조건을 다 갖췄다. ▶상대방(여중생들)의 극혐, ▶시대 변화 거부, ▶자기 경험 과시, ▶'다름'을 '틀림'으로 인식, ▶무조건 가르치려 덤비기, ▶잔소리의 목적을 이타적 고언으로 포장, ▶모욕적 말 표현 그리고 상대의 변명이나 변호를 용납하지 않는 권위적 소통 자세.

---

2 요즈음에는 '꼰대' 대신 '답이 없다.'라는 뜻의 '노답'이라는 표현도 쓴다. "너네 팀장 노답이다. 휴가를 어디로 가는지 왜 물어봐? 따라오려고 그러나?"

참말로 '나이' 문제가 아니다. 대폭 줄었지만, 요즘도 대학에서 선배들이 집단으로 신입생들을 괴롭히는 잔재가 남아 있다. 단체 기합, 음주 강요, 소리 지르며 인사시키기, 선배에게 극존칭 쓰기, 무조건 '다 또는 까'로 대답하기, 선배가 술을 따라주는 경우 관등성명 대기, 건배할 때 술잔을 선배의 술잔보다 낮추기, 여름에도 여학생은 검정 스타킹 신기, 이어폰 꽂고 다니는 것 금지, 길에서 안경 착용 금지[3] 등등.

예의가 아닌 복종을 가르치는 퇴행적 규율이다. 직장 내 괴롭힘을 뺨칠 정도다. 우리의 독특한 문화('선배는 하나님과 동격이다.')가 준 그 알량한 권위를 부득부득 남용해서 꼰대 짓을 하는 것이다. 인권 의식이 과연 건강한지 의심스러운 그런 학생들이 나중에 뭐가 될까. 젊은 대학생 꼰대는 아직도 살아 있다.

---

3 먼 옛날 조선 시대에는 윗사람 앞에서 안경을 쓰지 않았다. 요즘과 달리 과거에는 안경 하나가 기와집 한 채 값에 달할 정도로 희귀했다. 그러니 윗사람 앞에서 재산과 신분의 과시는 불경한 노릇이었다. 안경은 얼른 벗어 뒤로 감추어야 예의였다. 21세기에 길에서 안경을 쓰지 못하게 하려는 선배들의 '과거 전통 복구 노력'이 눈물겹다.

'꼰대'의 아홉 가지 특성

앞의 네 가지 사례에서 드러난다. 상대가 극렬히 혐오하는 바로 그 사고방식과 언행의 공통점만 모으면 그것이 바로 사람멀미를 일으키는 꼰대의 특성이 된다. 전부 아홉 가지다. 이 아홉 가지의 관계를 〈그림 3〉'직장 내 괴롭힘을 초래하는 꼰대의 특성'으로 표현하였다.

그림에서 우선 파란색 상자를 보자. ▶**꼰대의 특성**에는 꼰대의 독특한 **'소통의 문제'**가 포함된다. ▶이 특성에 **'모욕'**과 **'지속성'**이 더해지면 **'직장 내 괴롭힘'**이 된다.

그림 한가운데의 **'8. 가르치려는 강박관념'**이 꼰대의 가장 결정적인 행동 특성이다. 뒤집어 보자. 만약 툭하면 가르치려는 강박관념만 드러내지 않는다면, 결코 꼰대가 아니다. 사람멀미가 대폭 줄어든다. 그런데 부하를, 젊은 사람들을 가르치지 않을 수는 없지 않은가. '말하기' 문제다. 세련되지 못한 소통의 문제가 '모욕'을 만들고 만다. 그리고 **7. 공감능력 결핍'** 때문에 모욕을 '지속'한다. 결과는 사람멀미를 넘어선 직장 내 괴롭힘이다. 거듭, [꼰대+모욕적 언행+지속성=직장 내 괴롭힘]이다. 하나씩 하나씩 문제의 근본 원인부터 해결책까지 자세히 살펴보자.

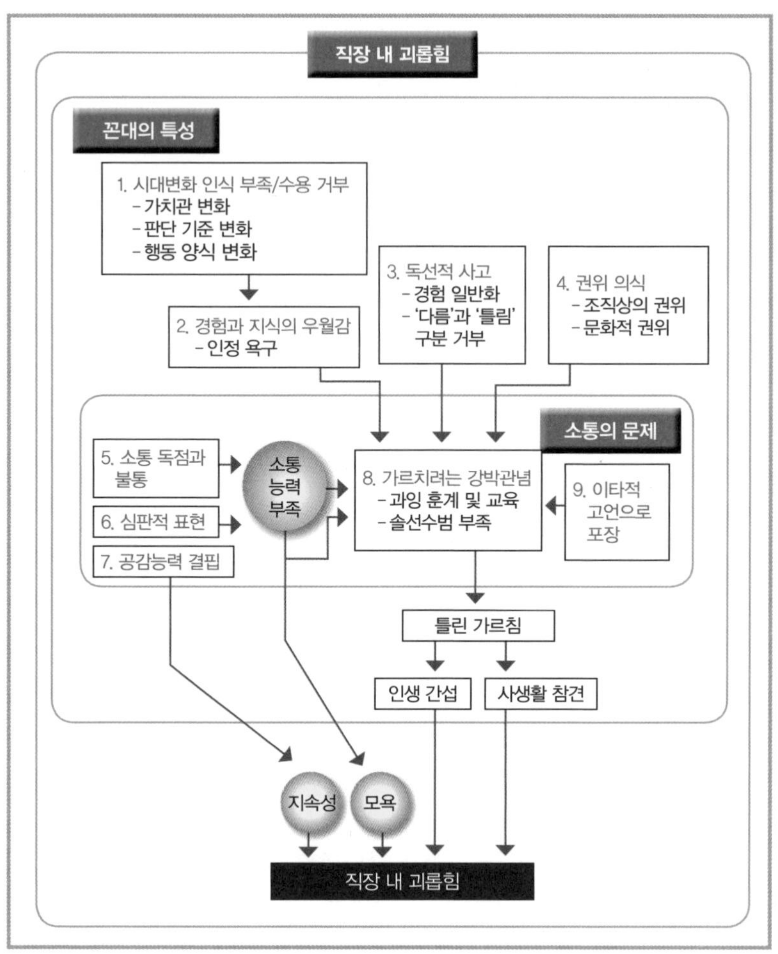

〈그림 3〉 직장 내 괴롭힘을 초래하는 꼰대의 특성

1. 시대 변화 인식 부족 및 수용 거부

꼰대의 기본은 세상 변화를 모른다는 것이다. 즉 '시대 변화 인식 부족'이다. 아예 세상과 담을 쌓고 깊고 좁은 우물 속에 앉아 있다. 모름지기 자기 경험 세계에 없던 일(예를 들어 컴퓨터 게임 경기)은 비정상이라고 생각한다. 자신이 경험하지 않은 건 이상한 거다.

(시대가 변하긴 했지. 나도 알아. 그래도 그렇지. 경쟁이 심해졌다 하더라도, 노력하면 안 되는 게 어딨어! 요즘 애들이 너무 나약해! 이러다가 나라 망하겠어.)

설령 시대 변화를 어느 정도 알더라도 자신들의 구시대 경험 법칙을 해결책으로 강요한다. 젊은이들의 애로와 곤경을 인정하고 수용하지 못한다. 순순히 받아주면, 나라가 망한다고 믿기까지 한다.

시대 변화 인식 부족

우스갯소리로 떠도는 말이다. 나폴레옹이 이집트 원정을 갔을 때다. 사막의 모래 속에서 고대 비석을 발견했다. 학자들을 동원하여 해석해보니, B.C. 3000년경 어떤 부족 장로들의 회의 내용이었다. 격정적인 근심 끝에 내린 결론은 '싸가지 없는 요즘 애들이 이러는 것을 보니 세상이 곧 망하겠다.'였다.

하지만 그 장로들의 근심과 한탄 이후에도 지난 5000년 동안 가치관과 행동 양식은 계속 변했다. 평등이라는 가치도 등장했고, 혁명도 일어났고, 민주주의라는 개념도 생겼고, 인권이 강조됐고, 여성의 권리가 대폭 신장했고 …. 그런데도 세상은 망하지 않았다. 내가 경험한 세상의 작동 방식이 미래의 세계에도 반드시 적용되어야만 한다고 생각할 수는 없다.

인정 및 수용 거부

앞 사례에서 여고생들은 시대의 변화를 인식하긴 했다. 그러나 어린 중학생들의 그 꼴을 도저히 인정하고 수용할 수 없었다. 여중생이 짧은 치마를 입고 화장까지 한다고? 최근에는 초등학교 고학년 여학생들도 화장한다. (세계를 둘러보면, 잘사는 나라에서 이미 익히 볼 수 있는 현상이다.) 독자 여러분은 혀를 찰 것이다. 사실 기성세대는 좀 저항해야 한다. 인류 역사가, 사회의 가치관이 내키는 대로, 닥치는 대로, 허투루, 흡사 광기에 사로잡힌 채 마구 내달릴 수는 없지 않은가. 무모(?)하도록 급격한 시대 변화를 진정시켜 붙잡아놓고 좀 더 숙고하게 만드는 임무는 기성세대의 몫이다. *(아, 필자도 분명 기성세대다.)*

하긴 수십 년 전까지만 해도 여중생들 머리카락은 귀밑을 내려올 수 없었다. 검정 교복을 입은 남자 중학생들은 머리를 빡빡 깎아야 했다. 목탁 소리만 없었을 뿐, 교실은 절 같았다. 구타도 심했다. '학생들이 머

리를 기르도록 허용하면 전부 일탈할 것이다.' '그러면 세상 망한다.' '사랑의 매다.' 나름 그 시대의 합리적(?) 주장이었다. 시대와 그에 따른 변화가 쏜살같았다. 그러나 세상은 망하지 않았다.

돌이켜 보자. 그때 우리는 왜 머리를 빡빡 깎아야 했을까? 그렇다면 지금 중학생들이 반세기 후에 자신들의 과거, 즉 그들의 오늘을 되돌아본다면 어떤 생각을 하게 될까? 인권이라는 가치관이 어린 학생에게도 적극적으로 적용되어야 한다고 생각하지 않을까? 기성세대가 붙잡아도 시대는 변한다. 너무 꽉 붙들지는 말자. 대신 변화를 조금 수용하고 인정하자. 세상은 변하게 되어 있다.

인정 불가: 가치관, 사고방식, 판단 기준의 변화

시대가 변하면 가치관도 변한다. 그게 정상이다. 옛날에는 부모가 돌아가시면 묘 옆에 움막을 지었다. 그곳에서 먹고 자며 베옷을 입고 3년간 시묘살이를 했다. 그런 행동 양식은 '조상숭배가 최우선적 가치'라는, 그 당시 사회가 공유한 가치관 때문이었다. 이제 그런 가치관과 행동 양식은 없어졌다. 그렇다고 불효자라는 질책을 듣지는 않는다. 변하는 것이 정상이다.

사실 젊은 세대의 가치관이 갑자기 생겨난 괴물은 아니다. 기성세대가 세상의 작동 방식을 바꿔놓았기에 나타난 결과물이다. 기성세대가 만들어놓은 선진국, 경제 위기, 저성장, 치열한 경쟁 등 시대 환경을 경험하면서 신세대는 기성세대와 전혀 다른 가치관을 확립한 것이다. 효과적인 생존 전략을 찾았을 뿐이다. 본능적 행동 양식이었다.

그러나 꼰대는 시대 변화 그리고 가치관의 변화에 따라 '사고방식'과 '판단 기준'이 달라짐을 인정하지 못한다. 예를 들어보자. 한 청년이 불평을 터뜨렸다. 몸 하나 뉘면 꽉 차는 고시원 쪽방에 사는 청년이다.

"열심히 살면 뭔가 달라질 수 있으리라는 희망의 끈을 이제 놓아버렸어요. 아무리 발버둥쳐도 부모 찬스를 마구 써먹는 금수저는 도저히 따라갈 수 없는 이 개떡 같은 현실에 절망했어요."

그러자 옆의 어떤 외국인 청년이 서툰 한국말로 일갈했다.

"행복에 겨운 소리 하지도 마세요. 나는 며칠씩 굶어도 봤어요. 당신은 불평할 자격이 없다고요!"

(허걱! 이 외국인과는 주파수가 안 맞네!) "누구세요?"

아프리카 말라위라는 나라에서 온 사람이란다. 현재 세계에서 가장 가난한 나라다. 2018년도 1인당 국민소득이 253달러(국민 평균 연 수입 약 30만 원, 즉 월 2만 5,000원)다. 당연히 사고방식과 판단 기준이 다르다. 말이 통할 리 없다.

앞선 사례에서 판사 아버지가 고등학교를 졸업할 무렵에 우리나라 1인당 국민소득은 현재 말라위 수준이었다. 세계 최빈국에 속했다. 그러니 키워야 할 건 근성이었다. 가치관은 그때 이미 정립됐다. '내가 하고 싶은 일은 무엇이고, 적성은 어떠한지.'를 따질 계제가 아니었다. '해야만 하는 밥벌이'를 위해 근면 성실하게 일해야 했다. 반면에 재수생 아들은 지금 3만 달러의 선진국에 산다. 그러니 아버지와 대화하면 꼭 아프리카 말라위에서 온 사람을 상대하는 듯하다. 서로 다른 언어와 문법으로 서로 다른 가치관을 주장한다. 주파수가 맞지 않는다. 선진국 청년에게 밤새워 조국 근대화를 위해 또는 밥벌이를 위해 매진하라 하면 과연 그렇게 할까? '코딩' 시대에 '주판' 강요하기다.

분명, 선진국에 사는 젊은이들은 다르다. ▶과거 지구상 가장 가난한 나라에서 요리사는 급여나 사회적 신분이 그리 훌륭한 직업이 아니었다. 지금 젊은이들은 그렇게 판단하지 않는다. ▶뭐라고? 국가와 민족의 중흥을 위해 이 한 몸 바치라고? 심지어 주말에도 밤늦게까지 일했다고? 말도 안 된다. 이런 사고와 행동 양식은 도저히 받아들일 수 없다. ▶행복의 판단 기준도 다르다. 아버지처럼 집에 와서도 회사 일 하며 사는 게 무슨 행복일까? 기성세대는 하나밖에 없는 그 귀한 인생을 즐길 줄 모른다. 애오라지 골프, 폭탄주, 고스톱만이 낙이다. 그런 인생을 왜 살아야 할까? 여유를 즐기며 자기가 하고 싶은 일을 하고 싶다. ▶불평의 양상도 다르다. 과거에도 어른들은 원래 잔소리와 군소리가 심했다고? 그땐 그때고 지금은 지금이다. 나는 듣기 싫다. 어른들은 관심이라고 하지만 명백한 사생활 침해다.

해결책

변화를 받아들이자. '다름'을 수용하자. '다른 것'이 결코 '틀린 것'은 아니다. 그래서 앞으로 이런 말은 삼가자.

"국가와 조직의 발전이 우선이야." "오늘 회식에 다 참석하는데 혼자 빠지면 쓰나?" "몸이 안 좋아? 술 마시면 나아."

모두 주파수가 맞지 않는 말이다. 앞으로는 이렇게 말하자.

"그렇지, 네가 하고 싶은 일을 해야 그게 행복이지." "개인의 행복이 우선이야.(몇 년 전 대통령 선거에서 나온 캐치프레이즈도 이와 비슷했다.)" "성실성보다는 창의력이 더 중요해." "조직보다 자신의 몸이 먼저지."

과거의 가치관과 행동 양식을 가르칠 수는 없다. 먹히지도 않는다. (하긴 필자도 요즘 이토록 급격한 변화 속도가 무척 당혹스럽기는 하다. 30년 한 세대 주기의 변화가 이제 3년 주기로 바뀐 듯하다.) 시대 변화에 눈을 감고 귀를 닫았으니 우물에 갇힌 모양새다. 그러다 보니 내가 최고가 됐다. 우월감이다. 자기혁신은 버릴 것을 우선 버리는 데에서 시작한다. 버릴 것은 우월감이다. 우월감을 버려야 비로소 시대 변화를 인지하고 수용할 수 있을 것이다. 버려야 산다. 비움의 미학은 결코 자신의 과거 부정이 아니다. 미래를 향한 과감하고 지혜로운 선택이다.

2. 경험, 지식, 사회적 우월감 과시

"김 이병, 넌 참 복 많은 거야. 나 때는 동계훈련 진짜 빡셌다."

군대 가면 선임들은 죄다 꼰대로 보인다. 군대 다녀온 사람들도 거의 꼰대가 된다. *(아, 나는 대단해!)* 한껏 부풀려진 자기 인식이 자못 과장으로 나타난다. 그래서 영웅담이 늘어진다.

"나 때는 정말 입에서 단내가 났지. 유격 훈련을 어떻게 했는지 알아? 먹을 것도 안 줘서 눈 덮인 산속에서 뱀이랑 개구리 잡아먹으며 근 한 달을 버텼어! 내가 뱀 잡아먹는 법, 가르쳐줄까?"

"나 때는 말이야 …."

출처: 삼성생명 유튜브 캡처, https://www.youtube.com/watch?v=9Lf3HeoU75Y.

“요즘 애들은 행복한 줄 알아야 해. 우리 때는 고생이 정말 심했어. 자네 이거 모르지?”

‘자기 과시’가 멈추지 않는다. 경험과 지식의 우월성 과시 욕구가 거칠다.

“당신, 내가 누군지 알아! 누구에게 감히 ….”

더 나아가, 우월감이 ‘사회적 인정과 대접’을 받고 싶다는 욕구로 응축되어 종종 노골적인 으름장으로 나타난다.

앞 사례에서 다섯 명의 어르신들(“우리 때는 매일 밤 11시까지 일했다.”)이나 여고생들(“우리 때는 교복 치마가 아주 한~복 같았지.”) 역시 과거 자기 경험을 과장, 과시하고 ‘인정받고 싶다는 욕구’를 표현했다. 과장, 과시, 인정 욕구 표출이라는 냇물을 끈덕지게 거슬러 올라 산꼭대기까지 가보면 원천이 나온다. ‘우월감’의 샘이다. 줄줄 흐르는 냇물 곳곳에서 우월감이 당연히 배어 나온다. “나 때는 ….” “옛날에는 우리 동아리가 ….” “내가 신입사원일 때는 ….” 바로 어제까지 빡셌다고 한다. 부하들과 후배들이 접한 오늘은 갑자기 편한 세상이 되었다는 시대 변화 해석이다. 그러니 젊은 사람들은 불평할 권리가 없다는 뜻이다.

해결책

대화 중에 부하들에게서 만약 다음과 같은 종류의 반응을 들었다면, 어떻게 생각해야 할까? 그리고 어떻게 행동해야 할까?

"아, 진짜요?" "정말 재미있네요." "와, 그래요? 대단하시다!" "정말 힘드셨겠네요!" "어쩜." "어떻게 그렇게 사셨어요?" "아이고, 그런 세상이 있었어요?" "그런 경험을 하셨다니, 존경스럽습니다!" "그런 고난이 있었기에 오늘날 이렇게 훌륭하게 되셨군요!" "몰라 뵈어서 죄송합니다. 그런 분이신 줄 몰랐네요." "앞으로도 이런 이야기를 자주 해주세요."

위와 같은 반응을 들으면 기분이 좋아진다. 인간은 가슴에 인정감이 가득 차면 호르몬 작용으로 행복감에 휩싸이기 때문이다. 저절로 목에 힘이 들어가면서 혼쭐을 놓고 말이 길어지게 마련이다. 조심해야 한다. 후딱 안테나를 높여라. 냉큼 알아차리자.

(아, 혹시 내가 지금 우월감을 과시하며 꼰대 짓을 하는 건 아닐까?)

그래, 맞다. 명백하다. 위와 같은 부하들의 달콤한 반응은 강력한 신호다. 내가 지금 꼰대 짓에 열중하고 있다는 날카로운 비상경보다. 즉각 입을 닫아야 한다.

내친김에 한 걸음 더 나아가 보자. 더욱 성숙한 단계는 뭘까? 단순히 꼰대 모면을 넘어 다른 사람들의 존경까지 받게 되는 단계 말이다. 그것은 한마디로 자신을 늘 낮은 '비교 위치'에 놓는 자세다. 자기 우월감의 포기다. 이를 '겸손'이라고 한다. 어찌 젊은 애들 앞에서 겸손

할 수 있을까? 솔직히 참으로 어렵다. 겸손은 그야말로 완성된 인품만이 내뿜을 수 있는 명품 향기다.

겸손은 우월감의 눈빛과 말투를 전혀 나타내지 않는다. 오히려 사회적 교류에서 자신을 스스로 낮은 위치에 자리매김한다. 모임에서 자신의 높은 권위를 내세우지 않고, 온 순서대로 구석 자리에 앉는다. 자신을 비하하는 농담도 거리낌 없다. 많은 사람이 비교의 고문을 받지 않고, 열등감을 느끼지 않아도 되니, 그 겸손을 좋아하고 존경한다. 겸손 주위에는 사람들이 모여든다. 사람들이 기피하는 꼰대와는 정반대 현상이다.

겸손 그다음은 뭘까? 답해보자. 예컨대 하인이 겸손해서 머리를 숙이는 것일까? '나는 죄인입니다.'라고 자기 고백하며, 심지어 전인격적으로 자신의 경험, 지식 그리고 사회적 위치 자체를 애당초 부인하는 인격도 있다. 무릎을 꿇고 남의 발을 씻어준다. 부하들의 애로를 귀담아듣고 애써 해결 노력을 보여주는 모습과 같다. 하인(servant)이라는 자기 인식과 행동을 보여주는 것이다.[4] 완성된 인격 또는 신앙의 힘일지도 모른다. 서번트 리더십이 평범한 사람의 눈에는 지독한 겸손으로 보일 뿐이다.

조심하자. 우월감은 독선적 사고와 쌍둥이다. 꼰대가 나타내는 독선적 사고를 분석해보자.

---

4 김여호수아. (2020).

3. 독선적 사고

인간의 머릿속에서 바뀌기 어려운 것은, 순서대로, 가치관(sense of value), 신념(belief) 그리고 의견 또는 견해(opinion)다. 가치관이 변하기는 어렵다. 그러나 우월감 때문에 심지어 의견 또는 견해까지 굳어지면 독선(獨善, self-righteousness)이 나온다. 자기 혼자만이 옳다고 믿고 행동하는 태도다. 즉 꼰대는 자신의 경험칙은 어디에서나, 누구에게나 적용 가능한 보편타당한 견해라고 생각한다. 자신의 경험을 쉽게 일반화하는 것이다.

(회식이란 참으로 즐거운 것이고, 폭탄주는 조직력 강화에 도움 되는 것 아닌가?)

가난했던 그 옛날, 고기와 술은 보기만 해도 반가웠다. 즐길거리도 별로 없었다. 그래서 회식을 한다면 환호를 질렀다. 하지만 다이어트가 중요해진 이 시대의 젊은이들에게 회식은 심히 괴로운 근무의 연장일 뿐이다. 전혀 즐거운 일이 아니다. 컴퓨터 게임이 훨씬 더 즐거운 놀이다. 이렇게 생각하는 요즘 사람들에게 꼰대의 독선적인 회식 강요는 어이가 없다.

(술도 안 마시고 어떻게 놀지? 얘네들 왜 이래? 술 좀 마셔야 솔직한 이야기가 나오는 거 아닌가? 요즘 애들, 틀려먹었어. 자, 마셔! 마셔야지!)

젊은 세대는 술 마시지 않고도 잘 논다. 그러나 꼰대의 견해, 즉 '음주는 언제 어디서 어느 누구와 함께하더라도 분위기를 고양하고 소통

의 효과를 높인다.'라는 생각이 확고하다. 취하지 않은 상태에서 가슴 속 이야기를 꺼내본 적이 없기 때문이다. 권위가 짓누르던 시대였으니 술자리가 아닌 사무실에서는 조심스러웠으리라. '나는 옳고 요즘 애들은 틀렸다.'라는 생각이 강하다. 판단력의 우월감이다. 타협이 불가한 꼰대의 특징이다. 한마디로 젊은 세대는 그저 다를 뿐이다. 그러나 꼰대는 다름(being different)과 틀림(being wrong)을 구분하지 못한다. 동일시한다. 즉 나의 견해와 다른 것은 틀린 것이다. 거듭, 그 버리기 힘든 우월감 때문이다. 앞 사례에서 판사 아버지, 다섯 명의 어르신들 그리고 여고생들 역시 상대는 잘못됐고 나는 옳다고 생각했다. 지성인이라면 나와 다른 견해, 즉 이견도 인정(agree to disagree)해야 한다.

해결책

만약 대화 중 부하들이 (위 사례에서 되받아치지 않고 자리를 뜨는 여중생들처럼) 소통을 피하거나 (방문을 꽝 닫고 들어가는 판사 아들처럼) 소통을 거부한다면 즉각 알아차려야 한다. '너는 틀려먹었다.' '네가 뭘 안다고.'라는 독선적 메시지가 칼날이 되어 상대의 자존심에 상처를 냈고, 자존심 방어행위는 소통 기피 또는 거부로 나타났다는 현상을. 만약 알아채지 못하고 지속한다면 괴롭힘이다.

시대 변화와 멀리 떨어진 우물 속에 갇힘 → 우월감 → 독선. 이를 '우물 안 사고'라고 한다. 자신이 최고다. 그저 집안에 홀로 조용히 앉아 있기만 한다면 큰 문제가 없으련만. 상사로서 갖는 조직상의 권위 또는 고령자이기에 갖게 되는 문화적 권위까지 손에 쥐면 걷잡을 수 없어진다. 낮은 위치의 젊은 사람들이 높은 자리에 앉은 꼰대의 '우물 안 사고'를 피할 수가 없으니 말이다. 이 권위의 문제를 따져보자.

4. 권위 의식

"찬물도 위아래가 있는 법! 어른이 말하는데 어디서 감히 건방지게 말대꾸를 하나." 꼰대는 연장자라는, 우리나라의 어른 공경 문화가 만들어준 '문화적 권위'를 사사건건 내세운다.

"선배가 하라면 해야지." 결코, 평등한 입장의 소통이 아니다. 선배라는 또 다른 '문화적 권위'의 채찍을 휘둘러 자신의 가치관, 사고방식 그리고 행동 양식을 수용하라고 강요한다.

"오늘 점심, 순댓국 어때? 다 같이 가지." 조직이 업무 수행을 위해 부여한 상사라는 '조직상의 권위'를 사적 영역에서도 휘두른다.

학교와 직장에서 집단 따돌림 현상이 심각하다. 다수의 힘이라는 '사회적 권위'로써 한 개인을 무시하며 모욕하는 못된 행위다. 인간성을 파괴하는 괴롭힘이다. 개개인의 건강한 판단력과 자제력이 집단 사고 속에 함몰되어버렸다. 집단적 꼰대 짓이다.

지시 복종, 상명하복의 세계관

꼰대의 특징 중 하나가 바로 이러한 권위 의식이다. 영국의 경제지《이코노미스트》가 한국에서 수출한 단어인 꼰대(Kkondae)의 정의를 알기 쉽게 잘 요약했다.[5] "타인에게 복종을 기대하는 사람. 자신의 실수는 절대 인정하지 않는 사람. 자신의 권위에 도전하는 것을 참지 못하는 사람."

꼰대는 처음 보는 사람에게도 어려 보이면 서슴없이 반말로 하대한다. 한마디로 요즘 젊은이들이 멀미를 일으키는 권위 의식으로 똘똘 뭉친 사람이다. 이 세상 작동 논리를 상명하복으로 본다. 이처럼 꼰대는 자신의 내면에 축적한 리더십이나 인격이 아닌, 문화, 조직 그리고 사회가 준 권위라는 힘만으로 찍어 누르는 사람이다.

---

5 *The Economist*. (2019).

권위 남용

그 권위의 남용도 문제다. ▶심한 꼰대는 자신의 권위를 무분별하게 확대 및 연장 행사한다. 업무 시간이 끝나도 상사와 부하의 관계에서 벗어나지 못하는 것이다. ▶업무 시간이더라도 조직이 부여한 권력은 공적 업무 수행에만 사용하는 것 아닌가. 사적 영역에서도 복종을 요구한다. 부하에게 개인적 심부름을 시키는 행위는 꼰대질이다. ▶'갑질'이란 '갑'의 우월적 지위를 남용하여 계약 관계에서 약자인 '을'에게 자행하는, 계약 외적 또는 개인적 부당 행위를 말한다. 즉 갑질이란 꼰대(개인이나 조직)의 무분별한 권한 남용을 일컫는다. ▶꼰대는 엄격한 서열을 따진다. 꼭 가운데 자리에 앉아야 한다. 사적 모임에서도 자신이 대화를 주도해야 한다는 생각이 강하다. 모든 인간관계를 권위라는 틀(frame)로 해석하는 것이다. 언제 어디서나 모든 인간관계를 '지시와 복종'의 관계로 해석하는 이런 사람을 '권위주의자'라 부른다. 그러니 ▶시대에 맞지 않게 윗사람을 모시는 예절을 과도하게 강조한다. 술자리에서 내 잔이 비어 있는데도 불구하고 부하나 후배가 따를 생각을 하지 않는다면, 한두 번은 그러려니 용서(?)할 수 있어도 계속 그런다면 괘씸하다. (자기 술을 스스로 그냥 따라 마셔도 탈 나지 않는다.)

해결책

직장에서 부하에게 주는 지시에는 단지 '업무방향 제시'만 있는가? 그렇다면 권위주의자라는 오명에서 탈피할 수 없다. 의미전달과 공감표현은 늘 적절히 들어가 있는가? (제3권의 제1장 '상사의 지시 능력'에 설명이 나온다.) 점검해보자.

직장을 벗어난 자리에서는 부하나 후배도 동등한 인격체라고 생각하는가? 예를 들어 회식 때 여러분도 함께 고기를 굽는가? 사실 상사가 부득부득 소매를 걷고 나서면 부하가 불편할 수도 있다. 고기라도 구워야 상사의 인생 훈계에 집중하지 않아도 된다고 생각할지도 모른다. 예절이라고 생각할 수도 있다. 그들의 생각도 존중하자. 그러나 최소한 그들이 고기를 굽지 않는다고 해서 괘씸하게 생각지는 말자. 부하도 동등한 인격체다.

권위 의식을 내려놓으면, 역할에 관한 고정관념을 버릴 수 있다. 회식 자리에서도 상사가 대화를 주도해야 하고, 가르쳐야 하고, 감동적인 말도 해야 한다는 강박관념에서 벗어날 수 있다. 거꾸로 말해 꼰대에서 탈피하자면, 권위를 내려놓아야 할 때 내려놓으면 된다. 한마디로, 주어진 권위를 시도 때도 없이, 심지어 사적 영역에서까지 남용하지 말자. 부하 또는 젊은 사람을 인격적으로 동등하게 대하라는 말은 사회적 '위상의 우월성'과 '지배력'을 절대 내비치지 말라는 뜻이다. 그러고도 일이 될까? 만약 안 된다고 생각한다면 부하들의 자발성을 끌어내는 리더십이 심히 부족한 사람이다. 권위로만 일을 시키고 있는 꼰대일 소지가 크다. 부하들이 '추종'하는 리더와 부하들이 '복종'해야 하는 보스는 개념이 다르다. 존경하고 따르고 추종하는 사람을 꼰대라고 부르지는 않는다.

인식이 과거에 갇혀 있고, 그래서 우월감과 독선 의식을 갖게 되었고, 더욱이 권위 의식에 사로잡힌 사람의 문제를 살펴보았다. 이에 더

해 소통능력까지 미숙하면 문제가 자못 심각해진다. 소통능력의 미숙은 '소통 독점과 불통' 그리고 '심판적 표현'을 말한다.

5. 소통 독점과 불통

"그 부장님요? 말이 정말 많아요. 한 말 또 하고 또 하고. 이제는 다 외울 지경이에요. 그러나 어떡합니까. 술자리에서 직원들은 미소 띤 얼굴로 또다시 듣는 판소리에 열심히 추임새를 넣으며 맞장구만 칠 수밖에 없지요."

문제의 그 부장을 만나보자. 부하들과 어떻게 지내느냐고 물어보자.

"소통이 최고지요. 조직관리는 소통 아닙니까. 직원들에게 밥도 사고 술도 사면서 열심히 소통하고 있습니다."

단언컨대 경청을 잘하는 사람은 절대 꼰대가 아니다. 확언컨대 꼰대는 듣지 않는다. 혼자만 말한다. 그리고 소통했다고 믿는다. 아쉽게도 자신이 말이 많다는 사실을 전혀 모른다. (제2권의 제3장 '질문 잘하기'에서 상사가 왜 말이 많고, 반면 상사 자신은 왜 훨씬 적게 말했다고 거꾸로 느끼는지 심리적 이유를 설명한다.) 설교, 훈시, 조언, 충고 등이 끊임없다. 사례도 많이 든다. 반복되는 그 화려한 사례의 주인공은 주로 과거의 자신이다. 꼰대는 절대 경청하지 않는다. 왜 혼자만 말하느냐고 지적당하면, 항변한다.

"젊은 애들이 말하지 않으니 어쩔 수 없지 않습니까?"

말할 때까지 참고 기다려야 한다. 기다리면 말한다. 그런데 젊은 세대가 말할라치면, *(어, 어른 말씀을 경청하지 않네!)* 이건 권위에 도전하는 행태로 받아들인다. 괘씸하게 생각한다. 젊은이들 처지에서는 한마디로 말 상대하기 싫은 사람이다. 인격적인 접근성이 떨어지는 사람이다. 불통이다.

잘 보자. 꼰대는 절대 질문하지 않는다. 질문하더라도 '질문 아닌 질문'이다.(이러한 질문의 종류는 제2권의 제3장 '질문 잘하기'에서 살펴본다.) 관심을 가졌다면 궁금한 게 많아서 이것저것 질문할 텐데, 남의 의견은 궁금해하지도 않는다. 단순히 나보다 열등한 사람으로 여기기 때문이다. 내가 관심을 가져야 할 중요한 사람으로 여기지 않기 때문이다. 우월감이 소통 독점의 근본 원인이다. (종종 우월감이 아니라 '노인의 고독'이 말 많은 이유일 수도 있다. 그저 습관도 원인일 수 있다.)

어쩌다 부하가 조금 다른 의견을 개진하면, *(내 견해에 반대하다니, 나를 무시하네.)* 우선 부정적 반응부터 보인다. 상대의 변호도 용납하지 않는다. 상대의 변명이 길어지면 부지불식간에 반항으로 여긴다. 어찌 보면 토론, 질문, 경청 등 소통 훈련 부족 때문일지도 모른다. 오랫동안 다져진 습관이다.

젊은이들은 묵묵부답으로 소통을 거부하거나 '알겠습니다.' 하고 자리를 피한다. 대거리도 하지 않으니 소통이 이어지지 않는다. 그러니 상호 이해의 기회는 점점 희박해진다. 글쎄, 젊은 애들은 입이 무거운지 말들이 없다. 소통능력 부족이 근본 문제인가? 왜 말하지 않을까? 젊은 세대의 진솔한 답변을 들으면 충격을 받게 된다. 한마디로 피하고 싶기 때문이다. 근본적으로 벽에 대고 말하는 에너지 낭비는 피하고 싶다. 기분만 나빠진다. 심지어 최소한의 말대꾸도 하기 싫다. 말이 이어지면 또 긴 설교가 나오리라 예상하기 때문이다. 피곤해진다. 그래서 '말로써 말 많으니 말 말까 하노라.'라는 옛 시조처럼 대꾸를 삼가는 것이다. 소통능력 부족이라고? 아니다. 상대와 대화가 내키면 젊은 세대도 말을 썩 잘한다.

해결책

> 부하와 대화 시 여러분은 얼마만큼 말하는가? 대화 시간 중 여러분의 발언 시간이 얼추 50%가 넘는다면 여러분은 분명 꼰대다. 말을 줄이자. 유일한 해결책이다. 대신 질문하자. 제2권 '상사의 귀(耳) 사용법'에서 경청과 질문의 원칙과 기술을 부디 다잡아 익히기 바란다.

꼰대의 소통 문제 중에서 독점과 불통의 원인과 부정적인 현상을 살펴보았다. 소통의 또 다른 문제는 심판적 표현이다. 즉 말이 거칠어 곧잘 상대의 가슴에 상처를 남긴다는 사실이다.

6. 심판적 표현

혀 밑에 장착한 날 선 도끼가 흉기다.

"그건 네가 잘못 생각하는 거야."

꼰대는 말투가 늘 평가적이다. 세상을 옳고 그름(right or wrong)이란 이분법으로 모두 다 평가할 자신감에 차 있으니 말이다. 입에서 나오는 것은 거의 부정적 평가다. 이 세상에 평가할 수 없는, 평가가 망설여지는, 평가가 두려운 사안은 없다고 생각한다. 가히 신적 존재다. 설령 평가의 자신감을 가졌더라도, "이렇게 생각할 수도 있지 않을까?"라고 다른 사고를 촉진하는 질문을 던져 토론을 이을 수도 있으련만, 변명과 반론 기회를 줄 생각조차 하지 않는다.

"자네 그렇게 살면 안 돼. 그만두자. 그래, 말을 말자!"

매사 심판한다. 소통의 그라운드에서 아웃시키는 레드카드를 쉽사리 꺼내든 것이다. 상대의 이마에 '고귀한 내가 상대 못 할 한심한 인간'이라는 낙인을 찍는 것이다.

"이런, 한심한 …. 이것도 일이라고 했냐!" 항상 질책이 앞선다.

부정적 평가 및 심판 그리고 질책이 줄기를 이루는 꼰대의 말은 사뭇 거칠다. 즉 학대적 피드백을 아무 생각 없이 조심하지 않고 마구 날리는 것이다. 부하에게 열등감을 주입하는 것이다. 무시와 모욕을 당한 상대방의 자존심 방어 본능이 촉발된다. 심지어 증오에 찬 반발도 터져 나온다. 아니면, '재수 없게 옷에 흙탕물 튀었네.'라고 툭툭 털고 돌아서 말없이 가버린다.

그렇지 않아도 새로운 세대는 얼굴을 맞댄 소통 대신 짧은 암호식 문자 소통에 익숙하다. 상사의 말이 이렇듯 거칠다면, 그들은 상사와의 '인격적 접촉' 대신 '도구적 소통'만 하게 된다. 즉 점점 더 휴대전화 문자와 사내 메신저 등 짤막한 소통이 조직 내 소통의 전부라고 생각하게 된다.

해결책

"틀렸다." "너는 잘못됐다!"라는 식의 질책은 피하자.

"이게 어찌 된 거니?" 대신 비평가적으로 질문할 수도 있다. 표현 방법은 마음먹고 훈련하면 고칠 수 있다. (방법은 제3권 '직장인의 입(口) 사용법'에서 자세히 논한다.)

우물 안 사고(즉, 시대 변화의 인식 부족 또는 거부+우월감+독선)+권위의식+소통능력 미숙(소통 독점과 불통, 심판적 표현)이 결합하면 환자는 중증 상태가 된다. 이런 정도라면 필연적으로 온몸 여기저기에 '공감능력 결핍'이라는 합병증 증상이 두드러지게 된다. 공감능력이 부족하니 상대의 괴로움을 알아챌 수가 없다. 당연히 '괴롭힘의 지속성'이 나타난다. "어, 어" 하는 순간 직장 내 괴롭힘의 가해자가 되는 것이다.

7. 공감능력 결핍, 자신에 대한 무지

진정한 꼰대는 자신이 꼰대임을 모른다. 즉 위의 여러 특성을 지니고 있음을 전혀 모르는 사람이 참된 꼰대다. 그러니 꼰대라는 정체성을 부여받게 되면 진정 당혹감을 느낀다.

(뭐라고? 어처구니가 없네. 아니야! 난 절대 꼰대 아냐! 내가 왜 꼰대야?)

진심을 담아 어이없다는 표정으로 되묻는다. 어째서 이럴까? 부하들이나 자녀들이 자신 때문에 멀미를 앓고, 더 나아가 괴로워한다는 사실을 정말 모르기 때문이다. 상대의 감정 변화를 못 느끼는 것이다. 거짓말 같겠지만, 참말이다. 이 정도의 공감능력 결핍이 꼰대의 결정적인 증상이다. 평균적으로 공감능력이 남성보다 더 뛰어난 여성들 사이에서 꼰대 현상이 적게 발견되는 이유다. 순간 독자들이 질문을 던질지도 모른다.

(아니, 그럼 위 사례에서 여고생 꼰대는 뭡니까? 여고생은 여성 아닙니까?)

예외가 없을 수는 없겠으나, 선천적으로 공감능력이 떨어지는 남성에게 꼰대 징후 발생 확률이 여성에 비해 높음은 사실이다. (공감능력의 성별 차이는 이 책의 다음 장인 제3장 '공감'에서 자세히 설명한다.)

해결책

공감이 무엇인지 이해하고, 공감능력을 키워야 한다. 최소한 '나쁜' 상사가 되지 않기 위한 기본 조건이다. 바로 다음의 제3장 '공감'과 제4장 '공감의 과정' 숙독을 권한다.

인간을 동물이 아닌 인간답게 만든 것이 공감능력이다. 공감을 숙고하여 이해하고 자신의 공감능력을 되돌아본다면 인간으로서 자신을 파악할 수 있다. 비로소 '너 자신을 알라.'라는 명언의 뜻을 이해할 수 있다. 나 자신을 안다는 것은 내가 사람멀미와 직장 내 괴롭힘이라는 흙먼지를 일으키는 동물인지, 아니면 온유하고 온전한 인간인지, 아니면 존경받는 상사인지 알아보는 것이다.

8. 가르치려는 강박관념=인생 간섭

앞선 모든 요소가 결합하여 나타나는 꼰대의 가장 결정적인 특징이 '툭 하면 가르치려는 강박관념'이다. 교육을 빙자한 인생 간섭이다. 주로 만만한 사람이 대상이다. 자신보다 우월하다고 여기는 상대에게는 절대 가르치려고 덤비지 않는다. 그런데 대부분의 주변 사람들이 나보다 열등한 듯 보인다. 그러니 누구를 보든 가르치려 덤빈다. 오지랖이 넓은 게다. 그렇지만 그 가르침은 늘 엉뚱한 결과를 낳고 만다. 우물 안 사고(시대 변화의 인식 부족 및 수용 거부, 우월감, 독선), 권위 의식, 소통능력의 미숙(소통 독점과 불통, 심판적 표현) 그리고 공감능력 결핍이 합작하기 때문이다. 꼰대의 '가르침'은 대부분 부정적 효과만 낳는다.

상사가 첫째, 내 인생에 밤 놔라, 대추 놔라, 개입하면 피곤하다. 둘째, 십중팔구 틀린 조언이다. 그러니 쓸데없는 잔소리로 들린다. 셋째, 설령 맞는 말이더라도, 말하는 방법이 기분 나쁘다. 자신의 사회적 위상을 확인하려는 지적질로 들린다. 자세히 따져보자.

꼰대의 가르침=인생 간섭, 사생활 참견

"자네는 왜 연애를 안 하나?"

참견한다. 그래서 연애를 하면 또 참견한다.

"왜 그런 사람을 사귀냐? 한 번 사는 인생인데, 넌 네 인생이 소중하지 않아?"

어쩌다 책 한 권 읽었는가 보다.

"자네 요즘 책 좀 읽나? 내가 추천 좀 해줄까?"

급해서 후다닥 출근했더니 기어코 지적질당한다.

"눈 화장 좀 하고 다니는 게 어떨까?"

업무에 관한 조언은 해주지도 않고, 부하가 원하지 않는데도 조언을 빙자해 시답잖은 내용으로 가르치려 한다. 꼰대의 가장 두드러진 특성이다. 타인의 인생에 간섭한다. 사생활에 참견한다. 이 역시 자신의 안목, 통찰력, 판단력, 심지어 미적 감각이 우월하다는 착각 때문이다.

해결책

요즈음 젊은이들의 개인존중주의와는 더더욱 맞지 않는다. 꼰대는 '교육했다.'라고 뿌듯해하지만, 다 큰 젊은 세대는 요청하지도 않았는데 '쓸데없는 잔소리, 군소리를 듣고 간섭을 받았다.'라고 사람멀미를 앓게 마련이다. '타인'의 인생에 무분별하게 간섭할 수는 없다. 사생활 침해는 괴롭힘이다.

부하와 대화에서 세 가지를 빼자. 우월감, 독선적 사고 그리고 심한 권위 의식. 오직 이 세 가지를 버릴 때만이 타인의 인생에 함부로 뛰어드는 간섭을 줄일 수 있다.

틀린 가르침=쓸데없는 잔소리

꼰대가 생각하는 젊은이들과의 '소통'이란 곧 '가르침'이다. 조언, 충고, 설교, 지적, 훈계 또는 질책 없이 어찌 '소통'이라고 말할 수 있는가. 인류가 쭉 그렇게 살아오지 않았는가.

"혼기가 차면 빨리 결혼해야 하는 거야. 애도 빨리 낳아야 그게 조상에 대한 도리지."

(또 듣기 싫은 잔소리네.)

그런데 과거와 달리 요즘 젊은 애들은 왜 어른 말씀을 시답잖다고 생각할까? 왜 잔소리로 여길까? 대답을 들어보자. 젊은이들이 처한 작금의 상황과 그 가르침이 맞지 않기 때문이다. 어른의 경험 법칙은 어쩔 수 없이 과거에 축적된 지식이다. 요즈음 세상은 급속히 변하고 있다. 미래가 과연 과거의 연결 선상에 있는 것일까? 우리는 과거 경험이 곧 어이없는 고정관념이 되는 시대에 살고 있다.

그 가르침이 혹여 상사 자신의 경험에서 우러나온 것조차 아니라면 문제는 더 커진다. 경멸받기에 딱 좋다.

"네 가치관이 뭐니? 봉사활동 좀 하고 살아라."

(씨, 자기는 안 하면서 ….)

심지어 과거 행적에 반하는 조언은 잔소리를 넘어 내로남불의 위선으로 느낄 수 있다.

해결책

젊은 사람들이 묻는다.

"제4차 산업혁명이 만들고 있는 미래가 뭔가요? 자세히 설명해주실 수 있으세요?"

아니, 모르겠다. 미래는 우리가 지금까지 경험해보지 못한 예측 불가능한 특이점을 향해 달려가고 있다. 미래를 위해 취할 행동을 가르쳐준다고? 미래의 현실과 동떨어진 쓸데없는 잔소리이기 십상이다. 가르치려고 덤비지 말자. 대신 겸손히 질문하자.

"자네는 어떻게 생각하나?"

또한, 성인이 된 젊은이의 인생관을 말로 가르치겠다는 생각은 아예 버리자. 청소년기를 지난 성인에게 가치관을 가르칠 수는 없다. 완성된 자기 세계를 가진 한 인격체로 대해야 한다. 정녕 철학을 가르치려면, 말이 아니라 행동으로 모범을 보이는 수밖에 없다. 봉사활동을 솔선수범하는 것이다. 업무도 그렇다. 호통만 치는 상사가 되어서는 곤란하다. 상사가 애정을 쏟아 정성껏 고쳐준 보고서를 되받아 보며 부하직원은 많이 배운다. 가르치려면 행동으로 가르쳐라. 말로 가르치지 말자. 정녕코 말로 가르치려면 이론과 경험에서 우러나온 깊은 '질문'으로 가르쳐라.

존경받는 상사가 되면 부하는 자발적으로 조언을 요청할 것이다. 그때가 오면 말로 가르쳐라. 하지만 그럴 때라도 조언과 교육은 '설교'가 아니라 '질문'으로 하자. (제2권에 '세 가지 질문의 원칙과 일곱 가지 기술'이 나온다.)

기분 나쁜 가르침=지적질

직장에서 업무도 가르치지 말라고? 그건 아니다. 아르바이트생 선배가 며칠 늦게 들어온 후임을 가르치는 것 좀 보자.

"상품 진열을 이렇게 하면 어떡해요! 이거 이렇게 하면 안 돼요! 다시 하세요!"

젊은 꼰대가 교육이라는 이름으로 지적질한다. '지적질'과 '안내'는 큰 차이가 있다. 지적질은 상대의 감정에 차가운 회오리바람을 불러일으킨다. "이렇게 하면 안 돼요!"라는 상품 진열의 잘못 지적에는 '네 행동은 잘못됐다(You are wrong.), 네 판단력은 어째 그 수준이냐, 너는 열등하다!'라는 부정적 의미가 내포되어 있다. 사회적 우위를 확보하려는 못된 시어머니 노릇이다. 상대는 기분 나쁘다.

더구나 젊은 사람들이 떠올리는 꼰대의 이미지는 '눈을 부릅뜨고 삿대질을 하며 버럭 호통치는 모습'이다. 한 어른이 어쩌다가 젊은이를 만났다. 이 녀석이 바쁜지 인사랍시고 고개만 까딱거리고 지나친다. "야! 인사하려면 제대로 해! 어디서 배워 먹은 인사야!" 눈을 부라리며 냅다 소리치며 꾸짖는다. 죽고 사는 문제가 아닌데도 왜 이리 냅다 화를 낼까. 아무리 올바른 메시지(message)라도 메신저(messenger)의 언행이 불쾌한데, 감정이 상한 상대가 그 메시지를 받아들일까. 그런데 잘못이 도대체 무엇이고 어떻게 교정하라는 말인가. 왜 진정 가르쳐야 할 콘텐츠는 제시하지 않는가. 자꾸 이러면 젊은 사람들이 그 무서운 사람을 다시 보려고 할까.

해결책

아르바이트 선임자가 이렇게 말했다면 어땠을까.

"제가 설명해 드려도 될까요? 잘 팔리는 상품을 눈높이에 놓아야 좋겠지요. 이렇게요."

이런 '안내'는 단순한 서술이다. 비(非)평가적이다. 심판적 표현이 없다. '너 잘못한 거야.(You are wrong.)'라고 상대의 행동을 결코 부정적으로 판단하지 않았기 때문이다. '지적질'과 '설명'은 전혀 다르다. 인간관계의 기본자세가 우선 다르다. 자신의 우월함을 뺐다. 심판적 말버릇을 버렸다. 상대가 거부감을 전혀 느끼지 않고도 스스로 잘못을 깨닫고 교정하도록 말하는 방법은 많다. (제3권 '직장인의 입(口) 사용법'에서 다룬다.)

"이게 보고서야! 다시 써 와! 한심하다."

막무가내식 질책과 모욕이다. 과연 교육 효과가 날까? 진정 교육이라면 다음과 같이 구체적으로 정확하고 명확하게 '안내'해야 한다.

"이 보고서 잘 썼네. 전체 얼개가 잘 잡혔고, 필수 내용이 다 들어갔어. 그런데 맨 앞에 요약을 좀 넣고, 우리의 현상을 원래 목표치, 경쟁사 실적 등과 비교하면 좀 더 좋겠네. 우리 실적이 왜 이런지 원인분석 좀 더 하고. 자네가 할 수 있다고 믿어."

인사랍시고 고개만 까딱이는 젊은이에게 버럭 호통만 치고 끝낼 일이 아니다. 가르치려면 제대로 가르쳐야 한다.

"인사는 정중함이 생명이야. 정중함은 바른 자세에서 나오지. 차렷 자세에서 천천히 상체를 굽혀야 제대로 된 인사야. 고개와 등을 구부리지 말고 상체가 일직선이 되어야 아름다운 인사지. 양손은 옆에 붙이고. 옛날 하인처럼 손이 앞으로 따라 내려오면 비굴해 보인단다. 그리고 90도로 허리를 깊이 굽힌다고 정중한 인사가 되는 것은 아니야. 정중함은 굽히는 '각도'가 아니라 굽히고 펴는 '속도'에서 나오지. 천천히 인사할수록 정중하게 보인다. 내가 하는 것처럼 이렇게 말이야."

정녕 가르치려면 내가 먼저 시범을 보일 수 있을 만큼 알아야 한다. 최상책이다. 차선책은 자신도 모른다면 가르치려고 덤비지 말라는 진리의 실천이다. 하책은 눈을 부릅뜨고 격하게 호통치며 질책만 하기다. 글쎄, 그런다고 교육이 될까. 최하책은 물론 모욕이다.

우리는 흔히 2030세대는 잔소리해대는 어른을 싫어한다고 생각한다. 아니다. 꼭 그렇지는 않다. 그들의 70%는 여전히 "내 인생에 멘토가 필요하다."라고 말한다.[6] 꼰대는 싫지만, 쓴소리로 제대로 가르쳐주는 멘토는 찾고 있다. 멘토와 꼰대의 가장 큰 차이점은 '말하는 방법(39%)', '내 말의 경청 여부(25%)', '조언의 진정성(22%)' 순이다.

젊은이들은 여러분의 고언과 충고를 기다리고 있다. 꾹꾹 인내하라. 구체적으로 정확하게 안내하라. 교육은 '인내'와 '안내'다. (물론 가장 훌륭한 안내 방법은 질문이다.) 꼰대를 탈피해서 멘토가 되려면 가르치는 듯한 말버릇부터 바꾸자. 부지불식간 튀어나오는 우월감을 거르는 필터를 목 안쪽에 장착하자. 잔소리와 호통만 일삼는 기분 나쁜 꼰대라는 오명을 피할 수 있다. 아니, 존경받는 상사가 될 것이다. 단순하게 정리하자면, 대등한 입장에 서서 깊이 있는 지식과 경험에서 비롯된 통찰을 인내와 안내로써 전수해주는 사람이 멘토다. 우월감을 들이밀어 상대에게 반발심을 솟구치게끔 가르치는 사람은 꼰대다.

---

6 남정미. (2019). SM C&C 플랫폼 '틸리언 프로(Tillion Pro)'를 통해 20~30대 남녀 2009명을 설문조사한 결과를 분석했다.

9. 이타적 고언으로 포장

“너를 아껴서 하는 소리야.” “기분 나쁘게 받아들이지 마. 쓴 약이 몸에 좋은 거야.” “친구처럼 생각하니까 해주는 말인데.” “나니까 이렇게 말해주는 거야.” “자네가 후배라서 정말 솔직하게 얘기해주는 거야.”

꼰대의 마지막 특징은 충동이 절제되지 않은 언사를 늘 ‘이타적 고언’이라고 포장한다는 점이다. 상대는 물론 감사히 받아들이지 않는다. 사람멀미를 일으키는 간섭과 잔소리로 받아들인다. “알았지!” 훈육이 성공했다는 뿌듯한 성취감과 한편 “예, *(아이 씨)*” 솟구치는 혐오감이 각자의 가슴 속에 소통의 결과물로 남겨진다.

진심 어린 충고나 조언이라고 과대 포장하는 이유가 있다. 내용물 자체가 상대에게 기분 나쁜 것임을 자신이 이미 알기 때문이다. 상대가 쉽게 수용하지 않을 것을 익히 알기 때문이다. 앞의 사례에 등장한 어르신들이나 여고생들도 기분 나쁜, 쓸데없는 잔소리를 애써 이타적 고언이라는 주장으로 포장했다. 먹히지 않는 조언임을 자신도 이미 알고 있다. 그런데 왜 하나?

해결책

부하들에게 주는 충고, 조언, 고언, 교육, 훈계, 지적 등에 지금 과대 포장을 하는 중인가? 얼른 알아차려야 한다.

(아, 내가 지금 꼰대 짓 하고 있구나!)

아무리 잘 포장해도 소용없는 일이다. 포장을 집어치우고, 내용물

> 을 가다듬어라. 심판적 표현을 빼라. 지적질하지 말고 안내하거나, "이게 왜 이런지 설명 좀 해볼래요?" 질문하라. 과대 포장하지 않아도 수용성은 자연스레 높아진다.

이제 꼰대의 특성과 초래되는 부작용을 기억하기 쉽게 공식으로 정리해보자. 우선 꼰대의 정의는 다음과 같다.

[사람멀미를 일으키는 **꼰대=우물 안 사고**(시대 변화 인식 부족 또는 수용 거부+경험과 지식의 우월감+독선)+**권위 의식**+**소통능력 미숙**(소통 독점과 불통+심판적 표현)+**공감능력 결핍**(=지속성의 원인)]

꼰대가 일으키는 직장 내 괴롭힘의 정의는 다음과 같다.

[**꼰대**+**모욕**+**지속성**=**직장 내 괴롭힘**]

꼰대가 발전(?)하면 그다음 단계는 뭘까? 예를 들어, 꼰대 팀장이 어쩌다 살아남아서 꼰대 임원이나 꼰대 사장이 된다면 어떤 현상이 벌어질까? 즉 '꼰대의 특성'이 나이가 들면서 자연스레 발생하는 고령화 현상과 결합하면 어떻게 될까? 더구나 고령자로서 부여받은 '문화가 준 권위'와 함께 높은 직책, 즉 '조직이 부여한 권위'까지 유지하고 있다면.

꼰대+고령화+조직상 권위=노화 현상

경영자의 노화 현상을 살펴보자. 필자가 수년간 경영 현장에서 일하며 정리해보았다. 이런 경영자는 빨리 바꿔줘야 한다.

특징은 다음과 같다.

(1) 더욱더 남의 말을 듣지 않게 된다. 고집이 세졌다. 어느 정도 성공한 사람이기에 확신의 고착화 현상이 심해진 것이다.

(2) 대신 지극히 말이 많아진다. 사실 말이 많으면 쓸 말이 적다. 고령층의 고독이 원인일 수 있다. 다변과 대화의 독점이 심해진다.

(3) 늘 한 말 또 한다. 한 번만 더 하면 열 번째다. 기억력 감퇴를 누군가 지적해줘야 한다. 물론, 지적한 사람은 미움을 받는다.

(4) 그 말에는 미래보다 과거 이야기가 많다. 진취성 상실 징후다.

(5) 과거 이야기는 주로 자신이 성취한 사례다. 인정 욕구에 시달리는 중이다.

(6) 꼰대의 결정적 특성은 그대로 살아 있다. 입만 열면 교육이다. 심해진다. 툭하면 가르치려 한다. 요청받지 않은 조언이다. 자신의 사회적 효용감 또는 자기 우월감의 확인 욕구가 늘어난 것이다.

(7) 교육이라지만 사실상 대부분이 길게 늘어지는 잔소리나 훈계다. 계속 그렇게 살아왔기 때문이다. 말 줄이는 훈련을 받지 못했다.

(8) 비판은 참지 못한다. 늘 추앙받기를 원한다. 남의 말을 귀담아 듣는 유일한 주제가 칭송이다. 칭찬과 아부에 약해진 것이다. 주변에 간신이 모이기 쉽다.

(9) 남의 말을 듣기는 하는데, 잘못 듣고는 쉽게 삐치고 별것도 아닌 사안에 쉽게 화를 낸다. 자신을 무시한다고 생각하기 때문이다. 자신감 결여 현상이다.

(10) 엉덩이가 무거워진다. 찾아갈 일도 전화로 때운다. 심지어 전화마저 미룬다. 몸과 정신이 게을러진 것이다.

시대가 빠르게 바뀌고 있다. 그러나 사회적 인정을 받으려는 인간의 본능은 절대로 바뀌지 않는다. 그러니 누구라도 언젠가는 꼰대가 된다. 시간문제다. 한마디로 처방전은 다음과 같다. 말을 줄이고, 경청만 하자. 특히 툭하면 가르치려 하지 말자. 대신 질문만 하자. 칭송받으려 하지 말고, 가능한 상대의 장점을 찾아 칭찬만 하자. 아, 그리고 자꾸 움직이자.

미국의 신세대론

꼰대 현상, 외국은 어떨까? 사실 인류 역사상 언제나 어디서나 세대 간 갈등은 존재했다. 최근 미국에서는 '오케이, 부머.(Okay, Boomer.)'라는 말이 유행이다. '됐거든요, 꼰대.'라는 의미다. 베이비부머는 제2차 세계대전 직후인 1946년부터 1964년 사이에 급격히 많이 태어난 세대다. 이들을 전혀 말이 통하지 않는 기성세대로 여기는 밀레니얼 세대(1980년부터 2000년 출생자)의 반발심을 나타낸 표현이 '오케이, 부머.'다.

맬컴 해리스는 『밀레니얼 선언: 완벽한 스펙, 끝없는 노력 그리고 불안한 삶』[7]이라는 책에서 미국의 밀레니얼 세대에게 끼친 환경적 영향을 분석했다. 우리나라와 유사하다.

> 미국의 아이들은 이전보다 훨씬 더 많은 시간을 숙제하면서 보내고 있

---

7 해리스, 맬컴(노정태 옮김). (2019).

다. (저자는 이를 교육의 탈을 쓴 '아동 노동'이라고 정의한다.) … 경쟁적으로 학습량을 늘려가는 통에, (1997년부터 2003년까지 공부 시간이 세 배 증가했다.) 청소년들은 어린 시절부터 서로에게 대립하게 된다. … 유년기는 이제 실수를 저질러도 좋은 시절이 아니다. … 학교에서 나와 곧장 감옥으로 향하는 경로로 빠진다거나, 신경쇠약에 걸리는 등의 위험을 피하고 '올바른 길'을 따라 유년기를 마무리한다고 해도, 밀레니얼 세대에게는 그게 끝이 아니다. … 평균적인 대학생들은 학교에 가기 위해 정부로부터 수만 달러의 빚을 지게 마련이다.(20쪽)

오직 개인적으로 성공하지 않으면 안 되는 시장주의 속에서 살았다. 모두가 경쟁자다. 사회적 상호의존성을 배울 수 있는 환경은 아니었다. … 하지만 대학 진학률이 높아져 버린 탓에 대학을 가는 것만으로는 충분하지 않다. … 대학 학위는 황금 열쇠가 아니라 그저 선결조건에 지나지 않는다. … 교육적 가면을 쓴 무급 인턴 프로그램이 당연한 규칙처럼 되어버렸다. … 극도로 경쟁적인 사회문화적 환경 속에서 자라난 아이들의 우선순위는 첫째도, 둘째도, 셋째도 자기 자신일 수밖에 없다. 이 모든 신경증적 상태는 환경에 적응한 결과일 뿐이다.(299쪽)

2008년 미국의 치명적인 경제 위기가 밀레니얼 세대의 특성 형성에 큰 영향을 미쳤다. 그들은 치열한 경쟁 속에서 최고의 스펙을 축적하고 시장에 나왔지만, 마주친 것은 경제적 불평등, 젊은 세대의 자산 비중 추락, 고급과 저급이라는 일자리의 양극화 그리고 청년실업률 증가라는 벽이다. 기성세대는 밀레니얼들의 이런 불평을 배부른 소리라고 비난한다. 신세대는 'OK, Boomer.'라고 중얼거리며 자리를 피한다. 사실 이 비난은 과거에 기성세대가 그들의 부모에게서 들어왔던 잔소리이기도 하다.

일본의 '잘 혼나는 법' 강의

잃어버린 20년을 겪은 일본의 현상도 비슷하다. 일본의 어떤 대학에서는 '잘 혼나는 법'을 강의도 한다. 대상은 신세대다. 집이나 학교에서 꾸중을 들은 경험이 없기에, 직장에서 상사의 꾸중을 못 견딘다. '상사의 꾸중에 고개만 끄덕이지 말고 말로 반응해라.' '상사의 얼굴을 바라봐라.' '좌절하지 말라. 성장의 양식으로 삼아라.' 이런 내용을 우리도 가르쳐야 할까 보다.

또한, 상사들을 위한 '잘 혼내는 법' 연수 프로그램도 급격히 늘어난다고 한다. '부하직원을 비판하기보다 잘 들어줘라.' '탓하기보다 지원하라.' 이제 '혼나는 법'과 '혼내는 법' 모두를 배워야 하는 시대가 됐다.[8]

---

8 최은경. (2019).

지옥문 폐쇄 방안, '꼰대' 탈피법

꼰대에서 벗어나는 방법은 쉽고도 어렵다. ▶자신의 인생 경험 법칙이 최고라는 생각을 멈춰야 한다. 급변하는 이 시대에 들어맞지 않을 소지가 크다. 자신의 판단이 틀릴 수 있다고 늘 생각해야 한다. 이게 참으로 어렵다. 젊은이들이 내 말을 잠자코 듣고 있으니 착각하기 쉬운 것이다.

▶그러니 젊은 사람들 앞에서 입을 닫고 아예 말을 하지 않으면 된다. 즉 가르치려는 욕구를 버리면 된다. 어른의 직무 유기라고? 대신 질문을 잘하고 경청만 하자. 소크라테스도 질문으로 교육했다. ▶그렇게 자주 듣다 보면 그들의 가치관과 행동 양식을 어느 정도 이해하게 된다. 그러면 자신의 경험 법칙이 철 지난 것임을 깨달을 수 있다. ▶그래서 우월감과 독선을 내려놓을 수 있다. ▶선순환은 이렇게 시작된다.

우리가 꼰대에서 벗어나지 못하면 자칫 직장 내 괴롭힘 금지법에 걸려 법적으로 범죄자가 된다. '고의범'이 아니더라도 '미필적 고의범'[9] 또는 '과실범'이 될 가능성이 크다.

---

9 미필적 고의(未必的 故意, willful negligence)란 자칫 통행인을 칠 수 있음을 알면서도 좁은 골목길을 위험하게 차로 질주하는 등 범죄 결과가 발생할 가능성이 있음을 알면서도 그 행위를 하는 심리 상태를 말한다.

직장 내 괴롭힘 금지법

이제 우리나라도 인식이 변했다. 과거에는 없던 '직장 내 괴롭힘'이라는 새로운 개념도 생겨났다.[10] '성희롱'이란 개념도 사실 과거에는 낯설었다. 성희롱이 드물어서가 아니었다. 오히려 그 반대였다. 단지 둔감했기 때문이었다.

직장 내 괴롭힘도 마찬가지다. 2019년 7월 16일부터 시행된 근로기준법 개정안에 '직장 내 괴롭힘 금지'가 명시되었다. 별도의 가해자 처벌 규정이 없어 이 법의 실효성은 아직 드러나지 않았다.[11] '신체적·정신적 고통을 주거나 근무환경을 악화시키는 행위'의 개념도 추상적이다. 모호하다. 정착되기까지 법적 분쟁이 많이 늘어날 듯하다.[12]

"아이고, 나는 그런 법이 있는 줄 몰랐는데요."

이런 법률의 존재 자체를 몰랐다는 무지는 변명이 안 된다. 법적으로 용서가 안 된다. 폭행죄가 있는지 몰랐기에 폭행했다는 주장이 결코

---

10 '직장 내 괴롭힘'이라는 개념을 미국에서는 일찍이 파워 해러스먼트(power harassment)라고 이름 붙였다. 일본에서는 줄여서 '파와 하라'라고 한다. 독일에서는 모빙(mobbing)이라고 한다.

11 Hsiao, P. (2015). 이 논문은 미국과 일본 등의 power harassment 관련 법을 비교했다. 미국 법원에는 일찍이 상사의 신체적 또는 언어적 위협, 지속적인 상스러움, 계속되는 의도적 모욕, 고함치는(yelling) 성마른(hot-tempered) 습관 등을 처벌한 판례가 많다.

12 직장 내 괴롭힘 금지법은 '사용자 또는 근로자가 (1) 직장에서 지위(상사, 정규직 등) 또는 관계(선임자, 선배 등)의 우위를 이용해 (2) 업무상 적정 범위를 넘어(사적 심부름, 회식 강요 등. 단, 지속적 보완 요구는 업무상 적정 범위) 다른 근로자에게 (3) 신체적·정신적 고통(험담, 조롱, 모욕 등)을 주거나 근무환경을 악화(면벽 근무 등)시키는 행위'를 금지하는 내용이다. 직장 내 괴롭힘이 발생한 경우 사용자(회사 대표)는 즉시 조사해야 한다. 피해 직원의 희망에 따라 적절한 조치(근무 장소 변경, 유급휴가 제공 등)를 취해야 한다. 가해자에게도 별도의 조처를 해야 한다. 신고 후 피해자에게 불이익이 가해지면, 사용자는 3년 이하의 징역 또는 3,000만 원 이하의 벌금에 처해진다.

변명이 될 수 없는 것과 마찬가지다.

그런데 너무 억울하지 않은가? 꼰대의 하소연도 들어보자.

'꼰대'를 위한 변호

사례 10

하룻강아지 신입사원이 범 같은 팀 리더에게 휑하니 거침없이 요청한다. 별로 무섭지도 않은가 보다.

"선배님, 휴가 순서를 저랑 바꿔주실 수 없습니까? 제가 어제 가까스로 콘도를 예약했거든요."

(어, 이 친구, 겁 없네!)

팀 리더는 기가 막힌다. 우두망찰[13] 신입사원을 쳐다본다.

"아니, 맡은 일을 다음 주까지 끝내고 나서, 그다음 주에 휴가 가기로 합의하지 않았어요?"

팀 리더의 지적에 신입사원이 냉큼 들이대지른다.

"저 그 일, 별로 하고 싶지 않은데요. 그리고 선배님, 제가 언제 합의를 했습니까?"

팀 리더는 뱀 만난 여치처럼 화들짝 놀라 턱을 바닥에 떨어뜨린 채 두 눈알을 천장을 향해 치켜뜬다.

13 (편집자 주) '우두망찰'은 '정신이 얼떨떨하여 어찌할 바를 모르는 모양'을 나타내는 순우리말.

(헉? 이 친구 봐라. 그때 살랑살랑 고개 끄덕인 건 뭐야? 어라, 그저 그냥 알아들었다는 뜻이었어? 이런, 요망스러운 놈 같으니.)

노는 것이 중요한가? 아니면 일이 중요한가? 상사의 지시를 거절할 수도 있나? 세대 간 그리고 상하 간 가치관과 사고방식이 심하게 다르다. 그만큼 변화의 속도가 재빠르다. 기성세대는 억울한 점도 많다.

필자도 겪어봤다. 강의실 맨 앞자리의 학생이 잠시 후 손을 들어 나에게 항의한다.

"교수님, 학기 첫 시간은 강의 소개만 짧게 하고 빨리 끝내야 하는 것 아닙니까?"

(엥? 첫 시간은 왜 빨리 끝내야 하지?)

그 학생은 잠시 후 자리에서 벌떡 일어나 뚜벅뚜벅 강의실을 나가버린다. 내 눈을 믿을 수가 없었다.

(이럴 수가! 최소한의 예의가 무엇인지도 모르나?)

기성세대가 제정신으로는 도저히 이해할 수 없는 일이 이곳저곳에서 벌어진다. 신문 기사를 읽다 보면 입이 벌어진다. 한창 재판을 진행하고 있는 재판장에게 배석판사가 했다는 말을 들어보자.[14] 이제 신세대에게는 소명 의식도 기대할 수 없다는 말인가?

---

14 김아사. (2020)

사례 12

"최근 지방의 한 법원에선 재판 중이던 배석판사가 '오후 6시가 넘으면 바로 퇴근하겠다.'고 말해 재판장이 급히 다른 재판부의 배석판사 한 명을 법정 출입문 앞에 비상 대기시키는 일도 있었다. 재판이 6시 전에 끝나 '비상사태'는 발생하지 않았지만, 이 일로 부장판사는 배석판사와 말도 섞지 않는 사이가 됐다고 한다. 법원 안팎에선 '수술 중인 의사가 퇴근 시각 됐다고 환자 개복해놓고 나가겠다는 것과 뭐가 다르냐.'는 말이 나왔다."(A10면 1단)

기성세대 법조인들은 통탄한다. 법원 조직 내의 위계질서는 단점뿐 아니라 장점도 있다. 그러나 무조건 적폐로 매도당하면서 무분별한 평등주의가 부상했다. 부장판사의 평가권이 대폭 약화되었다. 그러니 판사 사회의 도제식 인재육성 시스템[15]도 붕괴되었다. 법원장을 판사들이 투표로 선출하기 시작했다. 인기가 중요하다. 판사에게 중요한 역량은 사안의 핵심 파악 능력과 법 해석 실력이라는 믿음은 사라지고 있다. 열심히 연구하고 일해서 실력을 인정받으려는 동기가 줄었다. 소명의식은 소멸되었다. 기성세대는 요즘 법조인들이 이렇게 생계형 월급쟁이가 되어간다고 걱정이다.

다음 사례를 보자. 심지어 30대 초반의 젊은 사람들도 혀를 내두른

15 도제식 교육 시스템: 스승이 일대일 방식으로 제자를 기초부터 훈육하여 전문 지식, 기술, 경험 등을 전수하는 교육 제도.

다. 요즘 20대 후반의 '얼라들'을 보면 세상이 곧 망할 것 같다는 한탄이다. 하긴 요즈음에는 1~2년 후배와도 격차를 느낀다고 한다.

필자의 한 후배는 30대 초반이다. 최근에 큰 회사로 직장을 옮겼다. 20대 후반의 '새파란' 신입사원들과 함께 수백 명이 경기도의 연수원에 모여 며칠간 교육을 받았다.

마지막 날 금요일 오후 5시, 대형 강당에 신입 직원들이 모였다. 마지막 프로그램인 CEO 격려사를 듣기 위해서였다. CEO가 등장하기 직전에 인사팀 직원이 마이크를 잡고 안내했다. 회사의 퇴근 버스가 오후 5시 30분에 출발한다는 것이다. *(아하, 지금 5시이니, 어이쿠, 격려사를 30분씩이나 ….)*

아뿔싸, CEO 말씀이 늘어졌다. (연세가 높은 분들의 특징이다. 싱싱한 청년들을 봤기 때문이다. 뭔가 가르쳐주고 싶은 열정이 솟아나기 마련이다.) 예정된 5시 30분이 가까워져 왔는데도 CEO의 연설은 끝날 기미가 없었다. 어쩌겠나? 필자의 후배는 퇴근 버스를 단념했다. 친구들에게 미안하다고 문자를 열심히 날렸다. 불타는 금요일 저녁 약속에 참석을 포기한 것이다. 차마 일어서 나갈 수가 없었기 때문이다. 그런데 이게 웬일인가? 힐끔 2층을 올려다보니, 벌써 많이 비어 있었다. 1층에서도 젊은 애들이 슬금슬금 도망 나가고 있었다.

(아니, 이 친구들이 어찌 이럴 수가 있어! CEO 앞에서 …. 겁도 없나? 아이고, 이 상황! 이거 어쩌나!)

앞뒤 그리고 옆자리에 뭉쳐 앉아 있던 30대의 경력직 사원들은 못

볼 것을 본 듯 휘둥그렇게 뜬 두 눈으로 서로를 쳐다보았다. *(무대 위의 CEO 눈에도 보일 터인데 ….)* 뭔지 모를 불안에 휩싸여 안절부절 못하였다. CEO의 격려사는 예정보다 한 시간이 지나 6시 30분이 되어야 끝났다. 2층은 거의 비어 있었고, 1층은 이미 3분의 1 정도 자리가 비어 있었다. 경력직 사원들은 혀를 찼다.

"아무리 불금이라도 그렇지. 회사 버스를 못 타면 일반 버스 타면 되지. 우리랑 그 애들이랑 도대체 몇 살 차이가 난다고 …. 도저히 이해하지 못하겠네. 어찌 그렇게 당당하게 '퇴근'할 수 있을까?"

기성세대는 한탄한다. 요즘 세대의 이기적 태도, 불성실함, 무례함, 개인주의 그리고 승진과 성장의 욕망 부재를 신랄하게 지적한다. 소통도 불가능하다. 이 못돼 먹은 세대를 좀 가르치려 해도 담벼락하고 말하는 셈이고, 쇠귀에 목탁 치며 불경 읽기라고 한탄한다. 그런데 혹 피상적인 이해가 아닐까? 그들을 좀 더 깊이 이해해보자.

'못돼 먹은 세대'의 이해

고백하자면, 필자도 과거 청년 시절에 못돼 먹은 세대라고 손가락질당했다. 머리카락이 여자보다 더 길었다. 그 우아하고 풍성한 자연미를 기성세대는 혐오했다. 이유? 그런 거 없었다. 자신들이 옳다고 생각하는 스타일이 아니었기 때문이다. 필자의 귓가에서 잔소리가 떠나지 않았다. 심지어 국가가 공권력까지 동원해 예쁜 여자와 데이트 중인 사

새로운 세대의 주장

람을 다짜고짜 불심검문, 체포했다. 민중의 지팡이가 바리캉을 들어 내 머리카락을 싹 밀었다. 장발의 아름다움은 능욕당해 단발이 되고, 잘린 그 자리는 기성세대를 향한 강력한 저항심으로 채워졌다. 새로운 세대는 항상 승리한다. 결국, 그날은 오고야 만다. 구시대의 단발령은 이미 사라진 지 오래다.

과거의 그 장발 신세대도 이제 자발적으로 단발을 수용한 기성세대가 됐다. 그런데 그 기성세대가 꼰대와 또라이가 주인공인 이 책을 써야 하니 요즘 신세대를 반드시 이해해야 하지 않겠는가. 마침 직업이 교수다. 직장 경험을 가진 대학원생들 이야기는 신랄했다. 기업의 워크숍에서 젊은이들 이야기는 귀 기울여 들을 만했다. 이해 여부는 접어두고 일단 경청해보자. 오늘날 새로운 세대의 주장은 명료하다.

"강요하지 마라. 이제는 내가 하고 싶은 일, 의미 있는 일을 하고 싶다. 돈, 성취 그리고 승진보다 일의 의미와 현재 삶의 가치가 더 중요하다."

가치관이 다르다. 이번에는 외모의 머리카락 스타일 문제가 아니다. 왜 이렇게 달라졌을까? 배고픈 나라 사람이 아니니 당연한 현상 아니냐고? 좀 더 깊이 따져보자.

과거 평생직장 시대의 가부장적 조직문화

과거 직장은 평생직장이었다. 경제가 팽창 성장하니 승진도 빨랐다. 퇴직 염려는 없었다. 회사는 매년 급여가 올라가는 호봉제도를 도입해서 장기근속을 유도했다. 부모가 자녀 키워주듯, 직장이 내 평생을 책임져줬다. 직장인은 사생활까지 직장에 몽땅 바친 '직장 인간'이 되었다. 그러다 보니, 집안의 제사처럼 직장의 회식은 상하 간의 끈끈한 결속력을 다지는 중요한 의식으로 자리 잡았다.

이러한 환경에서 형성된 가부장(家父長)적 조직문화는 수십 년간 꽤 오래 이어졌다. 사실 '상사의 갑질', 즉 '직장 내 괴롭힘'은 과거에 훨씬 더 심했다. 평생직장이니 부하들은 인내했을 뿐이다. 쌍욕과 함께 날아다니는 서류나 재떨이는 묵묵히 피했다. 더 오랜 과거, 절대 빈곤의 시대에는 옮길 직장도 별로 없었으니, 인내는 생존을 위한 절대 덕목이었다. 현시대의 중간관리자 이상은 알게 모르게 과거에 이러한 권위적 조직문화의 세례를 받을 수밖에 없었다.

불성실성? 정상적인 진화의 결과

1997년 외환위기는 시대를 단절했다. 가치관과 조직문화가 바뀐 결정적 계기였다. 그렇게 잘나가던 대한민국이 부도에 직면하다니. 길거리에는 실업자가 넘쳤다. 사회는 각자도생의 분위기가 되어버렸다. 급작스레 직장은 언제라도 잘릴 수 있는 곳, 떠날 수 있는 곳이 되었다. 줄어든 직장에 들어가기 위한 경쟁은 극심해졌다. 젊은 세대는 단호하다.

"초등학교부터 대학까지 조금도 쉬지 못하고 학력 경쟁, 입시 경쟁 그리고 취업 경쟁에 지독하게 시달렸다. 부모, 선생, 선배까지도 '노~오~력하지 않으면 인생에서 낙오하고, 결혼도 못 한다.'라고 심하게 채찍질했다. 이게 인생이냐? 지쳤다. 이제 좀 쉬고 싶다. 인간다운 삶을 좀 살자. 더는 못 하겠다. 경쟁은 이제 그만하자."

"회사를 위해서 온몸을 갈아 바쳐야 한다고 생각하는 기성 세대에게는 물론 이상하게 보일지도 모른다. 그런데 도대체 성실함의 기준이 뭔가? 사생활까지 직장에 다 쏟아부어야 성실한 근무라는 말인가? 나는 그렇게 못 한다. 누구도 내 삶을 책임지지 않는 이 사회에서 나는 자신에게 우선 충실하고 싶다. 평생직장? 무슨 소리! 언제라도 떠날 수 있는 게 직장인데, 내가 왜 사생활까지 다 바쳐 충성해야 하는가?"

"내가 자기 권리만 찾고 의무는 다하지 않는다고? 아니, 왜 30분 일찍 오고 30분 늦게 나가야 하는가? 칼퇴하면 불성실한 사람이라고? 그럼 선배들이 하는 대로 업무 시간에는 차 마시고 잡담하며 설렁설렁 놀다가 퇴근 시간 지나서까지 자리에 앉아 있어야 하나. 보여주기식 아닌가? 회사가 정시 퇴근 캠페인을 벌이니 참으로 고마워해야 한다고?

어이없는 일이다. 왜 고마워해야 하나? 정시 퇴근이 근로계약상 당연한 것 아닌가. 휴가를 반납하고 밥 먹듯 야근하는 것이 과연 의무인가. 권리를 포기해야만 성실의 의무를 다했다는 소리인가. 말도 안 된다. 내가 언제 계약상의 의무를 이행하지 않았는가? 내가 과연 불성실했는가? 나는 내 할 일만은 분명히 한다. 마음이 내키면 밤새울 각오도 되어 있다."

개인주의가 나쁘다고?

"어울려 살아야 한다고? 회사 사람들이 가족이라고? 어째서? 시대 경험이 전혀 다른 윗사람들과 왜 어울려야 하는가? 재미없다. 고통스럽기만 하다. 내 삶의 질을 희생하라는 요구는 도저히 받아들일 수 없다. 직장 사람들과는 업무적으로 잘 지내면 충분한 것 아닌가? 조직의 응집력이 중요하다고? 조직의 성장보다 개인의 행복이 우선이다. 당연한 것 아닌가?"

"어울리지 않고 회식을 싫어하면 개인주의라고? 개인주의가 못돼먹었다고? 그렇다면 개인주의가 기본적인 사고방식인 서구 사회는 이미 망했어야 한다. 이기주의(egoism)와 개인주의(individualism)는 구분해야 한다."

이쯤 되면 기성세대가 입속말로 웅얼거린다. 말을 끊고 들어서면 꼰대라고 또 지적당할 터이니 말이다.

(그런데 이 사람아, 인간이 사회적 교류 없이 고독해서 어찌 사냐?)

"걱정하지 마라. 페이스북, 트위터, 카톡 등 많이 한다. 친구도 많이 사귄다. 윗사람과 만나는 것만이 사회적 교류는 아니지 않은가?"

"옛날 분들은 함께 술 마시는 회식이 유일무이한 스트레스 해소 방법이었을지도 모른다. 우리는 그렇지 않다. 술 마시지 않고도 즐겁다. 혼자 놀거리도 많다. K리그만이 아니라 프리미어리그, 분데스리가도 봐야 하고, 한국과 미국의 야구도 재미있고, 컴퓨터 게임도 해야 하고, 또 각종 동영상은 왜 그리 재미있는가? 아, 유튜브 보면서 자기계발도 한다."

사실, 우리나라에서 개인주의는 낯설다. 농경사회에서 형성된 문화 때문일 것이다. 정(情)으로 엮인 끈끈한 관계 속에서 서로 돕고 의지하며 살아왔다. 훌륭한 문화다. 그러다 보니 늘 타인의 평가를 의식하지 않을 수 없다. 체면도 무척 중요하다. 부모의 기대감과 친구들의 평가가 내 인생의 진로에 크게 작용했다. 진정한 자유인은 아니었는지도 모른다. 나 역시 타인에게 필요 이상의 관심을 보이며 참견하는 등 타인의 영역을 침범하기도 했다.

반면 개인주의는 타인의 평가와 반응에 초연한 상태다. 신경 쓰지 않는다. 자신의 존재 가치를 스스로 매긴다. 주위 사람에게 기대지 않는다. 독립적이다. 체면보다는 실질을 찾는 등 긍정적 측면도 많다. 그런데 끈끈한 정이 없다. 싸늘하다. 낯설다. 낯선 사고방식은 잘못된 것이라는 생각 자체가 잘못일지 모른다.

승진과 성장 욕구를 포기했다고?

"승진? 또 열심히 경쟁하라는 말인가? 경쟁? 도전? 역경의 극복? 성취감? 이제 좀 쉬고 싶다. 승진이나 성장의 욕망 부재로 보인다고? 더는 평가에 매달리기 싫다. 타인의 시선에서 자유로워지고 싶다."

듣자니 답답하다. 기성세대가 또 입엣소리로 우물거린다.

(자네, 새파란 청년이 벌써 꿈을 잃었나?)

"꿈 이야기인가? 그 꿈? 사실 내 것이 아니었다. 초등학교 때부터 대학까지 그 빌어먹을 미래를 위해 현재의 행복을 억제하라고 강요당했다. 대학 입학의 꿈을 이루면 이제 행복할 줄 알았다. 그런데 그게 끝이 아니더라. 취업에 성공하면 행복할 줄 알았다. 그런데 미래를 위해 또 노~오~력하라고? 승진하면 과연 행복하게 될까? 또다시 현재를 유보하라는 말인가? 그 경쟁은 언제 끝날까? 언제까지 그렇게 허덕이며 살라는 것인가?"

(그렇다면 인생을 왜 사나?)

"행복을 왜 꼭 '경쟁 극복과 승리'에서만 찾는가? 왜 타인의 불행이 나의 행복이어야만 하는가? '상대적' 행복에는 더 이상 관심을 끊었다. 행복은 더위를 피해 들어간 작은 카페에서 마시는 한 잔의 냉커피에서도 찾을 수 있다. 이 선진 문명사회에서 음악, 미술, 영화, 테니스 등 인생을 즐길 수 있는 것이 얼마나 많은가." "꿈이 왜 꼭 거창해야 하는가? '소확행(小確幸)'을 아는가? '소소하지만 확실하게 실현 가능한 행복'을 현재 당장 추구하는 것이 현명하지 않은가."

(터무니없어 도무지 이해가 안 된다. 끊임없는 성취와 사회적 인정

갈구의 욕망은 인간의 본능 아닌가?)

"몇 년 전 대학교 건축과 신입생 지원율이 폭증한 적이 있었다. 이유가 뭐였을까? 멋있는 건축사가 주인공으로 등장한 TV 드라마 영향이었다. 롤 모델이 젊은이에게 끼치는 영향이 그렇게 크다. 글쎄, 젊은 세대가 직장에서의 성취와 승진을 싫어한다고? 그렇지는 않다. 성취와 사회적 인정 욕구가 왜 없겠는가. 상사들 중에 귀감이 되는 롤 모델을 찾지 못하니, 그 위치를 추구하는 대신 다른 쪽에서 삶의 의미와 꿈을 찾는 것이 아닐까? 또는 그런 기성세대에게 인정받기는 싫다는 뜻일지도 모른다."

인내심이 부족하다고?

"맞다. 우리 세대는 어릴 때부터 너무 심한 경쟁을 겪어서인지 공정과 정의에 민감하다. 퇴근 후에 문자로 업무지시를 받더라도 참아야 한다고? 왜? 그게 정의(righteousness), 즉 올바른 도리인가? 아니다."

"월급에 '참는 값'이 포함되어 있다고? 말도 안 된다. 그게 정당한 일인가? 부당하다. 상사의 무분별한 권위 의식도 인내해야 한다고? 잘못된 행태를 왜 인내해야 하나. 무엇이 과연 공정(fairness)인가?"

"의미와 가치를 느낄 수 없는 업무라도, 상사가 시키면 하는 시늉이라도 해야 한다고? 왜? 영혼을 버리라는 주문이 과연 정당한 것인가? 끈기가 없어서 쉽게 포기하는 것이 아니다. 단지 의미 없는 일을 참지 않는 것뿐이다. 지금까지 시키는 공부를 억지로 해왔다. 더는 못 하겠다. 보람과 자부심이 더 중요한 가치 아닌가?"

"CEO라도 약속대로 퇴근 시간에 맞춰 격려사를 끝내야 당연한 도리 아닌가? 어찌 무려 한 시간이나 늦게 끝낼 수 있는가. 부조리와 부당함을 적당히 인내하라고? 왜 그래야 하지?"

"부조리, 불공정, 불의 그리고 부당함을 두 눈으로 목도하고 온몸으로 느끼면서도 그저 눈 감고 고개 떨궈 회피하는 행동을 '인내'라고 미화하지 마라. 저항하는 내가 왜 이상한 사람인가? 그 정의와 공정 추구의 몸부림이 어째서 인내심 부족으로 폄하되는가? 이 시대에 성희롱도 입 다물고 인내하라고 요구할 것인가? 직장 내 괴롭힘도?"

소통이 안 된다고?

"우리 세대는 경제 침체라는 미래의 불확실성 속에서 살아왔다. 기성세대가 만든 부당한 사회 구조적 문제의 피해자다. 그런데 기성세대는 '더 노력하라.'며 사회구조적 문제를 개인적 문제로 치부한다. 아니, 고통의 근원은 누가 만들었는데, 해결책을 누구에게 돌리는가? 살아온 환경이 너무 다르기 때문인가 보다. 이런 식이다. 기성세대와는 말이 안 통한다. 소통 단절이 과연 누구 책임인가?"

"우리 젊은 세대가 소통능력이 부족하다고? 아니다. 말이 통하지 않는 기성세대를 대할 때, 불필요한 에너지 낭비를 줄이기 위해 경제성 원칙에 따라 소통을 기피하는 것뿐이다."

애써 이해하자면, 결코 '이상한(strange)' 세대가 아니다. 시대 환경의 변화에 적응하느라 가치관이 급속히 진화한 지극히 '이성적(reasonable)'인 세대일 뿐이다.

처방전: 상사, 선배의 진화 방향

과거의 직장은 내 평생을 보장해주었다. 그러니 다 인내했다. 상사가 바닥에 집어 던진 서류도 덥석 엎드려서 냉큼 주웠다. 욕설도 견뎠고, 심지어 성희롱도 덮었다. 이 모두 끔찍한 옛날이야기다. 지금의 젊은 세대 머릿속에는 평생직장이라는 개념이 없다. 시대가 그리 변했다. 과거에 당연시되던 상사의 언행이 이제는 범죄가 될 수 있다. 무엇보다 먼저 상사가 환경변화에 적응해야 한다. 상사의 진화 방향은 세 줄기다.

▶공감능력 향상. 즉 기본적으로 상대의 고통을 알아채고 느낄 수 있어야 한다. 그렇다면 채찍질을 멈출 수 있다. (이 책의 제3~4장에서 공감, 공감 소통 그리고 공감의 과정을 자세히 설명한다.)

▶이해를 위한 소통의 중요성 인식. 즉 대화해야 상대를 파악할 수 있다. 내가 잘 아는 사람을 이해하는 태도는 잘 모르는 사람을 대할 때와 달라진다. 공감능력이 떨어지는 상사는 반드시 부하와의 면담에 많은 시간을 투자해야 한다. (제2권에서 면담, 경청, 질문의 원칙과 기술 등을 논한다.)

그리고 ▶소통 방법의 개선. 간단하다. 말투를 바꾸면 된다. 심지어 공감능력이 떨어지는 상사가, 상대를 파악 못 한 상태에서 대화하더라도, 몇 가지 제대로 말하는 방법만 익히면 최소한 상대에게 상처를 남기지 않을 수 있다. (제3권에서 상사의 지시 그리고 말하기의 원칙과 기술을 설명한다.)

요약

꼴 보기 싫은 상사를 '꼰대'라고 부른다.

☐ 사람멀미와 직장 내 괴롭힘의 잠재적 가해자인 '꼰대'의 특성은 다음과 같다.

- 시대 변화를 인식하지 못하거나 수용을 거부한다. ▶우월감이 근본 문제다. ▶그래서 독선이 심하다. ▶권위 의식까지 확고하다. ▶더구나 소통 독점이 심하다. 불통이다. 늘 부정적으로 평가한다. ▶공감능력이 떨어져 자신의 폭력적 언사를 인식하지 못한다. ▶그러니 젊은 세대를 교육한다지만 간섭과 잔소리로 그치고 만다. ▶그러나 늘 자신의 말을 이타적 고언으로 포장한다.

☐ '직장 내 괴롭힘 금지법'이 시행되었다. 인권 인식이 진보한 결과다.

- '고의범'이 아니더라도 '미필적 고의범' 또는 '과실범'이 될 가능성이 크다. 민감성을 유지해야 한다.

☐ '꼰대'에서 벗어나는 방법은 쉽고도 어렵다. 다음은 선순환 구조다.

- 젊은 사람들에게 질문만 하기 → 그리고 경청 → 그들 가치관과 행동 양식 이해 → 자신의 경험 법칙의 오류 인정 → 젊은 사람들을 향한 설교, 훈시, 충고, 조언의 자제 → 멘토답게 질문으로써 교육 → 경청 → 이해.

새로운 세대는 다르다. 다름을 이해해야 한다.

☐ 과거 평생직장에서 기성세대는 다 참았다. 이제 평생직장 개념은 사라졌다.

- '직장 인간'을 기대할 수는 없다. 젊은 세대는 부당함을 참지 않는다. 가부장(家父長)적인 조직문화는 새로운 세대에게 어울리지 않는다.

☐ 젊은 세대의 성실함의 기준은 우리와 다르다.

- 과거처럼 사생활까지 직장에 모두 쏟아부을 수는 없다고 주장한다.

☐ 개인주의가 왜 나쁜가? 우리에게 단지 낯설 뿐이다.

- 낯선 사고방식은 잘못된 것이라는 생각 자체가 잘못이다.

☐ 현재 당장 소소하지만 확실한 행복 추구도 중요하다.

- 그들은 경쟁적인 삶에 지친 것이다.

☐ 젊은 세대는 공정(fairness)과 정의(righteousness)에 관해 민감하다.

- 부조리, 불공정, 불의 그리고 부당함에 당연히 저항한다.
- 정의와 공정 추구 몸부림이 인내심 부족으로 폄하될 수는 없다.

☐ 한마디로 '이상한 세대'가 아니다. 시대 환경의 변화에 따라 가치관이 급속히 '진화'한 '이성적 세대'일 뿐이다.

기성세대인 우리가 변해야 한다.

☐ 공감능력의 향상. 즉 기본적으로 상대의 고통을 알아채고 느낄 수 있어야 한다.

- (이 책의 제3~4장에서 공감, 공감의 과정 그리고 공감 소통을 자세히 설명한다.)

☐ 젊은 세대를 이해하기 위한 대화에 노력을 기울여야 상대를 파악할 수 있다.

- 공감능력이 떨어지는 상사는 특히 부하 면담 및 경청에 많은 시간을 투자해야 한다.
- (제2권에서 면담, 경청, 질문의 원칙과 기술을 논한다.)

☐ 소통 방법도 개선하자. 간단하다. 말하는 방법을 바꾸면 된다.

- 심지어 공감능력이 떨어지는 상사가, 상대를 파악 못 한 상태에서 대화하더라도, 몇 가지 말하는 방법만 익히면 최소한 상대에게 상처를 남기지 않을 수 있다.
- (제3권에서 말하기의 원칙과 기술을 설명한다.)

생각하는 시간

자신에 관해 숙고할 시간이다. 다음 질문을 생각해보자. 답을 글로 써본다면 생각이 촉진될 것이다.

□ 여러분은 '꼰대'인가? *(내가? 어? 아닌데 ….)* 꼰대의 일곱 번째 특성은 자신이 꼰대임을 모른다는 것이다. 따라서 '나는 꼰대다.'라고 대답하는 사람은 오히려 꼰대가 아닐 확률이 높다.

- 부하와 면담할 때 주로 말하는가? 아니면 질문만 하고 경청하는가? 부하의 가치관과 사고방식이 한심하다고 생각하는가? 아니면 이해하는 편인가? 젊은 사람들만 보면 가르치고 싶은가? 아니면 내가 배울 것이 있다고 생각하는가?
- 이 책의 본문으로 돌아가 꼰대의 특성을 다시 살펴보자. '나는 아니다.'라는 구체적인 증거가 보이는가?

□ 자신을 스스로 분석하기는 사실 어렵다. 여러분의 상사 중 '꼰대'를 찾아보자. 분명 있을 것이다. 그분의 특징은 무엇인가? 분석해보자. 꼰대의 개념을 확실히 이해할 수 있다.

□ 젊은 세대의 가치관, 판단 기준 그리고 행동 양식을 이해하는가? 개개인의 특성을 파악하는가?

- 부하직원 몇몇을 선택하여 구체적으로 묘사해보자.

소결론

제1장 비극의 서막과 제2장 비극의 원인 제공자

여러분이 해외 사업장의 책임자가 되었다고 치자. 먼 나라로 가서 부임해 보니, 직원들이 모두 현지인, 즉 외국인이다. 문화적 배경, 가치관, 판단 기준 그리고 행동 양식이 나와 다르다. 이해할 수 없다고 불평할 수는 없다. 내 맘에 안 든다고 호통칠 수도 없다. '다름'을 인정할 수밖에 없다. 그들을 이해하고 그들의 마음을 사로잡아야 한다. 그 외에 다른 방법은 없다.

지금 나의 부하들도 흡사 외국인이다. 살아온 환경이 그토록 다르다. 시대의 변화가 너무 빠르기 때문이다. 그러니 가치관과 행동 양식도 당연히 다르다. 불평과 호통은 해결책이 아니다. 자칫 나와 '다름'을 '잘못된 것', '열등한 것'으로 여기기에 십상이다. 나는 곧 그들을 훈육하고 교정하려고 덤벼들게 된다. 전형적인 꼰대의 모습이다. 경멸의 대상이다.

더욱이 공감능력이 부족하면 문제는 커진다. 부하들의 눈에 비친 '괴롭히는 나'의 모습을 내가 인식하지 못하는 것이다. 그러니 사람멀미를 일으키는 꼰대 짓을 끊임없이 지속한다. 이에 덧붙여, 감정 통제를 못 하고 소통능력까지 미흡하여 함부로 말을 던지면 그리고 그것을 지속한다면, 나는 드디어 직장 내 괴롭힘의 가해자가 된다. 부하들이 그렇게 생각하는 줄 꿈에도 몰랐다고 변명만 하면서 말이다.

모두가 '나는 그런 상사가 아니다.'라고 주장한다. 하지만 현실은 그 반대다. 직장인 10명 중 7명이 직장 내 괴롭힘의 피해자다. 내가 변해야 한다. 적어도 '나쁜' 상사라는 오명에서 벗어나자. 부하들은 멘토를 기다린다. 내가 애쓴다면 '훌륭한' 상사가 될 수도 있다. 우선 그들을 이해하려고 노력하자. 말하기에 품격을 갖추자. 행복한 직원들이 열정을 쏟는 일류조직을 만드는 일은 이러한 나의 혁신에 달려 있다.

다음 장에서 공감, 공감의 과정 그리고 공감 소통이라는 주제가 기다린다.

제1권 제2장

이 QR코드를 휴대전화의 QR코드 앱으로 인식하면 토론방으로 연결되어 여러 독자들이 남긴 소감을 접할 수 있습니다. 여러분의 느낌도 써주십시오. 이 책의 저자와 질문으로 소통할 수도 있습니다.

제3장

공감

"타인을 불쌍히 여기는 마음이 없다면, (너는) 인간도 아니다."

"無惻隱之心 非人也" (무측은지심 비인야)

—『맹자(孟子)』, 공손추 상(公孫丑 上)

HOW TO BETTER USE YOUR MIND

앞에서 우리 직장의 적나라한 현실을 살펴보았다. 그 불행한 모습을 만드는 '나쁜' 상사(즉 꼰대)를 해부해서 진찰도 했다. 증세가 심각하다. 조직문화 전염성도 강한 듯하다. 원인을 분류하니 공감능력, 상호 이해 그리고 효과적인 소통 방법의 부족이다.

축하한다! 지금 여러분이 이 책을 계속 읽고 있다면, 앞 장에서 제시한 문제의식에 동감하기에 자기혁신의 첫걸음을 내디딘 것이다. 이제 공감능력을 살펴보며 잠시 자기 성찰을 해볼 시간이다.

성찰, 즉 반성과 자기 점검은 통상 자신을 향한 질문으로 시작한다.

"나는 과연 부하들을 나와 동등하게 존엄한 존재로 여기며 예절로써 대하는가?"

(… 글쎄, 생각해본 적이 없는데 ….)

부하를 향한 자신의 언행이 어떠한지 인식이 없다면, 말과 행동에서 나도 몰래 자칫 모욕이 배어나올 수도 있는 위험한 상태다.

"부하들로부터 하소연, 불만, 충언, 고언, 그리고 직언을 받고 있는가?"

(어? 부하들은 그런 말을 절대 하지 않는데 …. 칭송만 하는데 ….)

그렇다면 상대의 감정 상태를 파악하는 인지 능력이 십중팔구 몹시 떨어진 상태겠다. 인지를 못 하니 타인을 향한 공감이 작동하지 않는다. 반면에, 오랫동안 존경과 칭송만 받았으니 자아도취와 우월감이 부쩍 늘었다. 자기비판 의식과 자기 억제 능력은 저하되었다.

인간의 공감능력은 원래 연하게 만들어졌기에 취약하다. 그러니 지위가 높아지고 권력이 커질수록, 그렇게 시간이 오래 흐를수록, 공감능력은 시나브로 침식된다. 그래서 발생하는 현상이 사람멸미, 직장 내 괴롭힘, 그리고 권력형 성범죄다. 자신을 늘 돌아보며 반성하지 않는다면 말이다. 자신의 인성을 항시 보듬고 키우지 않는다면 말이다. 늘 돌아볼, 인성의 기본인 공감능력을 학습하자.

직장인의 마음(心)속으로 들어가며

어린 딸이 아파서 끙끙 앓는다. "엄마~." 진땀까지 흘리며 신음한다. 지켜보는 엄마 마음은 찢어진다. 지금, 이 순간, 이 글을 읽고 있는 여러분도 *(어린 딸이 아프다니!)* 많이 불편해졌을 것이다. 타인의 아픔을 나의 아픔처럼 함께 느끼기 때문이다. 공감능력은 인간이 가진 독특한 본능이다. (사실 공감능력은 침팬지 등 영장류도 '조금'은 가지고 있다.)

그런데 아파서 신음하는 어린 딸 앞에서 '군대에서 신나게 축구했던 이야기'를 한다면 어떨까? 세상에! 이 아빠는 딸과 주파수를 맞추지 못했다. 사실 이런 아빠는 이 세상에 없다. 인간이니 당연히 공감한다. 위로와 격려의 따스한 말을 건넬 것이다. 공감은 소통의 주파수를 맞춘다. 공감은 소통의 기본이다.

식음을 전폐한 엄마의 밤샘 간호를 보자. 공감은 이타적 행동의 원천이다. 감정을 주고받는 인간관계는 이렇게 공감능력에서 시작된다. '친구란 내 슬픔을 등에 지고 가는 사람이다.' 인디언들의 통찰이다. 가족관계, 친구관계 그리고 직장 내 상하관계까지 공감능력은 모든 인간관계의 촉매다. 공감능력 덕분에 사회생활이 가능하다. 공감능력의 크기가 사회적 지능을 결정한다. 고도의 사회 구성이 어찌 가능했을까? 인간의 유별난 공감능력이 그 밑바탕이 되어 가능했다.

이제부터 토론할 주제는 상사의 공감능력이다. 아쉽게도 우리의 직장에서 인간성 상실 현상을 많이 본다. 공감능력이 바닥을 드러낸 꼴이다. 안타깝다. 소통을 차단하고, 인간관계를 붕괴시키며, 조직 성과를 해치고, 사회의 효능을 헐어버린다. 무엇보다 이는 사람멀미와 직장 내 괴롭힘의 근원이다. 직장인이 느끼는 불행의 원천이다. 우리의 직장 곳곳에서 과연 공감능력이 회복될 수 있을까? 직장인들은 과연 행복해질 수 있을까?

지금부터 읽을 제3장과 제4장의 목적을 알아차렸으리라 믿는다. 공감에 관한 인문학적 소양 함양 자체가 중요하다. 하루하루 관심을 기울여 공감능력을 키울 수 있기 때문이다. 이제 여러분을 자기 성찰의 마당으로 모신다. 약간 무거운 내용이다. 인내하고 읽자. 공감은 뒤에 나올 면담, 경청, 질문 그리고 말하기의 기반이기도 하다.

공감, 인간성의 기본

흐트러진 술자리다. 불콰해진[1] 부하가 까탈스러운 질문을 던졌다.

"선! 배! 님! 존~경합니다! 그런데요, 인생에서 제~일, 최~고로 중요한 게 뭔가요? 딱 한 글자로 말해주세요! 제가 평~생 동안 마음 깊~이 넣고 지켜야 할 것 말입니다!"

아끼는 부하의 이 질문에 여러분이라면 어떻게 답할까? 자, 여러분의 내공이 시험대에 올려졌다.

(헉! 뭘까?) "… 돈? 꿈? 깡?" *(… 아니, 왜 딱 한 글자로 ….)* "술? 빽? 악? 끼? 처(妻)?"

2500여 년 전 엇비슷한 질문이 있었다. 이미 답한 사람도 있다. 공자다. 술자리는 아니었다.

자공(공자의 제자)이 물었다. "(선생님의 가르침에서) 평생 실천할 원칙이 딱 한 글자로 무엇입니까?"

---

1 (편집자 주) '불콰하다'는 '얼굴빛이 술기운을 띠거나 혈기가 좋아 불그레하다.'라는 뜻의 순우리말.

그러자 공자가 답했다. "바로 서(恕)다! 내가 하고 싶지 않은 일을 남에게 시키지 마라."[2]

공자가 뽑은 한 글자를 분해해보자. 서(恕)='같을' 여(如)+'마음' 심(心)='같은 마음', 즉 '공감(共感)'을 의미한다. 가장 중요한 인생 원칙이 공감이란다. 타인의 마음을 읽어라. 감정을 함께 느껴라. 상대의 괴로움이 느껴지는가? 네가 하고 싶지 않은 일을 그 사람에게 시키니 그렇다. 다른 사람을 괴롭히지 말지어다! 인간에게 가장 중요한 것은 공감능력이로다! 공자의 통찰에 여러분은 선뜻 동의하는가?

(중요하긴 하겠지만, 어째서 인생에서 '가장' 중요할까?)

선뜻 받아들이기 힘든가? 더 살펴보자. 공자만이 아니다. '너는 인간인가?' 세계적 성인(聖人)들 모두 목소리 높여 인간성의 기본으로서 공감의 중요성을 설파했다. '공감능력'을 갖추었는가? 수천 년 동안이나 왜 이리 모두 공감의 중요성을 주창할까?

---

2 논어(論語) 위령공편(衛靈公篇) 23에 나오는 대화다. 子貢問曰: 有一言而可以終身行之者乎?(자공문왈: 유일언이가이종신행지자호?) 子曰: 其恕乎! 己所不欲, 勿施於人(자왈: 기서호! 기소불욕, 물시어인.) 공자의 핵심 사상은 인(仁)이다. 중용(中庸) 27에 나오는 '仁者 人也(인자인야)'는 '인(仁)은 곧 사람(人), 즉 '사람다움'이라는 뜻'이다. '사람다움'이 사회 속 인간이 갖추어야 할 최고의 덕(德)이라는 의미다. '사람다움'이란 뭘까? '사람다움'의 기본은 서(恕), 즉 공감이다. 공감하는 그런 인간이 되어, 부모를 대하고, 형제와 주변 사람을 대하는 행동이 곧 사람다움, 즉 인(仁)이다. 인간 본성의 회복을 말한다. 공자는 우리에게 질타한다. 타인의 마음을 헤아리는 공감은, 인간이라면 평생 마음에 새기고 실천해야 할 덕목이라고.

앞으로 수십 년간 여러분도 후배들에게 또는 자녀에게 분명 공감에 관한 통찰을 전하게 될 것이다. 4차 산업혁명 시대이기 때문이다. 인간보다 훨씬 뛰어난 지적 능력을 갖춘 인공지능(artificial intelligence)이 이제 잠도 자지 않고 일한다. 인공지능이 통역사, 의사, 회계사, 기자 등을 점차 대체하는 시대다.

하지만 인공지능이 결코 인간을 따라오지 못할 것이 하나 있다. 성인들이 중요하다고 그렇게 강조하는 인간의 공감능력이다. 인공지능 시대에 인간으로서 갖출 경쟁력은 공감능력이다. 현재 등장한 신세대와 앞으로 나타날 또 다른 신세대와 소통하며 함께 일하기 위해서도 공감능력은 필수다. 공감을 좀 더 깊이 살펴보자.

3000여 년 전쯤 작성된 고대 이집트 파피루스에 적혀 있다.[3]

'다른 사람에게 당하고 싶지 않은 일을, 너는 다른 사람에게 하지 말라.'

사례 15

2000여 년 전 예수가 활동하던 시기. 유명한 유대교 랍비 힐렐에게 한 이교도가 찾아와 도전했다.

"만약 랍비께서 한쪽 다리로 선 채 유대교의 가르침을 모두 설명한다면, 제가 즉시 유대교로

---

3 주커먼, 필(박윤정 옮김). (2018).

개종하겠습니다!"

(아니, 한쪽 다리로 몇 시간 동안 어찌 서 있을 수 있었을까?)

힐렐이 즉시 한쪽 다리로 서서 말했다.

"네가 싫어하는 것을 네 이웃에게 하지 마라. 그것이 토라(유대교 율법)의 전부다. 나머지는 모두 해설이다."

그러고는 올렸던 다리를 내렸다.[4] 황금률은 역시 공감이다.

타인의 고통, 예를 들어 주먹질당한 사람을 목격하면, '아, 어쩌나, 아프겠다!' 맞아본 경험이 없는 어린아이도 선천적으로 그 고통을 함께 느낄 수 있다. 그러기에, 주먹질은 결코 해서는 안 될 악행임을 우리는 본능적으로 안다. 우리의 공감능력이 '선과 악을 가르는 잣대'다.

만약 인간에게 공감능력이 없다면, 그래서 내 언행 때문에 타인이 자칫 불쾌함, 고통, 슬픔 등을 느낄 수도 있음을 전혀 알 수 없다면, 인간은 지금 서로 물고 뜯으며 동물처럼 살고 있을 것이다.

공감능력은 선악 구별(좋고 나쁨)에 따른 행동 준칙(해야 할 일과 해서는 안 될 일)을 규정하는 인간의 내면적 원리, 즉 도덕성의 바탕이다.[5] 그 공감능력이 내보내는 내면의 목소리를 정상적인 인간이라면 늘 듣고 산

---

4 https://en.m.wikipedia.org/wiki/Hillel_the_Elder. 힐렐(B.C. 110~A.D. 19)은 유명한 유대교 종교 지도자다. "What is hateful to you, do not do to your fellow: this is the whole Torah; the rest is the explanation." 이 말은 Golden Rule(황금률)이라고 불린다.

5 18세기 말에 독일의 철학자 칸트도 인간의 공감능력에서 비롯된 '내재적 도덕률(도덕적 행위의 기준이 되는 보편타당한 법칙)'을 언급했다. "두 가지가 늘 감탄과 경외심으로 내 마음을 가득 채운다. 첫째, 내 위의 별이 빛나는 하늘, 둘째, 내 속에 있는 도덕률이다."

다. 이 내면의 울림을 양심이라고 한다. 공감 능력은 인간의 근간이다.

"무엇이든지 남에게 대접을 받고자 하는 대로 너희도 남을 대접하라."(마태복음 7: 12)

기독교 또한 공감, 배려 그리고 박애가 핵심 가르침이다.

불교의 근본 사상은 자비(慈悲)다. 특히 비(悲)는 원래 '탄식하다.'라는 뜻으로 중생의 괴로움을 향한 깊은 이해와 연민의 정을 나타낸다. 나와 남을 다르게 생각지 않는 자타불이(自他不異) 사상이다. 남의 아픔을 나의 것으로 생각하라고 가르친다. 역시 공감이다.

맹자는 직설적으로 말한다.

'타인을 불쌍히 여기는 마음이 없다면, (너는) 인간도 아니다.'[6]

공감능력이 없다면 인간이 아니라 인간의 탈을 쓴 동물이라는 경고다. 인간답게 살고 싶은가? 맹자는 권유한다. 공감이다.

'공감(恕)을 힘써서 행하면 사람다움(仁)을 구하는 데 이보다 가까운 것이 없다.'[7]

---

6 '無惻隱之心 非人也(무측은지심 비인야.)' 맹자(孟子) 공손추(公孫丑) 상편에 나오는 말이다. ▶불쌍히 여기는 마음(惻隱之心, 측은지심)에 덧붙이어, ▶부끄러움을 아는 마음(羞惡之心, 수오지심), ▶사양하는 마음(辭讓之心, 사양지심), ▶그리고 옳고 그름을 아는 마음(是非之心, 시비지심)이 없다면 ▶인간이 아니다(非人也, 비인야)라고 강조했다.

7 '强恕而行 求仁莫近焉(강서이행 구인막근언.)' 맹자(孟子) 진심(盡心) 상편에 나오는 말이다.

공감능력, 상사의 기본

부하들이 상사를 바라보며 중얼거린다.

(저기 창가에 앉은 저분, 늘 신경질이나 부리고 고래고래 소리치는 저 상사, 부하들 마음을 조금도 읽을 줄 모르는 사람, 인간답지 않은 저 공감 무능 환자, 인격이 도대체 왜 저럴까? … 어제 마신 술이 덜 깼나? 눈에 띄지 말아야겠다.)

점차 고립되어가는 저 상사, 진화가 덜 됐을 리는 없다. 동물원에서 금방 뛰쳐나온 침팬지도 아니다. 그런데 인간 본성을 어째 잃어버렸을까? 정글 속에서 홀로 수십 년 살다 온 사람도 아니다. 그럼 도대체 왜 저럴까? 단순히 내면의 성찰 부족인가? 공자, 맹자, 석가모니, 예수, 칸트 그리고 힐렐(가나다순)의 말씀을 한 번도 들어본 적이 없나? 그렇게 인문학적 소양이 부족했나? 그래서 공격 본능을 억제하는 훈련이 덜 되었나? 분명 스스로 공감능력 계발에 무심했나 보다.

평생에 걸쳐서 그리고 인생의 많은 시간을 보내는 부하들과 관계에서 실천해야 할 원칙, 그 공감이란 과연 무엇일까? 공감을 이해하고 공감능력을 향상한다면, 적어도 직장 내 괴롭힘의 잠재적 가해자 군에서 빠져나올 수 있다. 공감의 이해는 훌륭한 상사가 되는 출발선이다. 공감의 철저한 이해는 공감능력 향상 노력의 첫걸음이다. 그 중요한 공감을 샅샅이 헤집어서 철저히 이해해보자. 이제 고성능 현미경을 들이대 본다.

공감, 그것이 내가 생각하는 그것일까?

길을 가다가 우연히 '아기의 시신을 끌어안고 울부짖는 엄마'의 모습이 눈에 띄었다고 하자. 여러분은 그 앞에서 과연 '즐거운 마음'을 갖게 될까? 인간은 결코 그렇게 만들어지지 않았다.

(아, 얼마나 마음이 찢어질까 …. 내 마음도 이리 아픈데 ….)

당연히 안타까움과 슬픔을 느끼며 다가가 위로를 전하게 된다.

"아이고, 어쩌나 …. 무슨 말씀을 드려야 할지 모르겠습니다."

공감, 인간의 특출난 본능

공감은, 타인의 슬프거나 아픈 감정을 나 자신도 동일하게 (물론 완벽할 수는 없지만) 느끼는 인간의 특출난 능력이다.[8] 타인의 곤경을 느끼고 그에 따라 타인을 위한 친사회적 행동(염려, 위로, 배려, 도움 등)을 발휘한다.

---

8 '공감'의 개념은 19세기 독일에서 처음 만들어져 einfühlung이라는 단어로 표현했다. 이는 '안에(ein)' '느끼다(fühlung)'라는 뜻으로 영어로는 empathy로 번역된다. 감정이입 또는 공감으로 해석한다. 영어 sympathy는 '함께(sym)' 타인의 '감정(그리스어 pathos)'을 느낀다는 의미다. 감

공감은 그래서 사회적 가치가 크다. 공감은 이타적 행동의 결정적 동기다. 그런데, 만약 타인의 감정이나 생각에 주파수를 맞추지 못한다면 어찌 될까?

"아주머니, 길 좀 비키세요. 땅바닥에 엎드려 뭐 하는 거요!"

의사소통은 어긋난다. 대신 싸움만 일어난다. 진정한 의사소통이 불가하면 긴밀한 인간관계 형성은 곤란하다.[9] 즉 공감능력이 떨어지는 사람은 사회생활이 힘들다. 거꾸로 말해, 인간은 뛰어난 공감능력 덕분에 고도의 사회를 구성할 수 있었다. 그 속에서 이타성을 발휘하여 서로 도우며 산다. 원만한 인간관계가 유지된다. 이것이 일찍이 공자가 꿰뚫어본 인간과 인간 사회의 건강한 모습이다.

공감＝감정이입＋배려

인간은 종종 슬픔 등 '침체된 감정'을 갖게 된다. 더 심해지면 자살 충동 등 '고통의 감정'에까지 이르게 된다. 거듭 말해, 정상적인 인간은 이처럼 타인의 슬픔과 고통에 민감히 반응하는 심장을 애당초 갖고 태어났다. 인간은 사회생활에 필수적인 이러한 공감능력이 특히 뛰어나

정이입에 더해서 타인을 위한 배려심 또는 동정심까지 느낀다는 뜻으로 쓰인다. 공감의 한자는 '한가지 공(共)'과 '느낄 감(感)'으로 구성됐다.

9 Hoffman, M. L. (1975). 공감에 관해 정확한 정의를 내렸다. 타인의 곤경을 공감할 때 위로, 배려 등 타인을 위한 선한 행동이 나오게 된다. 공감은 그래서 사회적 가치가 크다. 공감능력이 이타적 행동을 이끌어 내기 때문이다. 그러나 타인의 기쁨과 환희의 감정에 대해서는 공감이라는 단어를 잘 사용하지 않는다. 이러한 감정에 따른 행동은 상대적으로 사회적 가치가 크지 않기 때문이다.

다. 여기까지 논의는 쉽다. 어렵지 않게 이해할 수 있다. 우리 모두가 가진 공통 능력이기 때문이다.

이제 좀 더 세밀히 살펴보자. 공감이란 본능은 애당초 왜 갖게 됐나? 공감이란 어떤 순서에 따라 발현되나? 우선 공감과 감정이입을 구분해 보자.

맹자의 우물가 아이 이야기

맹자가 구체적인 예를 들었다.[10] 아뿔싸! 한 어린아이가 우물에 빠지기 직전이다. 그 위급한 상황을 목격한 사람의 심장이 즉각 작동한다.

(어이쿠! 저 아이가 곤경에 처했군! 구해야 해!)

공감(sympathetic concern 또는 sympathy)이 발현된다. 타인의 위험에 반응하는 감정이다. 타인(즉 우물에 빠지려는 어린아이)의 처지에 서보는 대단한 능력이다. 그래서 아이를 구하러 뛰어간다. 타인을 위한 이타적 행동이다. 이처럼 공감이란 타인의 감정을 인지(noticing)하고, 함께 느끼며(feeling), 대응 행동(acting)하는 능력이다.[11]

---

10 Darwall, S. (1998). 사실 맹자 공손추 상편에 나오는 유자입정(孺子入井) 사례에는 측은지심(惻隱之心)을 느끼는 상태까지만 기술되어 있다. 이 논문은 더 나아가 맹자의 우물가 아이 사례를 빌려서, 공감(sympathy)=감정이입(empathy)+배려(care)라고 주장한다. 사실 공감, 동정, 감정이입, sympathy, empathy, compassion 등의 개념에 관해 학자마다 주장이 조금씩 다르다. 필자는 이 논문이 정의한 공감의 개념을 받아들인다.

11 요즈음 '공감'이라는 단어를 잘못 사용하는 예도 많다. "그 사람 생각이 엄청 훌륭해. 나도 완전 공감해." 잘못된 사용이다. 타인의 견해나 의견에 같은 생각을 가질 때는 '공감(共感)'이 아니라 '동감(同感, agreement)'이라는 단어가 적절하다. "그 사람 생각에 나도 전적으로 '동감'해."가 올바른 표현이다.

반면에 아쉽게도 위험에는 반응했으나 구하러 뛰어가는 이타적 행동이 없다면(그런 경우가 많다.), 그래도 공감이라 할 수 있을까? *(흠, 저 아이 참 무섭겠구나!)* 이는 단순한 감정이입(empathy)이다.[12] 그저 타인의 감정 상태를 복사해서 갖는 느낌이다. 무엇을 어찌해야겠다고 판단하지 않는다. 중립적이고 비판단적이다.

그러니 이러한 감정이입에 더하여 적절한 해결 행동이 뒤따라올 때(감정이입+해결 행동) 비로소 제대로 된 공감이 작동했다고 말할 수 있다. 요컨대 공감하기 위해선 감정이입이 필요하다. 즉 감정이입은 공감의 필요조건이다. 그러나 진정한 공감은 감정이입만으로는 충분하지 않다. 예를 들어보자.

공감이 불가한 신데렐라 영화

영화 속에서 학대받는 신데렐라의 고통을 보면, *(아, 애처롭다!)* 감정이입의 심리상태가 된다. 그렇지만 내가 직접 영화 속에 뛰어 들어가서 신데렐라를 둘러업고 나오는 구출 행동을 할 수는 없지 않은가? 그러니 "나는 신데렐라에게 공감했어!"라고 말하지는 않는다. 단지 감정이입이다.

---

12 Zahn-Waxler, C. (2000). 감정이입/동정(empathy)이란 타인의 '상태'를 자신의 것처럼 '경험'하는 것을 뜻한다. 이는 (1) 상대의 감정 및 상황의 인지적(認知的) 이해와 함께 (2) 타인의 감정을 정서적(情緒的)으로 느낌으로써, 타인과의 연결을 경험하는 것을 말한다. 인간의 본능이다. 따라서 감정이입/동정(empathy)이라는 용어는 주로 곤경에 처한 타인에 관한 관심에서 초래된 감정을 설명할 때 쓰인다. 엄밀히 구분하기는 어렵지만, 공감(sympathy)은 감정이입/동정(empathy)에서 비롯된다. 타인에 관한 우려감 때문에 나오는 정서적 반응이다.

신데렐라가 잘생긴(물론 돈도 많은) 왕자와 결혼했다. 행복하게 살게 됐다. 이때도 마찬가지다. 공감이라는 단어를 사용하기는 어색하다. 행복의 포만감을 느끼는 신데렐라가 영화관에 앉아 있는 나의 배려, 위로 등 친사회적 도움 행동이 필요한 처지는 결코 아니기 때문이다. (물론 내가 또다시 화면 속으로 뛰어들 수도 없지만.) 이렇게 타인의 고양된 심리 상태(기쁨, 즐거움 등)를 느꼈을 때는 '공감한다.'라는 표현을 사용하지 않는다.

공감은 타인의 슬프거나 고통스러운 감정을 대했을 때 나타나는 본능적 심리상태다. 공감의 가치는 크다. 뒤따라 나타나는 친사회적 행동 때문이다. 원활한 인간관계 형성 면에서, 조직의 생산성 증진 면에서 그리고 건강한 사회 구성 측면에서 이타성을 촉발하는 공감의 가치는 절대적이다.

꾸부정한 할머니와 고개 수그린 부하직원

어떤 꾸부정한 할머니가 무거운 짐을 들고 지하철 계단을 오른다. 그 힘겨운 모습을 그저 지켜보고만 있을 뿐이라면, 여러분은 그 할머니의 고통에 적절히 반응하지 못한 것이다. 즉 인식하고 느꼈지만, 만약 행동으로 반응하지 않는다면, 맹자의 주장대로, 진정한 공감이라고 볼 수 없다. 공감은 타인의 기분과 생각을 파악하는 능력(noticing)뿐 아니라, 적절한 감정을 갖고(feeling) 타인의 고통을 완화하려는 행동적 대응 능력(acting)도 요구한다.

그 꾸부정한 할머니를 고개를 푹 수그린 여러분의 부하직원으로 바꿔보자. 여러분의 눈에 혹 무거운 짐과 힘겨운 모습이 보이지 않는가? 쯧쯧, 부하가 애처롭다는 느낌이 온다. 안 그런가?

(어? 글쎄 …. 별다른 '인지'와 '느낌'이 없는데 ….)

그렇다면 여러분은 '고통 완화' 대신, 지하철 계단에서 슬쩍 할머니 다리를 걸어 넘어뜨리는 등 '고통 강화' 행위를 계속하고 있을 공산이 크다. 여러분은 자신의 공감능력을 의심해봐야 한다. 억울한가?

(아니, 나도 인간인데 진화가 덜 되었다고?)

이 세상 대부분 부하는 무거운 짐을 힘겹게 짊어지고 가파른 계단을 오르는 중이다.

(어? 아닌 부하도 많은데 ….)

부하들은 모두 자신이 그렇다고 생각한다.

(그래? 그래도 그렇지. 그 정도 가지고. 나 때는 더 심했는데 ….)

나도 당했으니 너도 당해보라는 논리인가? 정당하지 못한 보상 심리다.

(아니, 내가 공감능력이 부족하다고? 나를 인간다운 인간이 아니라고 자꾸 몰아붙이는 것인가?)

화낼 것까지는 없다. 그저 이해해보자. 공부해보자. 알면 관심을 갖게 되고, 관심은 능력을 키우게 된다. 공감능력은 지구상의 모든 호모 사피엔스(인간은 딱 이 한 종(種)이다.)가 지리적 · 문화적 차이에도 불구하고 나타내는 공통적 특성이다. 태생적이다. 그래서 공감능력은 인간의 본능이라고 한다.

공감능력=**인간 본능**+계발+사회적 경험의 영향

인간은 어떻게 해서 특출한 공감능력을 본능으로 갖게 되었을까? 타임머신을 타고 수백만 년 전 원시시대로 가보자. 빙하시대 등 거칠고 힘겨운 환경이다. 험악한 동물들에 둘러싸인 상태다. 항상 배고프다. 연약한 인간이 어찌 생존할 수 있을까? 아무리 둘러봐도 식품을 구입할 슈퍼마켓도 없다. 직접 수렵하거나 채집해야 한다. 그래서 집단을 이뤄 사냥하러 나간다.

엄청나게 큰 멧돼지가 씩씩거리며 달려온다. 동료들은 공포감을 느낀다. 나도 느낀다. 하지만 며칠째 굶어 쓰러진 어린 자식들의 안타까운 모습이 떠나지 않는다. 그 공감 때문이다. 목숨을 걸고 달려들어 멧돼지를 나무 막대기로 찌른다. 이타적 행동이다. 우두머리의 칭찬이 뒤따른다. 반면 목숨을 보전하고자 뒷걸음질쳤던 사람은 결국 고기 배급을 받지 못한다. 배척받을 수밖에 없다.

동굴 속이다. 식사를 마련하느라, 아기를 돌보느라 옆의 엄마가 힘들어하는 상태다. 아쉽게도 어린이집이나 유치원은 아직 없다. 우는 아기들과 엄마가 안쓰럽다. 그래서 내 아이들과 함께 보살펴준다. 친사회적 행동이다. 공동 육아에 참여하지 않는 사람은 따돌림당하기 십상이다.

공감능력이 뛰어난 유전자는 이렇듯 이타적 행동을 잘했다. 그래서 집단의 보호를 받아 살아남고, 더욱 번식하게 되었다. 우리는 그 후손이다. 그렇지 않은 유전자는 집단의 자원 배분에서 소외됐고, 그 당시 소외는 죽음이나 번식 불가를 뜻했다. 다윈의 진화론이 주장하는 자연선택과 자웅선택의 결과다.[13] 공감능력은 인간의 진화 속에서 계속 강화되어 인류 공통의 독특한 본능이 되었다. 이를 입증하는 심리학 실험이 많다.

갓난아기는 태어나자마자 엄마 젖을 빤다. 경험이나 교육이 전혀 없음에도 말이다. DNA에 새겨진 본능이다. 공감능력도 선천적이다. 실험 결과가 입증한다. 예를 들어, 신생아는 다른 아기가 고통스럽게 울면 따라 운다. 자신과 타인을 구분하지 못하는 상태인데도 그렇게 따라 운다. 타인의 고통에 정서적으로 연결될 수밖에 없는 인간의 본능적 반응 때문이다.[14]

생후 1년 6개월이 지나면 아기들은 거울 속에 비친 사람이 자기 자신임을 안다. 자신과 타인을 완벽하게 구분하는 것이다. (반면 강아지는 '멍멍!' 거울 속의 자신을 다른 강아지로 인식한다. 다 큰 개가 되어도 자아를 인식하지 못한다.) 이제 그 아이는 다른 아이도 독립된 내면을 가진 인간임을 깨닫게 된다. 그래서 고통을 겪는 아이를 볼 때(예를 들어 무릎을 다치거나 장난감이 부서진 경우), 공감적 반응을 보인다. (강아지

---

13 버스, 데이비드(이충호 옮김). (2012).

14 Simner, M. L. (1971). 태어난 지 이틀 된 신생아들이 다른 신생아가 울면 따라 우는 현상을 관찰했다. 단지 '소음'(즉 다른 신생아의 울음)으로 인한 '불편함' 때문에 우는 것이 아니었다. 같은 소음 정도의 기계적 울음소리(컴퓨터로 만든 신생아 울음)를 들려줬더니, 다른 아기의 울음에 반응하던 것에 비해, 따라 우는 모습이 매우 가라앉은(more subdued manner) 상태를 보였다. 그렇다면 따라 울기가 단지 '모방'일까? 그렇지는 않았다. 다른 아기의 울음에 진정 속상해(upset)하며 동요(agitated)하는 듯 보였기 때문이다.

는 그런 반응이 없다.) 위로, 배려, 도움 등 타인 지향적이고 친사회적 행동을 나타낸다. 공감능력은 반사회적 행동이나 공격 행동을 억누르게 만든다.[15]

인류는, 만약 공감과 그 뒤를 잇는 이타적 행동이 없었다면, 과연 상호 돕고 도움을 받는 협력적 인간관계로 연결된 고도의 사회를 형성할 수 있었을까? 공감은 인류 생존과 번영의 원동력이다. 오늘날 많은 직장인이 물끄러미 자신의 상사를 쳐다보며 중얼거린다.

(왜 저렇게 항상 화를 낼까? 상대의 아픈 마음을 정말 모르는 걸까? 진화가 덜 된 인간인가? 아니면 인간 본능을 잃어버렸나? 저런 식으로 해서 우리 회사가 생존하고 발전할 수는 있을까?)

공감을 좀 더 깊이 살펴보자. 본능 없는 인간은 없다. 단지 후천적으로 계발이 미진했을 뿐이다.

공감능력=인간 본능+**계발** +사회적 경험의 영향

이 공감본능은 가정생활에서 더욱 계발될 수 있다. 길에서 아이가 넘어졌다. 엄마가 달려온다.

---

15 Decety, Jean 편저(현지원·김양태 옮김). (2018).

"아가, 아팠지? 다친 데는 없니?"

엄마는 공감과 배려의 두 팔로 꼭 안아준다. 아이의 공감능력이 계발되는 순간이다. 부모의 헌신적인 보살핌 속에서, 타인의 감정을 느끼는 감수성을 배운다. 그리고 빠르고 깊게 받아들이는 민감성을 훈련하게 된다. 어린 시절 가정생활이 공감능력 계발에 큰 영향을 끼친다.

반면에 안타깝게도, 철썩! 철썩!

"에구, 내가 못 살아! 조심하라니까!"

물론 아이의 잘못으로 넘어졌지만, 엄마가 호통치며 무릎 깨진 아이의 등짝을 후려치는 건 좀 심하지 않은가? 아이는 공감과 배려 대신 질책을 배운다. 그러니 커서도 호통을 칠 수밖에 없다. 갓난아기 시절 부모와 아이의 관계가 대단히 중요하다. 부모는 아기의 감정적 · 정신적 발달과 공감능력 계발에 결정적인 영향을 끼친다. 두뇌 회로를 연결하는 활동이 집중적으로 이루어지는 시기이기 때문이다.[16]

툭하면 호통치는 저 상사는 혹 어린 시절 부모를 잘못 만났는지도 모른다. 그런 탓에 공감능력이 충분히 계발되지 못한 사람일 수도 있다. 또는 다음과 같이 성장 후에 겪은 각종 사회적 경험이 암울했기 때문인지도 모른다.

---

16 MacLean, P. D. (1985). 이 뇌 과학자는 감정적 경험이 뇌의 어느 부위에 축적되는지 그리고 그 뇌의 회로가 어떻게 진화된 것인지를 연구했다. 갑각류 동물과 달리 진화된 포유류 동물은 부모의 보살핌, 아기와 엄마의 놀이 그리고 엄마와 아기가 떨어져 있을 때 내는 소리를 가지고 있다. 인간의 경우 아이의 공감능력 계발에 이러한 부모와 아이의 관계가 큰 영향을 끼친다.

한 심리학 실험이다.[17] 여러분도 다음 질문에 답해보자.

사례 17

'어스름한 저녁, 홀로 산책하고 있는데, 낯선 사람이 다가온다. 그리고 뭔가 도움을 요청한다. 이러한 상황에서 당신은 어찌 반응하겠는가?'

실험 결과는 다 다르다.

"아마도 그 사람은 거지일 겁니다. 나는 분노를 느끼겠죠. 방해를 받았으니까요."

또 다른 사람은 답한다.

"아마 강도일 수도 있습니다. 나는 두려움을 느끼겠지요."

사람마다 반응과 느낌이 다르다. 인간은 매일매일 사회적 상호작용을 겪는다. 그 과정에서 쌓인 감정적 경험은 모두 다르다. 이 실험은 모든 인간은 어느 정도 정서적 편견(affective biases)을 갖고 있음을 밝혔다. 위의 두 답변자 모두 다가온 낯선 사람의 처지를 공감할 겨를이 없었다. 물론 도와주려는 행동도 하지 않았다. 바로 이 정서적 편견 때문이었다.

만약 사회 경험 속에서 방해받고, 협박당하고, 무시당하는 등 좋지

17 Malatesta, C. Z., & Wilson, A. (1988). 인간의 사고와 행동이 감정적 경험에 따른 정서적 편견에 지배를 받는다는 사실을 밝혔다.

않은 기억만 잔뜩 쌓였다면 잘못된 정서적 편견이 굳어지게 된다. 그러니 툭하면 화를 낸다. 상대의 마음을 할퀸다. 비사교적 또는 반사회적 행동(즉 분노 조절 장애, 타인에게 무관심, 공격성, 언어폭력, 부정적 사고, 반항성 장애 등)을 나타낸다.[18] 긍정적인 사회 경험이 부족하여 상대를 헤아리는 공감을 경험하지 못했기 때문이다.

폭력 조직에서 오랫동안 근무(?)했던 사람의 공감능력은 과연 어떨까? 모름지기 조직문화의 지배를 받는다. 폭력적 언행에 둔감하게 된다. 상사에게 험한 말을 듣더라도 별로 모욕을 느끼지 않는다. 어지간해서는 상대의 고통을 마음으로 느끼지 못한다. 공감의 스위치가 망가져버린 것이다. 그러니 눈 깜짝 않고 타인에게 주먹을 휘두른다.

과거, 폭력이 주요한 통제 수단이던 거친 군대문화를 경험한 사람들은 어떨까? 혹은, 상하 간 위계질서가 엄격하고 권위주의적이었던 직장문화를 경험했다면? 공감능력 계발에 관한 한, 분명 긍정적인 사회 경험은 아니었다. 공감능력의 침식은 어쩔 수 없었을 것이다.

이제 안타까운 진실 한 가지를 짚고 넘어가자. 여성들이 혀를 차는 남성의 공감능력 문제다. (필자도 억울한 남성이다. 총각이 아이를 낳아도 할 말이 있다고 한다. 다음 변명을 조금만 참고 들어보자.)

---

18 Lahey, B. B., Hart, E. L., Pliszka, S., Applegate, B., & McBurnett, K. (1993). 이런 사람들은 타인의 곤경을 목격하더라도(예를 들어 매우 고통스러워하는 얼굴 사진을 보여주더라도) 이례적으로 심박 수가 전혀 올라가지 않는다. 종종 자율신경계의 반응이 정상적인 사람들에 비해 대단히 떨어진다.

공감능력=인간 본능+계발+ 사회적 경험의 영향+성 차이

공감능력을 말할 때 빼놓을 수 없는 주제가 남녀 간 차이이다. 평균적으로 여성의 공감능력이 남성보다 더 뛰어나다. 소통의 기본은 공감이라고 했다. 그러니 남녀가 소통할 때, 여성은 공감을 받지 못해 불만이다. 공감능력이 상대적으로 떨어진 남성은 여성의 심중을 이해하지 못해 애를 먹고 욕을 먹는다. 가정에서는 물론이고, 여성들의 경제활동이 대폭 증가하면서 직장에서도 그렇다.

지금부터는 공감과 공감 소통에 관한 남성과 여성의 차이를 풀어헤치는 이야기다. 직장 및 가정에서 여성과 항구적 평화 유지를 희구하는 남성들을 위해 파헤쳤다. (각종 문헌 조사에서 오직 일치되는 이론만 소개한다.)

남성이 이해 못 하는 여성의 공감능력

우선 여성들의 믿거나말거나식 주장을 들어보자. 갓 태어나 신생아실에 누워 있는 여자아기들은 어느 간호사가 자신에게 눈길을 제일 많이 주는지 안다고 한다. 심지어 신생아실에 누워서 어떤 남자아기가 어떤 여자아기와 '썸' 타고 있는지 본능적으로 다 파악할 수 있다고 과시한다.[19] 놀라운 일이다.

(헉! 여성의 공감능력이 정말 그 정도일까?)

안심하자. 남성들의 미흡한 공감능력을 한탄하는 여성들의 부풀려진 주장일 뿐이다.

여성의 공감 욕구

소통에서, 인간관계에서, 여성들은 남성에게 어느 정도의 공감을 원할까?

"다정다감한 남자요." "자상한 남자요."

내 마음을 읽어달라는 여성들의 이구동성이다. 여성의 마음을 왜 이리 몰라주냐는 한탄이다. 여성들은 십중팔구 공감능력이 뛰어난 남자의 자상함을 원한다. 이상적인 남친상, 남편상이다. 드라마 「다모(茶母)」를 보면 안다.[20] '다모 폐인(廢人)' 열풍을 일으켰던 TV 드라마다. 학자

---

19 김호정·김효은·송원섭·이영희·정아람. (2017).

20 https://cafe.naver.com/remonterrace/23922450, https://blog.naver.com/manduwasun/221419675422, https://blog.naver.com/overzzim/undefined. 다모(茶母)는 조선 시대 관아에서 차를 끓여 대접하는 일을 하던 여자 관비(官婢)다. 조선 후기의 포도청 다모는 여성 범죄를 담당하기도 했다. 2003년 방영된 드라마 「다모」에 관해 인터넷을 뒤져보니 많은 여성이 증언한다. "도저히 현실로 돌아오기 힘들었다." "정상적인 생활을 할 수 없었다." "녹화해서 셀 수 없이 돌려봤다." "애절함과 안타까움에 매번 오열했다." "숨이 막혔다가 트이는 신기한 경험을 했다." "마지막 회를 보고 휴지통 껴안고 울다 쓰러져 며칠을 앓았다." "한국 드라마 역사는 「다모」 이전과 이후로 나뉘어야 한다." 세계 여러 나라에 수출됐다. 연구 대상이 되어 학계에서 다수의 논문까지 나왔다.

들의 연구 논문이 나올 정도였다니! 중년 여성들의 대화에 하도 많이 등장하기에, 나도 최근 끄집어내어 연구해보았다. 과연! 절정은, 나도 소문으로만 듣던, '아프냐? 나도 아프다.' 이야기다. 절절한 연모의 마음을 마냥 주고받을 수 없었던 300여 년 전 조선 시대다. 심장을 뚫어버릴 서글픈 사랑이 뿜어져 나온다. 숨 막히도록 한 사람만 바라보는 저 뜨거운 마음! 사랑을 저렇게도 할 수 있는 걸까?[21]

"아프냐, 나도 아프다"

그 둘은 말이 없다. 억누른 감정을 찰나적인 눈빛으로 소통한다. 그야말로 최고의 커뮤니케이션, 심통(心通)이다. 하지만 시청자의 귀에는 빤히 들린다.

(채옥아, 너는 세상 무엇과도 바꿀 수 없는 존재이지만, … 너는 노비이고, 나는 한성 좌포청 종사관이다.)

(… 하지만 나으리는 저를 찾아오십니다. 긴 밤, 제 꿈에 꼭 찾아오십니다.)

채옥이 어깨를 다쳤다. 칼로 난 상처다. 종사관 나리를 보호하려고 목숨을 걸다가 그리되었다. 하얀 벚꽃이 흩날리는 푸른 달밤이다. 채옥의 어깨 상처에 약을 바르며 나리가 묻는다. 감정이 극도로 배제된 무심한 말투다.

21 https://blog.naver.com/yeanjinkim/221324626364.

"아프냐?"

"… 네."

"… 나도, …아프다."

채옥이 서서히 고개를 들어 나리를 올려다본다. 아이고! 그 예쁜 두 눈이 촉촉이 젖어 들고 있다.

아프냐? 나도 아프다! 죽도록 사랑하는 연인에게 살짝 내비친 고백이다. 억제된 공감 표현이다. 운율까지 맞췄다.[22] (오른쪽 QR코드를 휴대전화로 인식하면, 명장면, "아프냐 … 나도 아프다."라는 궁극의 공감 표현을 확인할 수 있다.)

---

22 McGlone, M. S., & Tofighbakhsh, J. (2000). 이 논문은 운율(rhyme)을 맞춘 격언(예: "말이 입힌 상처는 칼이 입힌 상처보다 깊다.")과 그렇지 않은 것을 비교하여 사람들이 어찌 느끼나 실험을 했다. 운율을 맞춘 표현을 사람들은 더욱더 진리라고 생각하게 된다. 명언이 된다. 그리고 더 잘 기억된다. 확실한 '사실'이라고 받아들여지기 때문이다.

이를 어쩌란 말인가! 대한민국 여심(女心)이 순식간에 무너졌다. 전율을 느끼면서, 급기야 뒤로 넘어갔다. 많은 여성이 진술한다.

"이 장면을 보고 또 보고, 계속 돌려가며 보고, 눈 뜨고 듣고, 눈 감고도 들어보고, 불 켜서 듣고, 불 끄고도 듣고 했노라."[23]

'나도 한 번쯤은 누군가에게 공감이 가득 찬 은근하고 달콤한 고백을 받아보고 싶다.'라는 증언이다. 내 생각, 마음, 감정을 좀 알아달라는 호소다. 그러나 안타깝다. TV 밖으로 나온 여성들이 느끼는 현실은 너무나도 메말랐다. 삭막하고 각박하다.

내가 의사가?

"여보, 나 아파."

죽어가는 듯 가까스로 내뱉는 이 말에 과연 남편은 어떻게 응대할까?

"아프다꼬? 그 말 들으니, 나도 … 아프다!"

이런 애달픈 연정과 안타까운 공감을 듬뿍 담은 피드백이 나올까? 천만의 말씀이다.

"엥? 뭐라카노? 아프다꼬? 아이고, 마, 내 몬 산다! 나한테 와 이라노? 우야라꼬? 내가 의사가? 그라이 진작 병원 좀 가라 안 카드나! 빨리 약 처무라!" (속마음은 그렇지 않은데, 겉 표현이 엉뚱하게 나오는 극단적 사례다.)

---

23 https://hyowon1002.blog.me/140003768180. 이 블로그 외에 인터넷에서 셀 수 없이 많은 여성 시청자의 감동 후기를 찾아볼 수 있다.

아내의 가슴 한가운데 날카로운 비수가 매몰차게 꽂힌다. 아내는 서늘한 아픔을 부여잡고 뒤로 넘어간다. 어째서 남자들은, 뜨거운 연심 표현은 차치하더라도, 여성이 그리도 원하는 조그만 공감 표현을 왜 그토록 못할까?

여성과 남성의 공감능력 차이

어릴 때 집안에서 여자 형제와 함께 살았거나, 남녀공학을 다녔거나, 연애 좀 해보았거나, 현재 배우자와 함께 살고 있다면, 여러분도 남녀간 공감능력 차이를 어느 정도 느낄 것이다. 선천적인가? 아니면 사회화의 결과인가? 사회화되기 전 어린아이 때는 어떨까? 내친김에 확실히 이해해보자. 반드시 이해해야 한다.

남녀 아이들의 공감능력 차이를 측정하는 심리학 실험

사례 19

심리학 실험이다. 두 살배기 아기들의 놀이 시간이다. 엄마와 함께 나무 블록을 쌓는다.

"아야!"

갑자기 엄마가 손을 다쳐 아파한다.(사실 실험을 주관하는 심리학자들과 약속된 연기다.) 고통스러워하는 엄마 모습에 남자아기와 여자아기의 반응이 다르다. 여자아기들은 엄마를 바라보며 울먹거린다. 또는 마치 자신이 직접 고통을 느끼는 듯이 울음을 터뜨린다. 반면 남자 아기들은 엄마의 고통을 그저 멀뚱멀뚱 바라본다. *(엥? 엄마가 왜 저래?)* 그러다가 돌아서서 원래 놀이에 집중해버린다. 심지어 두 살 때부터 여자의 공감능력이 더욱더 뛰어나다는 사실은 이미 이러한 심리학 실험으로 입증되었다.[24]

이번에는 네 살짜리 남녀 아이들에게 고통스러워하는 사람들의 사진을 보여주었다. 그러자 여자아이들의 심박 수가 남자아이들보다 더 증가했고 손바닥에서 더 많은 땀을 흘렸다. 공감능력으로 인해 더 큰 내적 고통을 경험하는 것이다.[25]

이제 사춘기에 들어서면 남녀는 결정적으로 달라진다. 10대 소녀들은 타인에게 정서적 관심 및 친사회적 행위를 훨씬 더 많이 보여준다. 반면 소년들은 약자 괴롭히기 등 반사회적 행동을 더 많이 나타낸다. 사춘기에 이르러 성차가 커짐에 따라 공감능력 차이가 더 크게 벌어지는 것이다.[26]

성인 남녀의 공감능력 차이를 측정하는 심리학 실험

성인이 되어서는 어떻게 될까? 타니아 싱거(Tania Singer)와 그 동료들

24 Zahn-Waxler, C., Cole, P. M., & Barrett, K. C. (1991). 두 살짜리 남녀 아이들의 공감능력을 측정하는 심리학 실험이다. 여자아이들의 공감능력이 더 뛰어남을 입증했다.

25 Zahn-Waxler, C., Cole, P. M., Welsh, J. D., & Fox, N. A. (1995). 타인의 고통을 목격할 때 나타나는 심박 수의 증가는 타인에게 관심을 주는 능력, 즉 공감능력을 정확히 나타내는 지표다.

26 Fabes, R. A., Carlo, G., Kupanoff, K., & Laible, D. (1999). 이 논문은 유년기보다 초기 사춘기에 친사회적/도덕적 성품이 더욱 많이 개발되며, 공감에 관한 성 차이도 크게 벌어짐을 논하였다.

의 실험 결과다.[27]

열애 중인 16쌍의 남녀에게 두 가지 상황, 즉 자신에게 약한 전기충격이 주어져 고통을 느끼는 상황과 자신이 아닌 연인에게 전기충격이 가해지는 상황을 제시하고 이때 fMRI로 뇌 반응을 살펴봤다. 열애 중인 연인의 관심은 대개 자기 자신보다 연인에게 더 집중되어 있다. 상대의 고통에 더 민감할 수 있다.

여성들은 연인에게 전기충격이 가해지는 것을 보는 것만으로도 자신이 전기충격을 받았을 때와 같은 뇌 부위가 활성화되었다. 반면, 남성들은 자신과 타인의 상황에 확실한 차이를 보였다. 사랑에 빠진 상태에서조차 상대의 상태에 덜 공감하였다. 즉 여성이 남성보다 타인의 감정에 대해 민감하게 인지하고 정서적 반응이 더 우수했다.(103-104쪽)

여성의 뛰어난 공감능력은 타고났다. 전기충격을 받아 놀란 남친을 보면 대다수 여성은 함께 경악하며 어찌할 바를 몰라 한다. (반면 어떤 남자는 여친이 충격받은 모습이 재미있는지 낄낄거리기도 한다.) 사회화의 결과가 아니다. 여성은 태생적으로 타인의 감정과 생각을 훨씬 잘 인지

27 이도원·장대익·홍성욱·곽금주 등. (2011). 이 책에서 서울대 심리학과 곽금주 교수가 인용한 글을 재인용하였다. fMRI, 즉 functional Magnetic Resonance Imaging 또는 기능적 MRI는 혈류의 변화를 감지하여 뇌 활동을 측정하는 기술이다.

(noticing)한다. 심리적으로 더욱 유연해서(sense making) 상대를 심판하려는 경향이 덜하다. 그리고 감수성과 민감성도 좋아서 더 잘 느낀다(feeling). 그러니 눈물도 잘 흘린다. 위로, 배려, 보살핌 등 해결 행동(acting)도 훨씬 잘한다. 그런데 이런 남녀 간 선천적인 공감능력 차이가 왜 생겼을까? 알게 되면 조금 불편해진다. 불편한 진실을 진화심리학이 설명한다.

남녀의 공감능력 차이, 진화심리학적 이유

진화심리학자 배런코언 교수의 이론을 빌려본다.[28] 구석기 시대로 가보자. 한 남자가 돌을 깨고 있다.

(이런 종류의 돌을 이렇게 깨면 이렇게 날카로워지는군!)

자연현상의 원인과 결과를 잘 연결하는 '체계화' 뇌는 자연현상의 패턴(반복되는 현상. 예컨대 $E=mc^2$)을 발견하기에 적합하다. 고대에 남자가 도구나 무기를 고안하고 만드는 데 필수적이었다. 그런 남자가 생존에 유리했다. 사냥도 잘해 오니 여성들의 선택도 더 잘 받을 수 있었다. 다윈이 말하는 자연선택 및 자웅선택을 거쳐 남성의 뇌는 점점 체계화 기능이 강화되어온 것이다.

또 다른 이유다. 과거 수백만 년간 남자는 공감능력이 낮아야 오히려 생존에 유리했다. 오랜 기간의 사냥 또는 추적에도 고독을 견딜 수

---

28 배런코언, 사이먼(김혜리·이승복 옮김). (2008).

있기 때문이다. 또한, 수컷 간의 경쟁에 필수적인 대인 폭력이나 자원 확보를 위한 약탈 등 공격 행위를 저지르는 데에도 유리했기 때문이다. 우리는 이런 남자의 후손이다. 안타깝게도, 공감능력이 너무 뛰어난 남성의 유전자는 그런 폭력적 야만의 시대에 적응하지 못했을 가능성이 크다.

반대로 고대 여성의 뛰어난 공감능력은 생존에 필수적이었다. 과거 여성은 주로 이웃 부족으로 시집갔다. (근친교배의 폐해를 막기 위한 사회적 경험 법칙이었다.) 마주하게 된 낯선 환경에서 공감능력 없이는 친구나 자기편을 만들 수 없었다. 또한, 공감능력이 뛰어나야 아기를 키울 수 있었다. 아직 말을 못 하는 영아가 무엇을 필요로 하는지 이해하고 예상해야 하니 말이다. 공감능력 여부는 자신과 아이의 생존을 갈랐다. 수백만 년간 여성의 공감능력은 진화를 거듭하며 강화되어온 것이다. 이것이 진화심리학의 설명이다.

하지만 정작 문제는 이 공감능력 차이 자체가 아니다. 이러한 공감능력 차이로 인해 남녀 간 소통이 힘들어지는 게 문제다.[29]

---

29 남녀의 소통 방식 차이는 사회화에 의한 가능성을 완전히 배제할 수 없기에 그 원인을 다루는 일이 사실 조심스럽다. 이 책에서는 남녀 간 공감능력 차이로 인한 소통 단절 사례만 거론한다.

남녀 간 소통 문제: "괜찮니? 병원 가야 되는 거 아이가?"

「응답하라 1994」라는 드라마는 수년 전 인기가 높았다. 남녀의 소통 단절을 극명하게 보여주는 장면이 나온다. 잔디밭에 둘러앉은 남녀 대학생들의 대화다.

사례 21

女1 "예를 들어 줄게. 자, 내가 이사를 했어. 근데 집이 새집이야. 문을 닫으면 페인트 냄새가 심해가 머리가 깨질 것 같은데, 그렇다고 문을 열면 매연이 들어와가 계속 기침이 난다. '에헥 캑캑.' 이때 남자친구가 들어왔어. 내가 물었지. '자기야~, 오늘 이사했는데에~, 문을 닫으면 페인트 냄새가 심해가 머리가 깨질 거 가꼬, 문을 열면 매연 땜에 죽을 것 같은데~ 어떡하지? 문을 여는 게 좋겠나, 닫는 게 좋겠나?' 이때, 남자친구의 올바른 대답은?"

남학생들이 정답 찾기에 돌입한다.

男1 "그래도 차라리 매연이 낫지 않나?"

男2 "아니지, 문 닫고 페인트가 낫지."

女1과 女2의 한심하다는 표정을 잠자코 힐끗 훔쳐보던 男3이 눈치를 굴린다.

男3 "매연이 맞나 본디~."

남자들의 뇌는 역시 '체계적(시스템적) 문제 풀이'에 돌입했다. 본능이다. 예를 들어 Z(수도꼭지를 돌려 풀면: action 또는 control) → X(수돗물이: input) → Y(더 많이 나온다: output). 이런 논리다. 이것이 이 세상의 모든 시스템이 작동하는 원리다. 남자들의 체계화 뇌에 그려진 문제의 정체는 다음과 같다.

- **A 경우:** Z^1(action: 문 닫기) → X^1(input: 방에 페인트 냄새 진동) → Y^1(output: 머리 아픔)
- **B 경우:** Z^2(action: 문 열기) → X^2(input: 방에 매연 유입) → Y^2(output: 기침 때문에 죽을 것 같음)

정답이 무엇일까? A 경우? 아니면 B 경우? 아니면 이건 어떨까? 즉 C 경우: 예를 들어 Z^1& Z^2(action: 문을 반만 열기). 여성들의 눈에는, 이렇게 열심히 체계적 문제 풀이에만 집착하는 남성들이 종종 한심하게 보일 수도 있다.

사례 22

女2 "환장한다. 환장해!"

男2 "아 그러문 뭔디?"

女1 (드디어 조용히 답한다.) "둘 다 아이다. 정답은, '괜찮니? 병원 가야 되는 거 아이가?'"

男2 (어이없다는 표정으로) "… 지랄을 한다. 지랄을! 야, 뭔 뻴 소리여 그게! 아, 지가 문을 열 것인가 닫을 것인가 물어봐 놓고는, 뭘 염병할 소리를 하고 앉았데!"

女1 "아, 문이 중요한 것이 아니라니까!"

男2 "아니, 지가 물어봤잖여. 문을 열 것인가 닫을 것인가!"

女2 "아 염병아, 그건 그냥 하는 소리 아니냐! 지금 내 상태가 이렇다. 근데 우짜까!"

男2 "아, 우짜기는 뭘 우째? 문을 열든지 닫으라니까!"

女1 "저 반피 아니가? 문이 중요한 게 아니라니까. 그 전에 내가 지금 아프다. 냄새 때문에 죽을 거 같다. 이게 뽀인트라꼬!"

男2 "염병~! … 야, 지나가는 사람 아무나 잡고 한번 물어 봐봐라. 엉! 야, 지가 문을 열 것인가 닫을 것인가 물어본 여자한테 엉, '너 시방 괜찮냐?'라고 답하는 사람이 누가 있것냐! 내가 장담하는데 대한민국에서 그거 제대로 답하는 남자 한 명도 읎슬 것이여~!"

사실, 필자도 드라마 보면서 '문을 열까? 말까? 반만 열까?'만 생각했다. 요즈음 급속 진화된 듯한 젊은 남자들의 닭살 돋는 자상함도 눈에 띈다만, 선천적으로 아직껏 남성의 공감능력이 떨어짐은 분명하다. 여성이 종종 간절히 원하는 것은 X, Y, Z 변수의 시스템적 관계에서 풀어낸 정답이 아니다.

"아이고, 너 괜찮니? 병원 가봐야 하는 것 아니야?"

그저 공감이다. 마음, 감정, 처지 등을 서로 읽어주고 알아주며 인간적 연결감을 확인하고 싶은 것이다. 여성은 공감능력이 뛰어난 만큼 공감을 받고자 하는 욕구도 크다. 그러니 남녀 소통에 마찰음이 일어난다.

본능과 본능의 충돌이다. 남성들이 다음과 같이 주장할 수도 있다. (물론 드러내 놓고 말할 수 없음이 문제다.)

('남성의 태생적인 문제입니다. 여성 여러분은 당장 체념하십시오.' 라고 진실을 정확하게 알려주는 편이 낫지 않을까요?)

그럴 수는 없다. 가정과 직장의 평화를 위한다면 말이다. 남성들이 노력하는 수밖에 없다. 물론, 여성들이 남성들의 선천적 공감능력 결핍을 부디 용인해준다면 평화는 보다 빨리 찾아오리라.

(오른쪽 QR코드를 휴대전화로 인식하면, 남녀 간 극명한 공감능력 차이를 나타내는 「응답하라 1994」 장면을 확인할 수 있다.)

공감능력 키우기

복기해보자. ▶공감능력은 인간의 본능이다. 태어날 때부터 지니고 있다. 덧붙여 ▶어릴 적 부모와 관계가 공감능력 계발의 차이를 만든다. ▶성장하며 사회생활 속에서 감정적 경험에 따라, 문화적 영향에 따라 공감능력의 크기가 달라진다. ▶아쉽게도 남성은 여성보다 선천적으로 공감능력이 떨어진다.

(아, 잘됐다! 그렇다면 나 개인이 노력할 일이 없다는 말이네.)

이렇듯 자기 책임을 회피하는 사람들이 많았나 보다. 그래서 위대한 성인들은 입을 모아 그렇듯 공감능력 함양을 강조했다. 성인들의 통찰은 다음과 같이 요약된다.

공감 못 하는 인간은 인간이 아니다. 공감능력은 인간의 품격, 즉 인간의 인간됨을 결정한다. 인격함양은 곧 공감능력 배양과 같은 말이다.

어쩌겠는가. 자신의 인품은 궁극적으로 자신이 책임져야 한다. 즉 자기 성찰이 중요하다. 인간의 인간다움이 무엇인지 깨우치기 위한 인문학적 교양 쌓기가 필요하다. 인공지능 시대가 오더라도, 거듭 말하자면, 인공지능이 인간을 뛰어넘지 못할 것은 자기 성찰과 공감능력밖에 없지 않은가.

인격 함양이 극단적으로 부족한 사람이 상사가 되면 어찌 될까? '파괴적 행동 장애(disruptive behavior disorder)'를 지닌 못된 시어머니가 되기 십상이다. 툭하면 사람멀미를 일으킨다. 상대가 괴로워하는 줄을 모르니 죄책감을 못 느낀다. 그러니 반성이나 사과도 없다. 심지어 그런 행동을 줄창 지속한다. 소통은 단절된다. 인간관계 개선이나 회복은 기대할 수 없다. 직장은 시나브로 사람 지옥이 되어버린다. 공감능력 침식이 조직 내 괴롭힘의 근원이다.

물론 급속한 공감능력 향상은 사실 쉽지 않다. 인격 수양이 그리 쉽사리 이루어지는 것은 아니지 않은가. 그럼 어찌하란 말인가? 우선 급한 대로 다음 사례를 보며 공감 소통, 즉 공감을 표현하는 원칙을 익히자.

공감 소통의 사례

맷돌을 돌리려면 맷돌 손잡이, 즉 '어처구니'가 필요하다. 소통을 돌리는 어처구니가 바로 공감이다. 공감 없이는 어처구니 없는 엉뚱한 소통이 된다. 앞서 예를 들었다. 앓아 누워 신음하는 딸에게 군대에서 신나게 축구했던 이야기를 하는 엉뚱한 아버지 말이다. 상대의 감정을 읽어야 소통이 된다. 한마디로 소통은 공감이다.

직장에서 상하 간 소통, 가정에서 배우자 및 자녀와 소통 그리고 고객과의 소통에도 공감 우선 원칙이 중요하다. 나의 질책, 나의 지적, 나의 설명, 나의 통제 등에 앞서 상대의 고통스럽거나 침체한 감정(당혹감, 황당함, 섭섭함, 억울함, 힘듦 등)을 먼저 읽어야 한다. 이것이 원칙이다. 조금만 노력하면 '기계적'이나마 공감을 표현할 수 있다.

질책과 교육 대신 공감 우선: "놀라셨지요? 다치신 데는 없고요?"

공감능력이 지극히 부족한가? 서비스업에서 일하기는 힘들다. 금세 잘릴 터이니 말이다. 서비스의 핵심은 공감이다. 공감은 고객과의 소통에서 최우선이다. 서비스업에서는 직원들에게 공감 소통을 교육한다.

사례 23

한밤중에 고속도로를 달리던 자동차가 '푸득푸득' 하더니 급기야 멈춰 섰다. 부들부들 떨면서 허둥허둥 보험회사에 전화한다.

"아, 여, … 여보세요? 큰일 났어요! 엔진에서 막 연기가 나요!" 두서없이 마구 쏟아붓는다.

수화기 너머의 보험 상담원은 절대로 다음과 같이 응대하지 않는다.

"아이고, 깜깜한 밤에 어쩌자고 그러셨어! 쯧쯧, 그러게 좀 미리미리 점검 좀 받고 그러시지 …. 보험료 확 올라가게 생겼네요! 그런데 어디라고요? … 아이고, 이 밤에 왜 그리 멀리 가셨어!" (이런, 공감 대신 질책이다.)

이와 달리 공감 소통을 교육받은 직원은 이렇게 응대한다.

"아이고, 놀라셨지요?" (우선 공감 표현이다.)

"어디 다치신 데는 없고요?" (보살펴주는 배려다.)

"진정하시고, 걱정하지 않으셔도 돼요. 저희가 잘 처리해드릴게요." (걱정을 덜어주는 위로다.)

이런 응답을 받으면 설령 보험료가 올라가더라도, 보험회사를 절대 바꾸지 않는다.

상담 직원은 '질책과 교육 대신 공감 우선'의 원칙을 지킨다. 설령 진상 고객이 신경질을 부리고 험담해도 참는다. 이쯤 되면 공감 우선이라는 원칙의 준수는 안타깝게도 감정 노동이 되기도 한다.

설명과 변명에 앞서 공감 우선: "많이 아팠지요?"

동네 병원의 경쟁력은 어디서 나올까? 위치(location), 의사의 명성, 장비와 시설 그리고 서비스다. (가격 경쟁력은 없다.) 서비스의 핵심은 역시 공감이다.

필자가 치과에 갔었다. 신경치료 때문이다. 대기실에서 30여 분 넘게

기다리다가 인내심이 바닥났다.

"아니, 예약하고 왔는데 …. 얼마나 더 기다려야 해요?"

간호사가 나를 쳐다보지도 않고 답한다. 볼멘소리처럼 퉁명스럽다.

"우리 의사 선생님이 환자들을 꼼꼼하게 치료해서 그래요. 조금만 더 기다리세요."

드디어 치료 의자에 누웠다. 의사가 조그만 마취 주사를 들더니, 내 잇몸을 쭉 돌아가며 수차례나 콕콕 찌른다. 끔찍하게 아프다. 치과에서 아기들의 급성 심장마비가 많이 발생한다는데, 그 가짜 뉴스를 믿고 싶다. 온몸의 신경이 바짝 곤두설 정도로 아프다.

"아니, 이거 왜 이렇게 아파요?"

그러자 의사가 신나게 답한다.

"아 그건 말이지요, 치아란 게 말입니다, 겉모습은 단단하지요. 그런데 그 내부에 치수라고 부르는 게 있는데, 그게 신경과 혈관이 풍부한 연한 조직이거든요. 그 치수라는 게 치근의 끝까지 뻗어 있지요. 그래서 …."

(지금이 치의학 수업시간인가? 통증의 의학적 원인 파악이 내 목적이었나?)

감정이 거세된 과학적 답변이었다. 만약 의사가 대신 이렇게 답했으면 어땠을까? *(치과대학에서는 공감 소통을 가르치지 않는가?)*

"아이고, 많이 아프셨지요? 저희도 마취 주사 놓을 때마다 환자분들께 참 죄송할 따름입니다 …."

설명 대신 공감 우선의 원칙에 따라 이렇게 한마디로 내 고통에 공감하는 척만 했더라도, 통증의 기억은 금세 가라앉았을 텐데 …. 다음

날 잽싸게 다른 치과를 찾지는 않았을 텐데 …. 간호사가 설명 대신 공감 우선의 원칙을 실천했었다면 더 좋았을 텐데 ….

"아, 환자분, 많이 기다리셨지요. 바쁘실 텐데. 어쩌나? 차 한잔 드릴까요?"

간호사가 이렇게 '의사가 꼼꼼해서 그렇다.'라는 설명 전에 미소 띤 얼굴로 공감("어쩌나?")과 배려("차 한잔 드릴까요?")를 보내줬더라면, 치과를 바꿔버리기 전에 다시 한 번 생각해봤을 텐데 ….

설명이나 변명에 앞서 공감 우선의 원칙은 서비스의 기본이다.

자신의 상황 설명에 앞서 공감 우선: "이거 참 어쩌나요?"

"지금 가면 좌석이 있나요?"

손님이 늘 북적이는 맛집이라 한가할 듯한 시간에 전화해보았다.

"지금부터 두 시간 동안 우리 식당 휴식인데요."

흠, 점심과 저녁 사이에 정비하는 시간인가 보다. 그런데 기분이 별로다. 휴식 시간이라는 답변은 자신들 상황 설명 아닌가? 내가 그게 궁금해서 전화한 것은 아닌데. 대신 이렇게 답을 줬다면 어땠을까?

"이거 참 죄송해서 어쩌나요? 저녁때 오시면 안 될까요? 저희 지금 이 시간에 맛있는 것을 준비하고 있거든요."

아쉬워하는 상대 마음을 이렇게 알아주는 척만 했어도 좋았을 것을.

공감을 앞세운 커뮤니케이션이 귀중한 조직경쟁력이 되는 시대다. 고객을 향한 소통이건, 조직 내부 소통이건, 소통경쟁력의 핵심은 공감이다.

감동적 실수 만회:
"작은 케이크 하나를 보내드리겠습니다."

주말이면 아내가 음식 배달을 시키자고 한다. 경제가 어려워 자영업자들이 힘들어한다는 등 폐업률 데이터도 들이민다. 글쎄? 아내가 게을러졌다는 의심을 지울 수 없다. 끼적이며 배달 앱을 활용했더니 30분 만에 음식이 왔다. 가히 세계 최고 수준의 배달 시스템이다. 그런데 곧 실망했다. 돈을 내고 주문한 음료는 황당하게도 보내지 않았고, 보내지 말라고 애써 요청한 일회용 플라스틱 포크와 숟가락은 기를 쓰고 보낸 게다. 과거 리뷰를 읽어보니 이런 식의 실수가 무척 잦다.

"근데 왜 주문한 소시지는 없는 거죠? 소시지값 돌려주셔야 하는 건 아닌가요. 내 소시지 … 내 소시지 … 내 소시지 …."

"아니, 지난번에 주문한 음료가 안 와서 깜박했나 보다 생각하고 그냥 넘겼습니다. 다음에 주겠다고 해놓고 왜 거듭, 재차, 또다시 빼먹는 거지요? 쌩무시인가요?"

"뭣보다 빡치는 건 변명이에요. 가게가 바쁘고, 기계가 오류가 났고, 실수였고, 그래서 다음에는 주의하겠다고 …. 근데 그게 아니더라고요. 리뷰 살펴보니까 한두 번이 아니네요. 전혀 개선이 없어요. 주문이 꾸준히 들어오니까 대충하는 가게네요. ㅉㅉㅉ. 이러면 언젠가 망합니다."

실수를 극복하는 원칙은 네 가지다.

첫째, 앞서 언급대로, 고객이 항의하면 고객의 황당함, 실망감, 분노 등 부정적 감정에 우선 공감부터 표현해야 한다. 고객의 처지에 서본다는 이 중요한 원칙은 사실 가장 잊기 쉬운 원칙이다. 고객에게 바쁨, 실수 등 자기변명을 먼저 들이대면, "나 같은 사람에게는 바쁜 판에 실수할 수도 있다는 뜻인가?" 고객은 무시당했다는 느낌을 받게 된다. 불만은 가중된다. 고객 불만을 녹이는 수단은 적극적인 공감 소통이다.

둘째, 공감 다음 순서는 진심을 담은 사과다. 진정한 사과의 조건은 구체적인 개선책의 약속이다. 예를 들어 신문에 게재된 기업의 사과문을 읽을 때 고객의 눈동자가 가장 오래 머무는 곳이 이 개선책이라고 한다. 개선의 구체성이 곧 사과의 진정성이다. 고객은 그렇게 생각한다. "미안합니다. 앞으로 조심하겠습니다."라는 식은 사과가 아니다. 개선책의 구체성이 없기 때문이다.

셋째, 고객의 항의는 경영 개선의 계기다. 인간의 실수는 용서할 수 있다. 그러나 그런 인간의 실수를 예방하는 시스템을 만들지 못하는 경영을 고객은 용서하지는 않는다. 예를 들어 위 식당의 경우, 배달을 보내기 전에 다른 사람이 10초간 재확인하는 체계를 만들어야 한다.

넷째, 실수는 오히려 고정 고객(royal customer)을 확보할 좋은 기회다. 즉 고객의 부정적 감정에 우선 공감한 다음, 고객의 그 부정적 감정을 놀랄 정도로 긍정적인 감동 상태로 바꾸는 것이다. "죄송합니다. 지금 당장 음료수와 함께 덤으로 작은 케이크 하나를 보내 드리겠습니다." 케이크값? 케이크를 투자해서 고정 고객을 만드는 것이 중장기적으로 더 이익일 게다. 그러자면 고객을 상대하는 최일선의 직원에게 실수 만회를 위한 즉각적인 투자의사 결정 권한이 위임되어 있어야 한다.

집안의 소통에서도 공감의 중요성은 마찬가지다. 다음 사례를 살펴보자.

통제에 앞서 공감 우선: "공주 옷, 나도 갖고 싶겠네"

정답이 뭘까? 여러분도 아래의 사례를 읽고 대응책을 제시해보자. '딸내미 떼쓰기' 이야기다.

어린 딸을 데리고 백화점에 갔다. 아내의 생일 선물 구입이 목적이다. 어쩌다 길을 잘못 들어 아동복 판매장을 지나갈 참이었다.

(어이쿠, 공주님용 분홍 드레스네!)

얼른 딸내미의 시선을 온몸으로 가렸으나, 아뿔싸, 이미 늦었다. 딸

아이는 순식간에 아빠를 싹 돌아 그쪽을 향해 달려가고 있었다. 공주 드레스를 조그만 두 손으로 움켜잡더니, 글쎄 놓지 않는다. 즉각적인 충동 구매 의사가 확고하다. 달래고 을러도 소용없다. 떼쓰기다. 온몸으로 신속한 지불을 강요한다. 날강도다. 어찌해야 하는가?

이 심각한 문제의 해결책을 강연 중에 청중에게 물어봤다. 답이 다양하다.

"그런 버르장머리는 호통쳐서 현장에서 즉각 제압해야 한다."

"아니다. 참아야 한다. 엄마의 생일 선물 구입이라는 '공유한 목적의 재확인 및 설득'에 진력한다. 방법은 나도 모르겠다."

"간단하다. 내일 사주겠다고 약속하고 안 사주면 된다."

"이에는 이, 눈에는 눈이다. '안돼!' '돈 없어!' 아빠도 떼쓰면 된다."

제시된 해결책이 모두 지극히 비교육적이다. 사실 '이론적 정답'은 따로 있다. (엄청난 인내를 전제로 한 이러한 이론의 실천은 사실 힘들겠지만.)

첫째, 공감이다.

"아가, 네가 정말 갖고 싶어 하는구나. 내가 봐도 이 옷 참 예쁘다. 내가 너라도 이 옷을 갖고 싶겠네."

아이의 욕구 자체를 '너는 뭔가 잘못됐다.'라는 식으로 소리쳐서 부인한다면 아이의 건강한 자아 형성에 도움 될 일은 없다. 딸내미의 욕구 불만은 사라지지 않고 침전되어 앙금이 된다.

우선, 공감 표현이다. 욕구 불만으로 초래된 침체한 딸내미의 감정 상태를 인정해주자.

둘째, 현실 설명이다.

"그런데 미안해 우리 딸, 오늘은 엄마 선물 살 돈만 갖고 왔어."

그러자 청중 한 사람이 손을 들었다. 만약 어린 딸이, '아빠, 돈 없으면, 카드 쓰면 되잖아!'라고 주장하면 어찌해야 하느냐는 질문이었다. 그러니 처음부터 '주택 구입을 위한 범가족적 절약 생활에 너도 가족의 일원으로 동참해야 한다.'라는 식으로 이야기해야 한다는 의견이었다. 어린아이 머리로 완전한 이해는 곤란하겠지만, 뭔가 사정이 있으리라 생각하게 된단다. 딸내미 자신도 부당한 요구임을 스스로 알고 있다. 이해를 제공함으로써 출구는 마련해줘야 한다.

셋째, 사주지 않을 재간은 없다. (딸을 키워본 사람은 안다.) 그러니 협상이다.

"네가 동생을 잘 보살펴주고, 엄마도 도와주고, 그래서 일주일 동안 엄마에게 칭찬 세 번 이상 받으면 아빠가 다음에 꼭 사줄게."

결단코 '아, 떼쓰면 뭔가 내 손에 떨어진다!'라는 잘못된 경험 법칙을 딸내미 머릿속에 남길 수는 없지 않은가. '노력 없이 보상은 없다!(no pain, no gain)'라는 참교육의 기회다. 가정 교육에서도 '통제에 앞서 공감 우선'의 원칙을 지키자. (물론, 딸내미 키울 때 이런 이론이 언제나 통하는 것은 아니다. 사실 차려놓은 밥상 받듯이 손쉽지는 않다. 적용하기 힘들 때가 더 많다만, 원칙은 알아둬야 하지 않을까.)

"아빠 미워!" 아들과 달리 딸은 감정 표현을 잘한다. "아빠, 슬퍼?" 아빠의 감정도 잘 읽는다. 그래서 그런지, 딸을 키우면서 자신의 공감능력이 크게 향상됐다고 고백하는 아빠가 많다. 딸과 놀면서 배운 것이다. 특히 늦둥이 딸을 키운 사람들의 공감능력 배양 효과는 훨씬 더 크다고 한다. 애정이 관심을 낳고, 인간을 향한 관심이 공감능력을 키우는 법이다. 분명하다. 가장 훌륭한 공감능력 향상 방법은 타인에게 관심 갖기다.

사례 28

여러분의 자녀가 느닷없이 "선생님이 나만 미워해요."라고 말하면, 여러분은 어떻게 대응하는가?

"아이고, 내가 못 살아! 네 아빠 어릴 때 모습이랑 똑같구나. 네가 도대체 무슨 짓을 했길래 그런 꼴을 당했니?"

이런 피드백은 빵점이다. (1) 질책에 앞서 공감 우선 원칙을 지키자. 그리고 (2) 반성을 촉구하고 스스로 해결책을 찾게끔 유도형 질문을 잘해야 한다. 이렇게 말해보자.

"(1) 이런, 많이 화났겠구나? 선생님이 어째 그럴 수 있니! (2) …그런데 선생님이 왜 너를 미워할까?"

사실 성인군자가 아니라면 이렇게 감정을 철저히 통제하며 자녀를 키우기는 힘들다. 그런데도 노력 방향은 '공감 없이 소통도 없다!'라고 쓰인 이정표를 따라가는 것이다. '공감 우선' 원칙을 무시하고 자녀를 대하면 사춘기에 홍역을 치르게 된다. 공감능력을 유지해야만 인간관계의 재미를 느낄 수 있다.

질책, 지적, 변명, 설명, 통제에 앞서, 우선 고성능 레이더를 작동시키자. 즉 상대에게 관심을 쏘아 상대를 파악하라는 뜻이다. 그리고 공감 우선이라는 레이저를 보내 상대의 가슴속 침체한 감정을 녹이자. 이러한 노력과 습관이 공감능력 향상에 도움된다. 인간관계도 개선된다. 행복감도 더 느낄 수 있다. 그리고 고객의 만족도도 높아진다.

직장에서의 공감 소통

질책, 지적, 변명, 설명 그리고 통제에 앞서 '공감 우선'이라는 원칙을 이해했다. 공감과 감동을 주어 실수도 만회할 수 있다고 했다. 직장에서도 급한 대로 효과가 크다. 질문 몇 가지를 외우면 된다. 특히 상대의 감정 변화를 인지하는 능력이 부족한 사람에게 쓸모가 크다. 바로 위에서 '레이더 전파 보내기'라고 했다. '요즘 힘들지?' '아까 당황했지?' '마음이 아팠지?' '안타까웠지?' '얼마나 화가 났니?' 등 공감거리를 끌어내는 질문이다. 더 쉬운 비유를 들자면, 질문은 상대의 마음 문을 두드리는 노크다. 잘 모르겠으면 노크하자. 상대가 드디어 문을 열고 침체한 감정 또는 괴로워하는 모습(공감거리)을 보여준다. 이제 알아챘으니 공감 표현이 가능하다. 노크는 안 하는 것보다는 하는 것이 낫다. (제2권의 제4장 '질문의 원칙과 기술'에서 '공감거리 끌어내는 질문'을 자세히 설명한다.)

상대 마음에 노크하기

질문으로 상대의 속마음을 끄집어내면 이제 이성적 이해가 가능해진다. 공감 소통을 시작할 수 있다. 물론, 진심이 쏙 빠진 채 그냥 툭 던지는 말은 곤란하다. "요즘 어때?" 상대의 마음에 의미 있게 가닿지 않으니 하나 마나 한 말이다. "그 정도로 뭘 그렇게 기분 나빴냐?" 자칫 잘못된 노크 질문은 상대의 상처만 덧나게 할 수도 있다. 관심과 관찰 없이 진심을 표현할 수는 없는 법이다.

연습해보자. "요즘 힘들지?" 노크했다. 그러자 직장 후배가 속마음을 열었다.

"선배님, 저 직장 때려치우려고요."

"뭐라고! 야, 이 미친 놈아, 그 좋은 직장을 왜 그만두니? 요즘 일자리 구하기가 네가 생각하는 것만큼 그리 만만한 줄 알아! 정신 나갔구나!"

질책거리를 끄집어내려고 노크한 것은 아니지 않은가. 이제 독자 여러분은 대신 이렇게 말할 것이다.

"네가 많이 지쳤나 보다. 힘들지? (공감 표현이다.) 너를 누가 못살게 구니? 이유가 뭐야? (추가 질문이다.)"

당연히 공감 우선의 원칙을 지켜 응대한다. 그리고 추가 파악을 위해 질문한다. 즉 질문은 관심이다. 후배는 사직할 이유를 이미 스스로 수십 가지 이상 찾아봤을 것 아닌가. 공감 표현으로 후배의 마음 문을 열었다. 그리고 질문으로 후배의 입을 여는 것이다. 이골이 나도록 상대의 마음 문에 노크하는 습관이 여러분의 공감능력 향상에 큰 도움이 된다.

남성보다 더 큰 여성의 공감 기대 욕구

필자가 기업이나 정부 또는 대학에서 근무할 때는 여성 동료가 지금처럼 많지 않았다. (필자의 나이가 엄청나게 많은 줄 알겠다. 천만의 말씀이다. 최근 들어 여성의 경제활동 참여 속도가 바람직하게도 급증했기 때문이다.) 하지만 원칙은 안다. 직장에서 여성 동료는 '여성'이 아니라 '프로페셔널'로 대해야 한다. 성인지 감수성의 철저한 유지가 필수다. 그러나 남성보다 공감능력이 뛰어난 여성이기에 몇 가지 다른 점도 이해해야 한다. '공감 기대 욕구', '타인과의 연결감 확인 욕구' 그리고 그 기대가 충족되지 않았을 때 느끼는 '감정 변화', 즉 섭섭함의 강도가 남성보다 훨씬 크다. 모두 공감능력의 차이에서 비롯되었다.

남녀공학에서 학생들을 가르쳐본 교사들은 공통으로 말한다. 수업시간에 교사가 어떤 학생을 더 많이 쳐다보았는지 특히 여학생들이 민감하다고 말이다. 왜 그럴까? 교사와의 연결감 욕구 때문이다. 남학생들이 +3 정도의 선생님 칭찬을 원한다면, 여학생들은 +7 정도를 원한다. 그렇게 주어야 남녀 반응이 비슷해진다. 남학생들에게 −7 정도의 강한 질책을 한다면, 민감한 여학생들에게 그렇게 해서는 큰일 난다. −3 정도로 낮추어야 한다. 그래도 교정 효과는 유사해진다. 바로 '성별 차이' 때문이다.

직장에서도 동료나 부하들에게 지지적 피드백이나 교정적 피드백을 줄 때 이런 남녀의 차이를 고려해야 한다. 특히 교정적 피드백을 줄 때

신랄함의 정도를 조절하라는 뜻이다. 결과적으로 부작용 없이 남녀 간 교정적 피드백의 효과가 동등하게 나타나게 하려면 말이다. 차별인가? 아니다. 공감능력의 성별 차이가 존재한다는 사실을 인정한다면, 그 차이에 따라 달리 대응하라는 뜻이다.

남녀 차이를 잘못 이해하면 다음과 같이 엉뚱한 불평등의 결과를 초래할 수도 있다.

여성 부하를 향한 남성 상사의 관대함 문제

앞서 '질책이 무조건 다 나쁜가?'라는 주제를 논할 때 잠시 언급했다. 성인지 감수성(性認知 感受性)은 성차별(예: 여성 승진 배제 등)과 성의 불균형(예: 남성과 여성 관리자 수의 불균형 등)을 감지해내는 민감성을 뜻한다. 물론 양성평등의 기본입장에서 말이다. 예를 들어, "여자가 따라주는 술이 더 맛있지!" 여성 부하에게 술 따르기를 강요한다면, 이는 애초에 민감성이 바닥인 상사다. 교육을 받지 못한 사람이다. 성희롱 가해자로 전락하기 십상이다.

잘못 이해한 성인지 감수성 문제

한편 완전히 잘못 이해한 성인지 감수성도 문제다. 필자가 어떤 광역자치단체의 경제부지사로 근무할 때 이야기다.

보고 받는 일이 많았다. 보고를 마친 직원에게 종종 질문했다. "요즘 바쁘지요?" "과거에 무슨 업무를 했나요?" 갑자기 낯선 조직 속에 뛰어 들어간 어공(어쩌다 공무원)이니 어쩌겠는가. 직원 한 사람 한 사람 이해가 중요했다. 짤막한 면담을 수시로 했다. 면담이 끝나면 휴대전화에 직원 자녀의 이름도 기록해놓았다.

부지사실에 실장, 국장, 과장뿐 아니라 가끔 팀장(사무관)도 보고하러 들어오곤 했다. 어느 날 한 여성 팀장과 대화 중이었다. 직속 상사인 P 과장이 매겨준 근무성적 평가 결과를 도저히 받아들일 수 없다는 불만이었다. 이야기인즉슨, 옆자리의 남자 팀장들은 항상 모두 P 과장에게 혼이 났고, 반면 자신은 늘 칭찬을 받았다고 한다. 그런데 어이없게도 남자 팀장들이 더 높은 근무성적 평가 점수를 받았다는 것이다. P 과장의 성차별이 분명하다는 하소연이었다. 과장의 상급자인 국장에게는 아직 말도 못 했단다.

그날 저녁 퇴근하다가 국장 방에 들렀다. 국장이 판단하기에도 객관적으로 남자 팀장들이 더 훌륭하다는 평가였다. 며칠 후 문제의 그 P 과장이 보고하러 들어왔다. 50세가 넘은 사람이다. P 과장의 해명은 예상대로였다.

"부지사님, 곰살궂은[30] 딸 같은 애를 어찌 혼내겠습니까. 가르치긴 해야 하지만, 혼내면 제 마음도 아프고, 또 삐칠 수도 있고요. 그리고 뭔지 뒷말도 나올까 걱정되고요. 그러니 어쩌겠습니까, 좀 못해도 잘

---

30 (편집자 주) '곰살궂다'는 '성질이 부드럽고 다정하다.'라는 뜻의 순우리말.

한다, 잘한다, 칭찬해줄 수밖에 없지요. 근데 남자 놈들은 좀 세게 가르치고 나서 소주 한잔하면 되거든요. 여자라서 제가 좀 조심했던 거지요."

과연 훌륭한 성인지 감수성인가? 즉 P 과장이 '양성이 평등한 결과'를 만들어냈는가? 아닌 듯하다. 남자 부하들에게는 역량을 키울 동기를 항상 제공했다. (물론 호통치기가 적절한 동기부여 방법인지 달리 따져봐야 할 문제이지만.) 반면 여성 부하에게는 성장과 발전을 위한 자극을 전혀 주지 않은 셈이 되었다. 소통 상대의 성별에 따라 소통 내용(messages)이 질책에서 칭찬으로 널뛰며 달라질 수는 없다. 선의를 인정해주더라도, 이는 절대로 바람직한 성인지 감수성이 아니다.

이러한 오해는 가르치는 수단을 잘못 이해했기 때문이다. 왜 꼭 질책으로 가르쳐야 하는가. '최고의 교육 방법은 호통이다.'라는 '꼰대' 인식 때문에 의도치 않은 성차별이 발생했다. 여성 부하에게는 호통칠 수 없으니 교육할 수 없다는 이상한 논리다.

또한 여성 부하에게는 늘 칭찬만 하고 끝냈다는 사실도 문제다. 칭찬은 물론 훌륭한 교육 수단이다. 하지만 칭찬 하나만으로 제대로 된 교육이 이루어지는 것은 아니다. 아프겠지만, 지적도 필요하다. '지지적 피드백'과 '교정적 피드백'이라는 두 손이 마주쳐야 '바람직한 변화'라는 소리가 난다. 약이 매우 쓰다면 약 표면에 당분을 입혀야 하지 않겠는가? 당의정(糖衣錠, sugar-coated pill) 말이다. 막상 몸에 좋은 쓴 약은 안 주고 다디단 당분만 먹이면 뭐 하나? 달콤한 칭찬으로 마음 문을 열었으면 따가운 교정적 피드백을 주어야 마땅했다. (지지적 · 교정적 피드백 방법은 제3권에서 자세히 설명한다.)

평균적으로 여성의 공감능력, 특히 느끼기(feeling)는 남성에 비해 뛰어나다. 감성이 풍부하다는 뜻이다. 그러니 상사가 여성 부하에게 강도를 낮추어 −3 정도의 질책을 주더라도, 남성 부하에게 −7 정도로 세게 줬을 때와 같은 효과를 올릴 수는 있다. 그런데 아예 0 또는 +(플러스)로 조절해서 꾸지람을 전혀 하지 않았다면, 이는 배려가 아니다. 진화심리학자들이 말하는 남성의 '본능'일 뿐이다. 좀 더 깊이 살펴보자.

여성을 향한 남성의 본능적 관대함 문제

수백만 년 전 석기시대로 돌아가 보자. 우리 조상들이 보인다. 관대한 남자는 사냥에서 잡은 고기를 여자에게 나누어주며 생존을 돕는다. 인색한 남자보다 관대한 남자가 배우자로서의 가치가 더 크다. 여성에게 관대한 남자가 자웅선택을 받기에 결정적으로 유리했다.[31]

긴 진화의 시간을 거치면서 여성에게 관대한 그런 유전자가 훨씬 더 많이 번질 수 있었다. 오늘날의 남성 대부분은 그런 유전자를 물려받은 사람이다. 그래서 남성은 본능적으로 남성보다 여성에게 훨씬 관대하다. (반면 여성의 관대함은 상대의 성별 차이에 따라 크게 달라지지는 않는다.) 앞 사례에서 남성 과장은 단지 본능적으로 이성에게 관대하게 행동했을 뿐이다.

---

31 버스, 데이비드(이충호 옮김). (2012). 185쪽.

젊은 여성을 향한 남성의 호감 사기 문제

P 과장은 또한 부하가 딸로 보인다고도 했다. 그런데 이상하다. 정상적인 아버지라면 딸도 가르치지 않는가? 오냐오냐 칭찬만 하나? 전혀 교정적 피드백을 주지 않았다니, P 과장은 부하를 '딸'로 여긴 게 아니다. '여성'으로 본 것이다. 특히 '젊은 여성'으로 말이다. P 과장의 입에서 남자 부하들을 아들로 보았다는 말은 없지 않은가. 부하를 이성으로 대하는 그 위험성을 살펴보자.

남자나 여자 모두 배우자 선호 본능은 비슷한 측면을 지닌다. 지능 높고, 친절하고, 이해심 많고, 건강한 존재를 자신의 배우자로 선택하려고 한다. 그러나 덧붙여서, 여성은 독특하게도 키 큰 남자를 선호한다.[32] 남자 역시 여성에게 한 가지를 더 원한다. 바로 여성의 젊음이다. 정확히 말해 번식 가치다.[33] 젊은 여성을 선호하는, 그런 특이한 남자의 유전자가 수백만 년 동안 당연히 훨씬 더 많이 퍼질 수 있었다. 그러니 현생 남자들은 본능적으로 젊은 여성에게 끌린다. 그래서 호감을 사려고 한다. 잘 보이려고 자신도 모르게 애쓰는 것이다. 할머니 앞에서의

---

32 수백만 년간 석기시대에 남자의 큰 키는 사냥과 수렵, 채집 성공에 결정적이었다. 그런 남자를 선호하는 그런 독특한 여성 유전자의 생존확률이 훨씬 높았다. 그래서 여성의 본능이 되었다. 이 첨단 문명사회에서 남자의 큰 키는, 농구선수가 아니라면 별 쓸모가 없는데도 말이다.

33 버스, 데이비드(이충호 옮김). (2012). 229~239쪽. 이 책은 본능적으로 남성이 선호하는 여성의 특성은 정확히는 젊음 그 자체가 아니라 번식 가치라고 주장한다. 심리실험 결과가 말해준다. 남자는 나이가 들수록 자신보다 더 어린 여자를 배우자로 선호한다.(여성은 그렇지 않다.) 그런데 10대의 남자는 자신보다 나이가 조금 더 많은 여자를 배우자로 선호하는 것이다. 즉 모든 남자는 번식 가치가 높은 10대 후반~20대의 여성에게 끌리도록 진화되어온 것이다.

행동과는 전혀 다르다. 위 사례에서 P 과장은 본능에 따라 젊은 여성에게 '호감 사기' 행동을 했을 뿐이다.

물론 여성의 민감성은 이해해야 한다. 그러나 할 말을 해주지 않거나 자기계발의 자극을 주지 않는 등으로 여성을 회피한다면 성인지 감수성의 오해다. 회피보다 더 나쁜 태도는 본능에 따른 행동이다. 결과적으로 성 평등 상태를 만들어내지 못하기 때문이다. 수치심과 모욕감을 주지 않고도 능히 부하를, 여성 부하를 가르칠 수 있다. 효과적인 교정적 피드백을 익히면 된다. (거듭, 그 방법은 제3권 '직장인의 입(口) 사용법'에서 다룬다.)

남녀 간 공감능력 차이가 초래하는 사람멀미

남녀 간 지능 차이는 전혀 없다. 남녀 간 학습 능력 차이도 없다. 남녀 간 겉모습은 다르나, 이는 전혀 문제가 아니다. 하지만 엄연히 존재하는 남녀 간 평균적 공감능력의 차이는 문제다. 직장 내에서 남녀 간 소통의 어려움을 초래하기 때문이다. 심지어 끔찍한 오해까지 불러일으킨다. 거듭, 공감이란 타인의 '상태'를 자신의 것처럼 '경험'하는 것을 뜻한다. 이는 (1) 상대의 생각과 감정의 인지적(認知的) 이해와 함께 (2) 타인의 감정을 정서적(情緖的)으로 느낌으로써, '타인과의 이성적 · 감성적 연결'을 경험함을 말한다.[34]

---

34 Zahn-Waxler, C. (2000).

그러니 '타인과의 연결감 욕구'는 당연히 공감능력이 더 좋은 여성이 많을 수밖에 없다. (반면 남성은 마치 으르렁거리는 수사자처럼 자신의 사회적 위상을 확보하려는 욕망이 더 크다.) 타인과의 연결감이란 한마디로 신뢰관계에서 비롯된다. 나에게 무관심하거나, 나를 깔보는 사람을 신뢰하지는 않는다. 거꾸로 말해, 신뢰를 쌓는 효과적인 방법의 하나는 상대에게 관심, 존중감, 호감, 애정 그리고 배려를 표현하는 '관계지향적 행동'을 잘하는 것이다. 여성의 이런 성향을 이해한다면, 다음과 같은 의문은 절로 해소될 것이다.

사례 30

"요즘 여성들이 뛰어나요. 인정합니다. 꼼꼼하고 성실하고 또 맡은 것은 확실히 하고. 그런데 여성 부하들은 왜 자꾸 찾아와서 사소한 것을 물어보는지 모르겠어요. '팀장님, 이거 이렇게 하면 되겠지요?' '이 업무를 먼저 하는 게 좋을까요?' 아니, 여성들은 왜 자신이 책임을 떠안고 자신 있게 일하지 못할까요? 바쁜데 가끔은 엉뚱한 이야기도 해요. 점심 식사하셨느냐, 넥타이가 멋있는데, 누가 골랐느냐, 어제 약주 많이 하셨냐는 등. 왜 쓸데없이 사적 이야기를 종종 꺼내지요? 이거 단순히 군짓인가요? 아니면, 나에게 혹시 이성으로서 관심을 보이는 건가요?"

책임감과 자신감 부족의 문제가 결코 아니다. 상사의 의견을 계속 청취한다는 것은 상사의 권위와 견해를 존중하고, 관심과 호감(이성으로서의 관심과 호감으로 오해하면 곤란하다.)을 표현하는 관계지향적 언행 그 이상도 이하도 아니다. 타인과 끊임없는 연결감 확인을 위한 여성의 습관적 소통 방법일 뿐이다. 과업지향적 행동을 기대하는 무뚝뚝한 남성 상사가 여성의 이런 특성을 이해하지 못하니 낯설어하는 것이다. 그렇다고 여성 부하에게 그러지 말라고 할 수도 없다. 남성 고유의 특성이 없어지면 징그럽지 않겠는가? 여성의 정체성도 잘못된 것으로 여길 수는 없다. 그저 서로 다를 뿐이라고 이해하고 받아들이면 되는 거다.

"어머나, 너 참 예뻐졌다." "어떻게 이렇게 날씬해졌니?"

오랫만에 만난 여자 친구들끼리는 이렇게 대화를 연다. 옆에서 엿들은 남자가 기이하게 생각할 수도 있다. *(어떻게 저리 낯빛도 변하지 않고 거짓말을 서로 주고받을 수 있을까?)* 거짓 진술의 교환으로 볼 필요는 없다. 상대를 향한 관심, 호감 그리고 배려의 표현일 뿐이다. 애정의 눈으로 대하는 상대는 예뻐 보인다. 거꾸로 '내 눈에 네가 예뻐 보여.'라는 말은 그저 신호다. '내가 너에게 애정을 품고 있어.'라는 '소리 신호'를 보낸 것이다. 일종의 공고한 연결감 확인 의식 같은 거다. 남자들끼리 만나 "흠, 신수가 훤하군."이라고 던지는 가벼운 덕담일 뿐이다. 또는 '내 손에는 무기가 없어. 평화롭게 지내자.'라며 빈손을 내미는 악수와도 같다. 그러니 "넥타이가 멋있다."라는 칭찬에 큰 의미를 부여할 필요는 없다. 오해도 하지 말자. 그저 공감과 연결감을 중시하는 여성들이 자연스럽게 표현하는 관계지향형 언사일 뿐이다.

상대를 향한 관심, 호감 그리고 배려의 표현 외에 관계지향적 행동으로 신뢰의 연결고리를 튼실하게 하는 또 다른 소통 방법은 자기 개방(self-disclosure)이다.[35] 다섯 단계다. (1) 상투적 대화(cliché communication: "어떻게 지내?" "날씨 참 좋지요?"), (2) 사실과 약력 정보 교환(facts/biographical information: 자신의 고향, 학력, 경력 등), (3) 개인적 태도나 생각 표현(personal attitudes/ideas: "회사의 경영방침이 좀 바뀌어야 하지 않나요?"), (4) 개인적 감정 표현(personal feelings: 공감 표현 또는 "저 팀장, 왜 저러나 몰라. 기분이 엄청 나쁘네.") 그리고 (5) 신뢰의 정점 대화(peak communication: "나 연인이 생겼어." 사적인 비밀 또는 약점 이야기 등). (이는 모두 관계지향형 행동이다. 물론 과업지향형 행동을 잘해 신뢰를 얻을 수도 있다.)

타인과의 연결 강도, 즉 친밀함은 단계가 올라갈수록 단단해진다. 남성들도 물론 어느 정도 하긴 한다. 그러나 여자 친구들끼리의 대화에서 나타나는 자기 개방의 깊이와 절대량은 도저히 따라가기 힘들다. 타인과의 관계 유지에 집중하는 여성들은 어렸을 때부터, 남자애들이 칼싸움에 열중하는 동안, 사적인 비밀 이야기까지 서로 주고받기 시작한다. 습관이 되었다. 그러니 불쑥 나오는 사적 이야기에 상사인 남성 팀장이 낯설어할 만하다. '이거, 나에게 특별한 감정이 있는 거 아냐?' 오해하지 말자. 이제 이해하자. 유별난 문제가 아니다.

극단적인 문제들: 성폭력 사건

성폭력[36]은 결코 용서할 수 있는 일이 아니다. 성인지 감수성 교육이

---

35 Powell, J. (1990).

36 성폭력은 통상 다음의 9개 유형을 포함한다. 강간, 강간 미수, 준강간, 준강간 미수, 유사강간, 강제추행, 스토킹, 통신매체 이용 음란 그리고 성희롱.

중요하다. 아래 소개하는 사례는 같은 사안을 놓고도 남녀가 어찌 다르게 생각하는지 잘 보여준다. 남녀 간에 오해는 아주 쉽게 일어난다.

사례 31

"자네, 팀장이라는 사람이 부하직원이 하는 일을 제대로 살피기는 하는 거야!"

며칠 전 재수 없는 날, 상무의 끔찍한 호통을 공개적으로 들었지만, 회의 후에 그 부하에게 아무런 탓도 하지 않았다. 보고서에 수정할 내용을 다시 이야기해줬을 뿐이다. 문제의 원인 제공자인 그 부하직원이 하필 팀 내 유일한 여자이고 가장 어려 꿀꺽하고 그냥 없었던 일로 눙친[37] 것이다. 잊어버리자. 다시 가져온 보고서는 그럭저럭 훌륭했다.

그런데 요즘 이 여자애가 좀 달라졌다. 나에게 자주 눈웃음을 보낸다. 자꾸 내 자리로 와서 이것저것 시시콜콜 묻는다. 나에게 자꾸 관심을 보이는 거다. 내 오해인가? 말투나 몸짓에서 미묘한 느낌이 왔다.

오래전에 약속한 우리 팀 회식 날이었다. 퇴근해서 팀원 서너 명과 함께 음식점으로 향하는데, "팀장님~." 뒤에서 그 여자 직원이 뛰어왔다. 그러더니 내 팔에 자신의 팔을 살짝, 잠깐 끼는 것이었다. 함께 가던 팀원들이 껄껄 웃었다. "팀장님, 보기 좋네요."

(이 여자애가 남세스럽게도 이렇게 공개적으로 나에게 호감을 표시하다니 ….)

음식점에서 소주를 많이 마셨다. 직원들이 유일한 여성을 배려한

---

37 (편집자 주) '눙치다'는 '어떤 행동이나 말 따위를 문제 삼지 않고 넘기다.'라는 뜻의 순우리말.

다고 그 여자 직원을 바로 내 앞에 앉혔다. 그 애는 눈웃음을 치며 내 소주잔에 맹물을 슬쩍 채워주는 등 흡사 오래된 여친처럼 행동하는 것이었다. 2차로 노래방을 간다기에 계산만 하고 먼저 나오려고 했다. 그러나 팀원들에게 붙잡혀 몇 차례 노래도 해야 했다. 조용한 노래가 나오자 팀원들 성화에 못 이겨 그 여자애와 붙잡고 춤까지 췄다. 아주 잠시였지만 싫어하는 기색이 아니었다. 그러다가 떠들썩한 틈을 타서 몰래 빠져나왔다. 나를 지켜보고 있던 그 여자애가 얼른 따라 나와 비틀거리는 나를 부축했다. 몸이 밀착된 느낌이었다. 복도 코너가 어두웠다. 다시 비틀거리다가 삐끗해서 그 여자애와 끌어안게 되었다. 됨새[38]가 이 마당이 됐으니 자연스레 입을 맞추었다. 그 애는 내가 택시 타고 떠날 때 꾸벅 인사까지 했다.

이튿날 그 애는 평소와 다름이 없었다. 그렇게 며칠이 지났다. 모든 게 정상이었다. 인사담당 본부장의 전화 호출을 받기 전까지는 말이다. 이럴 수가 있는가! 황당했다. 그 애가 인사팀에 성폭력 신고를 했다는 것이다. 머릿속이 하얗게 변했다. 그 애는 휴가를 내고 회사에 나오지를 않는다. 만나거나 대화를 시도하지 말라는 경고는 받았지만, 그 애는 전화도 받지 않는다. 내 인생이 이렇게 끝나는가? 내 가정은? 내 아이들은? 모든 것을 잃을 판이다. 정말 억울하다. 환장하겠다.

* * *

38 (편집자 주) '됨새'는 '일이 되어가는 모양새. 사태'라는 뜻의 순우리말.

… 나는 줄곧 여학교만 다녔다. 그러다가 남자들에 둘러싸인 이 직장에서 벌써 4년째다. 환상은 이미 깨진 지 오래다. 남자들의 속 좁음, 비굴함, 거칢, 매너 없음, 공격성, 권위적 자세 등 모두 겪었다. 그런데 최근 내 눈에 들어온 팀장님은 달랐다. 내 실수 때문에 회의 중에 공개 망신을 당하고도, 나에게 아무 소리 하지 않는다. 무뚝뚝하던 팀장님이 달리 보였다. 정말 미안했고, 진심으로 존경스러웠다. 자주 찾아뵙고 대화의 상대가 돼주고 옆에 있어주는 것이 인간의 도리였다. 팀장님 앞에서는 절로 내 얼굴이 펴졌다.

내가 팀장님과 가볍게 팔짱을 낀 것이 그렇게 이상한 일인가. 나이가 열다섯 살 이상 차이가 나는 분인데 …. 죄송하다고 제대로 말하지도 못했으니, 잠깐 동안 팔짱 끼는 것으로 마음을 전달한 것뿐이다. 함께 춤추라고 독촉하는 동료들이 정말로 밉상이었다. 사실 끔찍하게 싫었다. 그러나 팀장님을 어색하게 만들 수는 없었다. 잠시 후 팀장님의 손을 놓고 몸을 틀어 빠져나왔으나, 오히려 그것이 팀장님을 민망하게 만들지 않았나 생각되었다. 술 취한 팀장님이 몰래 나가는 모습을 보았다. 걱정되어 따라 나왔다. 당연한 배려 아닌가. 그런데 팀장님이 …. 충격이었다. 짐승에게 갑자기 물린 느낌이었다. 내 몸까지 더듬었다. 소름이 돋았다. 머릿속이 하얗게 변했다. 그 당시에는 무슨 판단을 할 수도 없었다. 단지 어색한 분위기를 만들고 싶지 않았을 뿐이다.

그런데 그날 밤부터 잠잘 수 없었다. *(괜찮아, 괜찮아.)* 스스로 위로도 해봤다. 나만 입 다물면 된다는 생각도 들었다. 그러다 갑자기 분노가 치밀어 올라 벌떡 일어나기도 했다. *(그런데 이 수치스러운 사실*

이 알려지면 내 인생은 끝장 아닌가.) (아니야, 사실이 아니야. 내가 나쁜 꿈을 꿨던 거야.) 온갖 생각이 불꽃놀이 폭죽처럼 머릿속에서 번쩍이며 터졌다.

이튿날 출근은 했으나 정상 근무가 힘들었다. 사람들이 자꾸 나를 쳐다보는 듯했다. 창피해서 견딜 수가 없었다. 투명 인간이 되어 사람들의 시선에서 사라졌으면 좋겠다. 일이 손에 잡히지 않았다.

며칠째 악몽에 시달리며 잠도 자지 못했다. 모욕감도 스멀거리기 시작했다. 나의 인격을 무시하고 단지 성적 대상으로 삼다니 …. 내가 '물건'으로 전락하다니 …. *(그런데 내가 뭔가 잘못한 거 아닐까? 내 탓 아닐까?)* 밑도 끝도 없이 갑자기 눈물도 쏟았다. 사람 만나는 것도 피했다. 이러다가 폐인이 될 것 같았다. 절친을 불러냈다. 모두 털어놓았다. 그리고 며칠 후 인사담당 본부장의 전화를 받고서야 알게 되었다. 그 친구가 내 만류에도 불구하고 기어이 신고한 것이다. 어찌해야 한다는 말인가.

누가 잘못했는가? '어? 팔짱을 끼네 …. 나에게 성적 관심을 보내는 신호 아닐까?' 애초에 이런 오해를 남성에게 제공한 여성의 행위도 잘못 아니냐는 의견도 있다. 즉 여성의 관계지향적 행동 또는 존경심의 표현을 쉽사리 성적인 것으로 오해하는 남성의 본능을 이해하지 못했으니, 욕먹을 정도로 너무 순진한 여성이라는 견해다. 함께 춤추라고 부추긴 직원들이 더 나쁘다고 목소리 높이는 사람도 있다. 이 시대에 그런 사람들이 있다니 …. 집단적 감금 교육을 호되게 받아야 한다고 주장한다. 그렇다면 만류에도 불구하고 몰래 신고해버린 여고 동창 친구는 칭찬받아야 할까? 아리송하다. 백인백색의 의견이 나타날 수 있는 사안이다.

그러나 분명한 점은 상사의 성폭력은 결코 용서받을 수 없다는 사실이다. 성폭력 가해 상사의 행위가 우발적 · 충동적, 혹은 오해에서 비롯했거나 실수였다는 변명은 통하지 않는다. 폭력에 변명이 가당한가. 피해자에게 평생 마음의 상처를 남기는 끔찍한 성폭력이다.

혹시 아직도 남녀 차이를 이해할 수 없다면, 한 가지 핵심만 꼭 기억하자. 즉 공감능력이 각기 다른 남성과 여성은 서로 쉽게 오해할 수 있다. 그러니 어떠한 경우에도 '명시적인 합의' 없이 상대의 성적 자율권을 침해해서는 절대 안 된다는 점이다. 특히 남성 상사는 조심하자. 부하들은 남녀 불문하고 상사의 얼굴 앞에서는 미소와 호의와 존경을 보내곤 한다. 다음의 요점을 이해하지 못한다면 쉽사리 오해하게 된다.

남녀 간 지적 능력에는 차이가 없다. 성실성, 도덕성 등 자질 및 태도가 다르다는 과학적 근거는 전혀 없다. 따라서 성차별은 불공정하다. 그러나 두 가지가 다르다. 첫째, 눈에 보이는 신체 구조가 다르다. 둘째, 눈에 보이지 않지만 평균적 공감능력에 차이가 심하다. 여성이 훨씬 더 낫다. 그래서 여성은 공감 욕구가 크다. 공감을 주고받을 수 있는 타인과의 연결감 확보 욕구가 심한 이유다. 관계지향형 행동을 더 많이 하는 이유다. 그러니 남녀 간 언어적 · 비언어적 소통 방법이 미묘하게 다르다. 이를 이해할 때만이 성차별 또는 성폭력을 예방할 수 있다. 위 극단적인 사례에서 여러분은 그 차이를 충분히 이해했다. 이제 이 사례와 같은 불행한 사건은 충분히 예방할 수 있을 것이다.

어떻게 알아채고, 판단하고, 느끼고, 행동해야 할까? 진정한 공감능력을 어찌 회복할 수 있을까? 다음 장에서 공감의 과정을 살피며 찾아보자.

요약

지구상의 위대한 성인들은 공감능력의 중요성을 설파한다.

□ 공감능력이 '인간을 인간답게' 만드는 핵심이기 때문이다.

- '인생에서 가장 중요한 한 글자는 서(恕)다.' '같은 마음', 즉 공감이다. (공자)
- '무엇이든지 남에게 대접을 받고자 하는 대로 너희도 남을 대접하라.' (마태복음 7: 12)
- 불교의 근본 사상은 자비(慈悲)다. 비(悲)는 중생의 괴로움을 향한 깊은 이해·동정·연민의 정을 나타낸다. 남의 아픔을 나와 같이 생각하라고 가르친다.
- '타인을 불쌍히 여기는 마음이 없다면, (너는) 인간도 아니다.' (맹자)

□ 인간다운 인간이 되려면 내면의 성찰이 중요하다. 위대한 성인들은 인격 함양, 즉 공감능력 계발에 진력하라고 강조한다.

- 적어도 사람멀미와 직장 내 괴롭힘의 '잠재적 가해자' 군에서 빠져나올 수 있다.

공감의 가치=이타적 행동, 진정한 의사소통, 긴밀한 인간관계 형성

□ 공감은, 타인의 침체한 감정(슬픔 등) 또는 고통의 감정(괴로움 등)을 나 자신도 동일하게 (물론 완벽할 수는 없지만) 느끼는 인간의 특출난 본능이다.

- 그에 따라 타인을 위한 친사회적 행동(염려, 위로, 배려, 도움 등)을 발휘한다. 공감은 그래서 사회적 가치가 크다. 공감은 이타적 행동의 결정적 동기다.

□ 공감은 진정한 의사소통과 긴밀한 인간관계 형성을 가능하도록 만든다.

- 인간은 뛰어난 공감능력 덕분에 사회를 구성하고, 그 속에서 이타성을 발휘하여 서로 도우며 산다.
- 원활한 인간관계 형성 면에서, 조직의 생산성 증진 면에서, 건강한 사회 구성 측면에서 이타성을 촉발하는 공감의 가치는 절대적이다.

공감=감정이입+해결/도움 행동

□ '감정이입'+'해결 행동(배려, 위로, 도움, 자원 지원 등)'=제대로 된 '공감.'

- 감정이입은 공감의 필요조건일 뿐이다.

□ 타인의 고양된 심리상태(기쁨, 즐거움, 행복감 등)를 느꼈을 때≠'공감.'

- 결코 배려, 위로 등 친사회적 '도움 행동'이 필요한 처지가 아니기 때문이다.

공감능력=본능+가정에서 계발+사회적 경험 영향+성 차이

□ 공감능력이 뛰어난 유전자는 이타적 행동(배려, 위로, 도움 등)을 잘했다. 그래서 집단의 보호를 받아 살아남고 더욱 번식하게 되었다. 우리는 그 후손이다.

- 공감능력은 인간의 진화 속에서 강화되어 인류 공통의 독특한 본능이 되었다.

□ 이 공감본능은 가정생활에서 더욱 계발된다.

- 부모의 헌신적인 보살핌 속에서, 타인의 감정을 느끼는 '감수성'을 배운다. 그리고 빠르고 깊게 받아들이는 '민감성'을 훈련하게 된다.

□ 성인이 되어 사회생활 속에서 겪는 감정적 경험과 문화적 영향에 따라 공감능력의 크기가 달라진다.

- 방해, 협박, 무시 등의 부정적 사회 경험이 쌓이면, 잘못된 정서적 편견이 형성된다.
- 폭력적이거나 권위주의적 조직문화의 영향도 크다. 조직구성원의 공감능력을 침식시킨다.

□ 남성의 공감능력이 여성보다 선천적으로 떨어짐은 사실이다.

공감능력은 자기 책임이고, 인간의 품격을 결정하며, 상사의 자격 조건이다.

☐ 공감능력 배양은 궁극적으로 자기 책임이다. 자기 성찰과 인문학적 소양 쌓기가 중요하다.

- 공감능력 배양 여부가 결정적으로 인간의 품격, 즉 사람의 사람됨을 결정한다.

☐ 인격 함양이 극단적으로 부족한 사람이 상사가 되면 '파괴적 행동 장애'를 나타낸다.

- 즉 비사교적 또는 반사회적 행동(즉 분노 조절 장애, 타인에게 무관심, 공격성, 언어폭력, 부정적 사고, 반항성 장애 등)을 나타내기 쉽다.

☐ 공감이 전제되는 죄책감을 못 느끼니 반성이나 사과도 없다. 그러니 지속적이다. 직장 내 괴롭힘의 근원이다.

공감 소통은 인간관계와 조직경쟁력을 향상한다.

☐ 질책, 지적, 설명 그리고 통제에 앞서 '공감 우선+질문'의 원칙을 지키자.

- 기계적이나마 급한 대로 효과는 크다. 단 진심은 담겨야 한다.

☐ 상대의 마음 문을 두드리는 노크를 하여 공감거리를 끌어내자.

- 이러한 습관이 공감능력 향상에 큰 도움이 된다.

남녀가 함께 일하는 직장에서, 남녀의 공감능력 차이를 이해하자.

☐ 직장에서 여성 동료는 '여성'이 아니라 '프로페셔널'로 대해야 한다.

- 성인지 감수성의 철저한 유지가 필수다.

☐ 남성에 비해 공감능력이 뛰어난 여성이기에 '공감 기대 욕구', '타인과의 연결감 확인 욕구' 그리고 그 기대가 충족되지 않았을 때 느끼는 '감정 변화', 즉 섭섭함의 강도가 남성보다 훨씬 크다.

- 결과적으로 부작용 없이 양성이 평등한 결과를 보려면, 여성에게 교정적 피드백을 줄 때 신랄함의 정도를 조절해야 한다.

□ 남자 상사가 여성 부하를 대할 때 특히 조심해야 한다.

- 상대의 성별에 따라 소통 내용이 질책에서 칭찬으로 달라질 수는 없다. 성장을 위한 자극의 제공은 공평해야 한다.
- 여성 부하와의 소통에서 혹 여성을 향한 관대함 그리고 '호감 사기'라는 남성의 본능이 영향을 끼치지 않는지 점검해야 한다.
- 여성이 보내는 관심, 호감, 배려 등을 성적 신호로 오해해서는 곤란하다. 타인과의 연결감 욕구에서 비롯된 여성의 자연스러운 관계지향적 행동일 뿐이다.

□ 진정한 공감능력 회복이 필요하다. 다음 장에서 방법을 찾아보자.

생각하는 시간

다음 질문에 답해보자.

- □ 인간이 평생 마음에 새기고 실천해야 하는 '가장 귀중한 원칙'을 '공감'이라고 생각하는가?
  - 만약 답변이 '아니요'라면, 이 장(제3장 공감)의 처음으로 돌아가 다시 읽어보자.
  - 만약 답변이 '그렇다'라면, 그렇게 생각하는 개인적 이유 세 가지는 무엇인가?
- □ 과거의 기억에서 끄집어내 보자. 침체하였거나 고통스러운 감정 상태에 놓여 있을 때가 있었는가? 그때 타인의 공감과 도움 행동을 받았던 경험을 세 개만 찾아 자초지종과 그 당시 느낌을 글로 써보자.
  - 만약 기억의 창고 속이 텅 비어 있다면, 여러분은 '공감 침식' 상태이거나 아니면 '치매'다. 그럴 리는 없다. 끝까지 찾아보자. 공감능력 향상에 도움이 된다.
- □ 타인의 고통, 아픔, 슬픔에 공감하여 해결·복구·도움 행동을 제공한 적이 있는가? 경험 세 개를 찾아 글로 써보자.
- □ 자신의 공감능력을 어떻게 평가하는가? 타고난 본능적 능력은? 가정에서 계발된 능력은? 사회 경험과 조직문화에서 얻은 영향은?
- □ 부하 한 명을 선정하여 '그 부하의 처지'에서 다음을 생각해보자.
  - (1) 나의 업무 만족도는? ('나'는 그 부하를 말한다.) (2) 나의 주된 업무 스트레스는? (3) 나의 애로사항은? (4) 나의 불만은? (5) 나와 상사와 관계는? (6) 내가 생각하는 상사의 장단점은? (7) 나의 업무 외 스트레스는?

제1권 제3장

이 QR코드를 휴대전화의 QR코드 앱으로 인식하면 토론방으로 연결되어 여러 독자들이 남긴 소감을 접할 수 있습니다. 여러분의 느낌도 써주십시오. 이 책의 저자와 질문으로 소통할 수도 있습니다.

제4장

공감의 과정: 인지, 판단, 느낌, 행동

"인격이 완성되면, 당신의 삶에서 자연스럽게 드러나는 것은 이것이다. 그것은 매일 매일을 인생의 마지막 날이라 여기고, 그것에 합당한 생각, 말, 그리고 행동으로 사는 것이다."
— 마르쿠스 아우렐리우스(Marcus Aurelius), 『명상록』 제7권

이제 공감을 더 깊이 파고들어 가자. 공감이 어떻게 일어나는지 그 과정을 살펴본다.[1]

1. *(어? 이 친구 얼굴이 벌게졌네. 자존심이 상했군.)* 이성적 인지(noticing).
2. *(그런데 근본적으로 이 친구가 자초한 문제 아닌가? 그래도 공개석상에서 내가 너무 심했나?)* 합리성 판단(sense making).
3. *(아이고, 참 괴롭겠네.)* 감성적 느낌(feeling).
4. *(개인적으로 소주 한잔하며 달래줘야겠군.)* 해결 행동(acting).

이러한 인지, 판단, 느낌 그리고 해결 행동은 순식간에 동시에 일어나니 사실 그 명확한 구분이 아리송하고 어렵다.[2] 그렇기는 해도 개념적으로 공감의 과정을 분리해보면 많은 시사점을 얻을 수 있다. 좀 더 설명을 붙이자. 사회 속 인간에게 공감능력만큼 중요한 것이 없다고 이미 언급했다. 공감능력이 곧 인간성이라고 강조했다. 우리의 직장에서 인간성 상실 현상도 들여다보았다. 그런데 막상 '공감능력을 키우자.'라는 당위론은 너무 막연하다. 공감의 과정 중에서, 예를 들어 인지능력을 우선 계발하자는 말이 더 쉽게 와닿지 않는가. 공감의 과정을 잘게 나누어서 자세히 살펴보자.

---

1 Dutton, J. E., Workman, K. M., & Hardin, A. E. (2014). 이 논문은 심리학 및 조직심리학에서 연구한 공감의 정체와 조직에 끼치는 영향을 잘 정리했다. 공감의 프로세스를 인지(noticing), 판단(sense making), 느끼기(feeling) 그리고 해결 행동(acting)으로 구분했다. 엄밀히 말해 판단(sense making)은 전 과정에 영향을 끼친다. 필자는 이 개념적 분류를 차용했다.

2 Way, D., & Tracy, S. J. (2012). 이 논문은 호스피스 근로자를 대상으로 연구하여 공감의 과정을 recognizing, relating 그리고 reacting으로 구분했다. 이러한 과정은 사실 거의 동시에 일어나므로 구분하기가 불분명하다고 주장한다. 그런데도 여러분이 읽고 있는 이 책의 필자는 공감을 더욱 깊이 이해하기 위해 프로세스를 흡사 차례대로 진행되는 듯이 개념적으로 구분하여 설명한다.

인지→판단→느낌→행동

공감은 인지(noticing)에서 시작된다. 인지는 낌새를 '알아채기'다. 상사의 오감(시각, 청각, 촉각, 후각, 미각의 다섯 가지 감각)이 작동한다. 부하직원의 생각과 감정이 레이더망에 걸린다.

(어? 표정이 왜 저래?)

부하의 감정적 표현(우울한 표정, 눈물 등)뿐 아니다. 다음과 같은 미묘한 행동적 반응도 알아챈다.

(긴장한 모습이네!) (표정이 잔뜩 굳었군!) (달아오른 얼굴이야!)

비단 시각만이 아니다. 청각도 작용한다.

(어? 말투가 왜 이래?) (갑자기 말을 더듬네?) (아니, 갑자기 왜 말을 안 하지?)

이렇게 '오감'으로 입수한 정보를 '두뇌'로 전달해서 분석한다. 즉 인지(noticing)다. 대부분의 사람은 오감이 제대로 작동한다. 공감과 관련된 정보를 처리하는 두뇌 부위도 정상이다. 타인의 감정과 생각을 어느 정도 알아차릴 수 있다. 하지만 자세히 살펴보면 사람마다 인지능력에 큰 차이를 보인다. 심지어 인지 무능이 의심되는 사람도 있다. 왜 그럴까? 인지 무능이 공감 불능의 가장 큰 요인이다. 그 중요성만큼 인지를 조금 길게 살펴본다.

남녀 간 차이가 큰 인지능력

어떤 사람은 인지능력이 특출하다. 오감이 뛰어나게 발달한 사람이다. 눈치 빠른 정도가 아니다. 지독하게 정밀한 레이더를 장착했다. 상대의 '감정 변화'와 이를 초래한 '생각'을 귀신같이 알아챈다. 대부분 여성이다.[3] 앞 장에서 설명했듯이, 여성의 공감능력은 뛰어나다. 놀랍게도 전혀 표정이 없는 사람에게도 다가가서 공감과 격려를 표현한다.

"힘드시지요? 기운 내세요!"

무표정인데 어찌 알아채는가? 타고 난 '육감(sixth sense)' 때문이다.

이 육감은 공감에만 작용하지 않는다. 심지어 거짓말 탐지에도 작동한다. 귀신이 놀라서 곡할 정도로 인지능력이 신통하다.

거짓말 탐지에 작동하는 인지능력

남편이 밤늦게 귀가했다. 아내가 에멜무지로[4] 말마중[5]을 한다.

---

3 배런코언, 사이먼(김혜리·이승복 옮김). (2008). 여성의 공감능력이 (예외도 많으나 남자의 평균 키가 여자보다 큰 것처럼 평균적으로) 남성보다 크다는 사실을 입증했다.

4 (편집자 주) '에멜무지로'는 '결과를 바라지 아니하고, 헛일하는 셈 치고 시험 삼아 하는 모양'이라는 뜻의 순우리말. 예: 한번 에멜무지로 해본 일이 그렇게 잘될 줄은 몰랐다.

5 (편집자 주) '말마중'은 '상대방의 말을 듣기 위해 먼저 말을 꺼내는 일'이라는 뜻의 순우리말.

"요즘 왜 계속 이렇게 늦게 들어와요?"

남편의 낯빛에서 지극히 미묘한 찰나적 변화가 시각에 잡힌다. 남편 눈 밑 0.1cm 넓이의 피부 세 군데에서 0.01초간 홍조가 나타났다가 사라진 것이다. 0.001초간 순간적인 눈동자의 흔들림도 걸려든다. 아내의 의심이 시작된다.

(이 인간아, 머리만 풀어헤치지 않았지, 내가 귀신이야!)

남편은 짐짓 무덤덤하게 짤막이 대꾸한다. 그러나 아내의 청각은 남편 목소리의 미세한 떨림을 놓칠 리 없다.

(알랑똥땅 거짓말하지 마! 입술에 침이나 바르고 말해라!)

후각도 동원된다. 향수의 잔향이 낯설다. 그리고 어라? 집에서 쓰는 비누 냄새가 아니다.

(그럼 그렇지! 이 인간, 바람피우고 있구나!)

소위 육감을 가졌다는 여성이다. 사실 여섯 번째 감각은 따로 존재하는 그 무엇이 아니다. 오감이 선천적으로 특출난 상태다.

불행히도 많은 남성이 육감은 고사하고 오감 및 두뇌의 무감각이 심하다. 부하의 감정과 그 감정 변화를 초래한 생각을 읽지 못한다. 인지 능력이 떨어지니 공감이 약할 수밖에 없다.

그런데 남성이라는 원죄가 원인의 전부일까?

인간의 능력을 고스란히 닮아가는 인공지능(artificial intelligence)을 분해해보자. 인간이 어떻게 작동하는지 거꾸로 알 수 있다. 예를 들어, 운전자 없이 달리는 자율주행 자동차는 수많은 인공지능의 집합체다. 달리는 차 옆에 어린아이가 지나가면 조심한다. 어떻게 그럴 수 있을

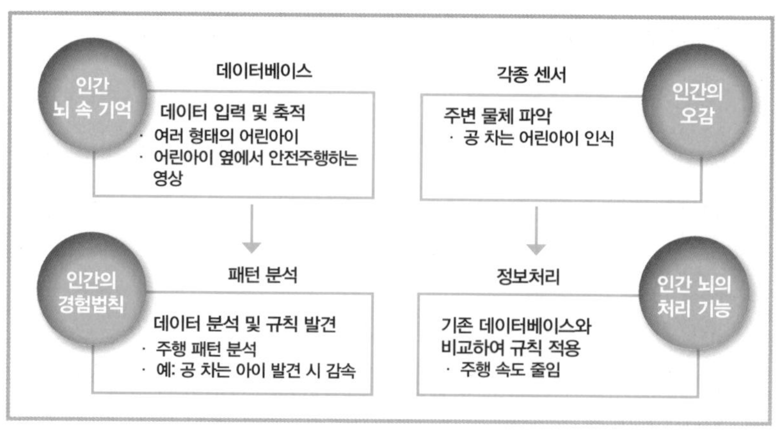

〈그림 4〉 인공지능 작동 원리

까? 쉽게 설명해보자.

첫째, (인간 뇌 속의 기억처럼) 컴퓨터에 이 세상 온갖 어린아이의 형태와 동작을 미리 입력해놓아야 한다. 또한, 어린아이가 옆에 지나갈 때 사람들이 실제로 어떻게 안전하게 운전했는지 수많은 데이터가 미리 입력되어 있어야 한다. 엄청난 양의 데이터베이스가 필요하다.

둘째, (인간의 경험 법칙과 유사한) 인공지능이 데이터를 분석해서 무수히 많은 규칙을 스스로 깨닫도록 만들어놓는다. 예를 들어, 공을 차는 아이 옆을 지나갈 때는 속도를 줄인다는 식이다. 어린아이의 팔다리 움직임이 크다면 곧 뛰어들 수도 있으니 조심한다는 등의 규칙이다.

셋째, (인간의 오감을 대신하는) 각종 센서가 작동한다. 주변을 오가는 물체들을 쉴 새 없이 파악해야 한다. 비전 센서가 차 옆을 지나가는 어린아이를 인지한다.

넷째, (인간 뇌의 처리 기능처럼) 비전 센서에 잡힌 어린아이 영상은 그 데이터베이스에 보내진다. 데이터베이스에 입력된 여러 경우의 수 중 가장 유사한 것을 찾는다. 즉 공을 차는 아이로 판단한다. 곧 규칙을 적용한다. 즉 속도를 줄이는 반응을 보이는 것이다.

만약 데이터베이스가 빈약하다면 어떻게 될까? 사고 나기 십상이다. 인공지능의 정확도는 절대적으로 두뇌에 집어넣은 데이터의 양과 질에 비례한다. (센싱, 데이터 통신 그리고 컴퓨팅의 속도는 기술적으로 큰 문제가 아니다.)

사람의 공감능력 역시 문제는 뇌의 처리 기능(아래에서 1. 뇌 장애를 설명한다.), 두뇌에 저장한 데이터의 양과 질(2. 아픔의 경험 부족, 3. 세대 간 가치관 차이) 그리고 센서 작동의 게으름(4. 상사의 관심 부족, 5. 부하의 고통 표현 자제)이다. 이와 같은 다섯 가지 인지 무능의 원인을 살펴보자. 정확히 알아야 제대로 고칠 수 있지 않을까. 우리 인간의 성능 향상 방법도 찾아본다. 직장 내 사람멀미를 해결하기 위한 처방이다.

인지 무능 원인 1:
뇌 장애와 인격 함양 노력의 게으름

자폐증 연구의 대가인 케임브리지 대학교 배런코언 교수의 말을 들어보자. 자폐증(autism) 환자는 타인의 마음을 읽는 공감능력이 몹시 부족하다. 선천적인 뇌의 문제 때문이다.[6] 일종의 발달 장애다. 자폐증의 일

6 배런코언, 사이먼(홍승효 옮김). (2013). 자폐증 환자에게 사람의 눈 사진을 보여주며 그 사람이 무엇을 생각하고 무엇을 느끼는지 추론해보라고 요구하면, 그들은 큰 어려움을 느낀다. 이때 뇌를 찍어보면 공감을 담당하는 뇌 부위에서 활동 저하를 보인다. 선천적인 뇌의 문제다.

종인 아스퍼거 증후군(Asperger syndrome) 환자는 다행히 어린 시절에 언어 발달 지연이 두드러지지 않는다. 말을 제대로 한다. 지능도 정상이다.[7] 그래서 자칫 단순한 성격 문제로 비칠 수도 있다.

아스퍼거 증후군의 인지 무능

잠시 아스퍼거 증후군 환자 홍길동의 시선으로 세상을 한번 바라보자. 홍길동은 공감능력이 무척 떨어진다. 모임에서 우연히 만난 대화 상대가 참으로 못생겼다. 홍길동은 상대의 얼굴을 빤히 들여다본다. 빗대거나 변죽을 울리지 않고 아무 거리낌 없이 지적한다.

홍길동: "참 못생겼네요!"

상대방: "헉, 아니, 뭐라고요?"

홍길동: "아, 참 지루하네! 재미없는 이야기 그만합시다!"

홍길동은 갑자기 벌떡 일어나 자리를 떠난다. 상대가 갑자기 홍길동의 등에 대고 화를 내며 공격한다.

상대방: "아니, 뭐 저런 사람이 있어! 당신 몰골은 어떤 줄 알아!"

홍길동: *(헉?)* "…."

홍길동은 멀쩡하던 상대가 갑자기 왜 감정적으로 격하게 반응하는지 전혀 갈피를 잡을 수 없다. *(나는 '상대가 못생겼고', '이야기가 지*

---

7 Baron-Cohen, S., Wheelwright, S., Skinner, R., Martin, J., & Clubley, E. (2001). 자폐증과 아스퍼거 증후군에 관한 이해의 문을 연 논문이다.

루하다.'라는 진실을 말했을 뿐인데 …. 저 사람 갑자기 왜 저래?)

홍길동은 어이가 없다. 이런 식으로 모든 사람이 홍길동에게 도깨비가 장난치듯 계속 엉뚱한 반응을 보인다. 홍길동은 도무지 종잡을 수 없다. 타인의 언행이 예측 불가능하다. 홍길동 처지에서는 주위 사람 모두가 흡사 세 살배기 어린아이 같다.

아스퍼거 증후군 환자는 공감을 담당하는 뇌 부위가 정상이 아니다. 그러니 선천적으로 공감능력이 바닥이다. 내가 이렇게 말하면 상대가 어떻게 생각할까? 기분 나빠할까? 전혀 모른다. 타인의 생각과 감정을 전혀 예측하거나 알아채지 못한다. 타인의 찡그리는 표정, 손사래 치는 몸짓, 갑자기 먼 산 보는 행동 등에 숨어 있는 의미를 이해하지 못한다. 그러니 세상이 이렇게 황당하게 보이는 것이다. 소통은 불가능하다. 당연히 정상적인 대인관계가 어렵다. 따돌림당하기 쉽다. 사회 적응이 곤란하다. 우울증도 겪는다. 타인과의 접촉 및 교류를 피한다. 즉 자신을 예측 불가능한 외부세계와 차단한다. 자신을 폐쇄하고, 관심을 한 군데로만 집중한다. 지독하다. 「레인 맨」이라는 영화에서 주인공(톰 크루즈)의 형(더스틴 호프먼)은 아스퍼거 증후군 환자다. 대인관계는 어린아이 같지만, 다행히 머리는 좋다. 집중력이 뛰어나다. 놀랍게도 두꺼운 전화번호부를 통째로 다 외운다. 그것도 순식간에.

지능이 뛰어난 아스퍼거 증후군 환자는 또한 자연현상의 패턴, 즉 반복의 규칙을 잘 찾아낸다. 공감능력 대신 체계화 능력(예를 들어, 만유인력의 법칙, $E=mc^2$ 등 자연현상의 패턴을 찾아내는 능력)이 지나치게 발달한 사람이다. 그에 걸맞도록 정교하게 조정된 뇌를 지녔기 때문이다.

(반면 대인관계나 사회적인 일에는 '반복의 규칙'이 없다고 느낀다.)

환경이 허락될 경우 수학, 물리학 등 과학에서 뛰어난 재능을 발휘하기도 한다. 진실 혹은 거짓으로 나뉘는 분야이기 때문이다. 세상을 바꾼 과학자 중에는 사실 사회적 부적응자, 즉 괴짜가 많다. 미술 등 적극적인 소통이 불필요한 예술 분야에도 나타난다. 자신을 사회와 차단하고 몰입하면서 혼자 힘으로 뛰어난 성취를 올린 경우다.

아스퍼거 증후군을 지닌 사람의 또 다른 특이한 점이다. 비록 공감능력은 0(zero)이지만, 타인을 잔인하게 대하지는 않는다. '상대가 고통스러워한다.'라는 논리적 설명을 들으면 자신도 마음 아파한다. 그리고 자신이 어떤 해결 행동을 해야 하는지 묻곤 한다. 느낌(feeling)은 온전한 것이다. 즉 정서적 공감에는 문제가 없다. 단지 타인의 생각과 감정을 인지(noticing)하지 못할 뿐이다. 오감은 정상이지만 선천적 뇌의 이상 문제 때문이다. 아인슈타인이 1922~23년 사이 중국, 일본, 스리랑카 등을 여행하며 남긴 글이 최근에 책으로 출간됐다.

"더럽고 우둔하다." "중국 여성에게 도대체 무슨 치명적인 매력이 있어서 아이를 많이 낳는지 모르겠다."

중국인, 일본인 등을 향한 비하가 심하다. 동양인들이 당연히 기분 나빠 할 텐데 …. 타인의 생각과 감정을 알아채거나 예측하지 못한다. 영국 일간지 《가디언》도 비판했다.[8]

"아인슈타인은 공감능력이 현저히 떨어지는 사람이었다."

인종차별이라는 개념이 유대인인 자신의 직접적인 경험 세계에만

---

8 《동아일보》. (2018. 6. 15.).

머물렀을 뿐이다. 다른 인종으로 확산하지 못했다. 선천적 인지 무능이 의심된다.

김 상무의 뇌 장애? 인격 함양 노력 게으름!

드디어 부하들이 의심하기 시작한다.

(그럼 그렇지! 저 김 상무님이 어쩐지 좀 괴팍하다 싶었어!)

증상이 딱 들어맞는다. 김 상무, 혹시 아스퍼거 증후군 환자가 아닐까? 부하직원의 스트레스를 조금도 인지하지 못하니 말이다. 글쎄? 따져보자. 김 상무가 혹시 자신의 상사인 전무, 부사장 또는 사장에게도 함부로 마구 대지르는가? 답해보자.

"함부로 대들다니요? 절대로 그건 아닌데요. 자신의 상사에게는 오히려 비굴할 정도로 극진히 대하지요. 사장님이 부르면, 즉각 머리를 조아리고 두 손을 모아 배꼽을 잡은 채 종종걸음으로 콩 심는 시늉을 하면서 개구리 튀김으로 잽싸게 대령하지요. 그분의 인생 좌우명은 '상사의 심기 평온함이 곧 나의 존재 이유이자 행복이다.'이에요."

그렇다면 절대로 아스퍼거 증후군 환자는 아니다. 타인(즉, 전무, 부사장, 사장)의 생각 및 감정을 인지하지 못하는 사람이 결코 아니다. 상대의 감정을 살필 줄 아는 사람이다. 또한, 김 상무는 정상적인 소통능력을 갖춘 사람이지 않은가. 인정받았으니 상무로 승진하지 않았는가. 소통과 협조가 대단히 중요한 그런 조직에서 말이다. 공감능력을 가지고 있음이 분명하다. 아마도 상대에 따라 드러내는 인격이 달라지는 이중인격이 문제일 것이다. 사실 두뇌 장애가 있는 아스퍼거 증후군 환자를 일반 조직에서 찾기는 쉽지 않다. 그런데 이 순간 필자의 강연 중에 직장인 청중들의 항의(?)가 거세다.

"강사님! 정말 그런가요? 우리 회사에 그런 사람이 많은데요. 보통의 조직에는 선천적 두뇌 장애가 의심되는 상사가 없다니, 근거가 확실한 말씀입니까!"

사실 학문적 · 통계적 근거는 없다. 필자의 경험적 관찰 결과일 뿐이다. 좋다! 백번 양보한다면, 아스퍼거 증후군 '환자'로 의학적 진단을 받을 만큼 심하지는 않지만, 인지능력이 선천적으로 좀 떨어진 사람도 있긴 있다. 대부분 남성이다.[9] (필자는 지금 자신을 의심하는 중이다.)

그런 사람도 자기 훈련이 가능하다. 민감성 유지가 첫걸음이다. 계속 생각해야 한다.

(아, 이렇게 말하면 상대가 기분 나빠하는군! 비판 전에는 반드시 칭찬부터 하는 게 훨씬 좋군! 피드백의 원칙, 외우자!)

대인관계 경험을 쌓을 때마다 노력해야 한다. 유용한 소통 법칙을 찾는 노력 말이다. 이론적 학습도 절대 필요하다. (이 책을 열심히 읽어야 할 이유다!) 단지 자신의 상사를 제외한 만만한 사람을 대할 땐 특히 조

---

9 배런코언, 사이먼(김혜리·이승복 옮김). (2008). 배런코언 교수는 여성은 일반적으로 공감화 성향이 높고 남성은 (논리적 패턴을 파악하는) 체계화 성향이 더 높다고 주장한다. 이런 남녀 차이가 문화적 편견에서 비롯한 것이 아니라, 인류가 진화과정에서 가지게 된 생물학적 특성이라고 말한다. 남녀 차이가 여러 동물에서도 공통으로 나타나기 때문이다. 가령 침팬지는 암컷보다 수컷이 경쟁적이고 위계 구조에 민감하다. 수컷 쥐는 공간 관계를 더 쉽게 이해하여 미로 학습을 더 잘한다. 주로 남자가 환자인 자폐증은 극단적인 남성의 뇌, 즉 공감 성향은 지나치게 낮지만 대신 체계화 성향은 높은 뇌 때문에 나타난다고 주장한다. 여러분 각자는 최고의 공감 능력과 극단적 자폐증 사이 어딘가에 속해 있을 것이다.

심해야 한다. 종종 본색이 드러날 수도 있다. 학습한 원칙 적용의 집중력 해이 때문이다.

좀 더 정확히 꼬집어보자. 부하에게 함부로 대하다니! 상사와 부하를 차별적으로 대하다니! 이중인격자다. 인격 수양의 문제다. 김 상무의 선천적 뇌 장애를 인지 무능의 주된 원인으로 쉽사리 인정하긴 힘들다. 약간 원인이 될 수 있다고 타협하자. 대신에 소통능력 학습 및 인격 함양 노력의 게으름은 강하게 지적당할 만하다. 상무까지 된 사람이 뇌의 문제로 인지 무능을 겪는다고? 이런 의심은 무리다. 이런 변명은 안 통한다.

인지 무능 원인 2: 아픔의 경험 부족

고통스럽게 죽어가는 사람을 보면 가슴이 아프다. 한 번도 죽어보지 않았는데 어떻게 그 고통을 느낄까? 인간은 자신이 직접 경험하지 않은 곤경에도 공감이 가능하다. 선천적 능력이기 때문이다. 그렇지만 극단적인 경험 부족은 문제다. 아픔의 경험 결핍에서 인지 무능이 비롯된다. 인공지능의 데이터베이스에 슬픔과 아픔이 전혀 들어가 있지 않은 꼴이다. 그러니 비록 오감으로 센싱을 했더라도 그게 무엇인지 어찌 알 수 있단 말인가. 프랑스 혁명 당시였다. 배고프다고 아우성치는 군중들에게 앙투아네트 왕비가 했다는 말이다.

"빵이 없으면 케이크를 먹으라고 하세요."

역사에 가장 널리 회자한 중상모략 중 하나지만, 사람들을 믿게 했다. 아무리 공감능력을 타고난 여성일지라도, 자신의 경험 세계에 전혀 없던 일에 어찌 공감이 작동할 수 있을까? 눈물 젖은 빵, 불어터진 라면, 서러운 눈칫밥을 먹어보지 않은 자, 그래서 슬픈 밤을 추위에 떨면서 흐느끼며 지새운 적이 없는 자, 힘들어하는 사람의 마음을 읽기란 어렵다. 옛말에도 홀아비가 되어 고독을 느껴봐야 과부 사정을 알아준다고 했다.

마찬가지다. 친구의 표정이 평소와 다르다.

(어? 저 친구 왜 저러지? 곧 죽을상이네!)

오감으로 제법 인지하긴 했다. 하지만 왜 그런지 이해하지 못한다. 아쉽게도 완전한 인지가 아니다. 친구의 쓰라린 실연 상태를 전혀 알아채지 못하니 말이다. 연인에게 세게 차인 경험이 한 번도 없기 때문이다. 친구의 감정 상태 추측도 불가능하다. 마음 저린 연애 소설이나 이별의 비극을 다룬 영화를 한 편도 보지 않았다면 말이다. (개인 경험의 일반화라는 오류를 무릅쓰고 말하자면, 상대적으로 남자는 이런 부류의 소설이나 영화를 잘 안 본다. 그러니 그럴 수 있다. 어? 나만 그런가?)

소설을 보면 등장인물이 왜 그런 생각과 행동을 하는지, 왜 그런 고민을 하는지 상상하고 추정하게 된다. 타인의 관점에서 삶을 바라볼 수 있는 안목이 생긴다. 간접 경험이다. 공감능력 계발의 측면에서 보자면, 비극적인 소설이 훨씬 낫다. 생각할 틈도 주지 않고 정신없이 싸우고 때려 부수고 죽이는 남성 관람용 조폭 영화나 전쟁 영화보다는 말이다.

즉 직접적 또는 간접적 경험이 극단적으로 부족한 사람이라면, 인지가 힘들다. 두뇌에 축적된 경험이 없는 탓이다. 공감이 점화되지 못한다. 삶의 의욕을 잃고 멍하니 허공만 바라보는 상대를 목격하고도 상대의 고통을 전혀 인지할 수 없을 것이다.

"야, 일어나. 술 한잔하러 가자!"

배려, 위로, 격려 등 완화 행동도 나올 수 없다.

이름을 날렸던 뛰어난 운동선수가 나중에 감독이 되면, 팀의 성적이 항상 좋을까?

"야, 13번, 너 이리 와봐! 내가 가르쳐줬잖아! 그대로 하란 말이야! 왜 못 하는 거야? 넌 뭘 잘못 먹어서 내 말을 못 알아먹는 거니? 그 쉬운 걸 왜 못 하냐고! 답답해 미치겠네! 잉? 너 표정이 왜 그래? 지금 반항하는 거야?"

계속 몰아붙인다. 뛰어난 사람이 어찌 평범한 자의 고뇌를 인지할 수 있을까? 선수 시절 유독 잘했지만, 감독이 되어 선수들 마음을 사로잡기에 실패하는 경우가 빈번하다. 대부분 이러한 인지 무능, 그로 인한 공감 표현 부족 때문이다.

옛날 어떤 영화에서 봤다. 주인공은 명문 의과대학의 저명한 교수다. 환자들의 질문에 응답은 고사하고, "시키는 대로 하세요!" 무뚝뚝하게 권위로만 대했다. 그런데 이게 웬일인가! 그 의사 자신이 어느 날 갑자기 암 진단을 받고 입원하게 되었다. 병상을 짓누르는 불안감을 스스로 경험하게 된 것이다. 비로소 뼈저린 반성을 하게 된다. 의사의 친절한 태도, 자세한 설명, 따뜻한 위로, 마음을 울리는 배려, 힘찬 격려 등을 갈구하게 되었기 때문이다. 이러한 공감에 따른 완화 및 도움 행동이 그야말로 절박한 심정의 환자에게 크나큰 극복 의지를 불러일으킨다는 사실을 알아차리게 되었다. 경험을 겪으며 비로소 의료진의 공감이 치료행위의 귀중한 일부임을 뒤늦게 깨달은 것이다. 바라건대, 의사도 한번쯤 심하게 아파봐야 한다. 아파본 경험을 겪은 사람이 명의가 된다.

타인의 감정 인지는 개인적 경험에 의존하게 된다. 그러니 공감의 정도가 다를 수밖에 없다. 직장에서도 그렇다. 부하 시절에 질책당한 적이 별로 없는 사람, 즉 뛰어난 업무 능력을 가진 상사 또는 오너는 상대적으로 부하의 곤경을 알아채기 힘들다. 솔직히 말해보자. 여러분은 스스로 뛰어난 능력을 자부하고 훌륭한 성취를 자랑하는가? 그렇다면 아픔의 경험 부족을 스스로 인정하자. 부디 미완성 인격임을 자인하자. 만약 조심하지 않는다면 부하의 곤경을 인지하지 못하는 공감 무능의 상사가 되어 사람멀미를 일으키게 된다.

좀 더 구체적으로 따져보자. 여러분은 부하들의 역량이 형편없다고 생각하는가? 그 부족함 때문에 부하들에게 자주 실망하는가? 종종 화도 내고? 좀 권위주의적이라는 평을 듣는가? 그래서 부하들이 자발적으로 접근하지 않는 상황인가? 한마디로 계속 질책하는 상사인가? 만약 그렇다면 오늘 당장 영화 한 편이라도 보자. 아무쪼록 비극으로.

슬픔과 고통의 경험이 많은 사람이 모름지기 인지능력이 좋다. 공감이 시작될 수 있다. 직접적이 아니더라도 간접적이나마 슬픔과 고통을 경험한 사람은 '인간다운 인간'이 된다. 그래서 비참한 결말을 내는 고대 그리스 비극의 가치가 크다. 셰익스피어의 햄릿 등 4대 비극의 비

통한 이야기가 높은 평가를 받는 이유다. 『톰 아저씨의 오두막(*Uncle Tom's Cabin*)』이라는 소설은 흑인 노예들의 비참한 실상을 사실적으로 묘사했다. 노예들의 고통을 뼈저리게 인식하게 했다. 당시 대박 작품이었다. 공감이 널리 퍼졌다. 바로 그 공감대 덕분이다. '노예'를 한 '인간'으로 바라보게 되었다. 노예를 해방한 진정한 공로자는 링컨이 아니라, 소설의 저자 스토(Harriet Beecher Stowe) 부인이라고 평가받기도 한다.

부하들의 불만과 고통을 인지하는 능력이 떨어진다고 자각하는가? 오늘 소설책을 한 권 집어 들자. 부디 비극으로. 간접 경험도 귀중하다. 그런 것을 읽을 시간이 정말 없다고? 그렇다면 좀더 쉬운 일을 하자. 바로 관심과 시간을 내서 부하들을 면담하는 것이다. 그들의 이야기도 비극일 공산이 크다. 부하가 비로소 한 인간으로 보이게 될 것이다.

지금까지 인지 무능의 원인으로서 뇌의 두 가지 문제를 살펴봤다. 첫째, 공감이 처리되지 않는 선천적 뇌 자체의 문제 그리고 둘째, 슬픔과 아픔의 경험 부족으로 데이터베이스가 텅 비어 있는 경우였다. 어찌 학습하고 보완해야 할지도 찾아보았다. 이제 센서의 문제를 들여다보자.

인지 무능 원인 3: 상사의 관심 부족

"연애 시절에는 안 그랬는데, 내가 아픈지 고픈지도 모르고, 결혼기념

일이나 생일도 절대 기억 못 하고, 이제 사랑한다는 말 한마디도 오글거려서 하기 어렵다니 ….”

배우자에게 이런 불만을 들어본 적이 있는가? 배우자의 절망과 한숨을 왜 인지하지 못할까? 답변이 들린다.

(잡아놓은 물고기에 떡밥을 왜 줘?)

본숭만숭 관심 부족이다. 센서 작동 스위치를 아예 꺼버린 꼴이다. 관심은 애정이다. (바꿔 말하자면, 애정의 반대말은 증오가 아니라 무관심이다.) 애정이라는 뿌리가 죽으니 관심이라는 잎새도 시들어졌다. 연애할 때는 상대의 감정 변화를 다 읽을 수 있었다. 사과도 많이 했다. 환심을 되사려는 달달한 복구 행동도 엄청 잘했다. 그러나 이제 관심이 없으니 대화도 없다. 그저 만만하다. 상대의 고충을 단 10초도 못 들어준다. (이러다 큰일 난다. 만만하다고 생각한 사람의 뒤끝이 얼마나 질긴지 뼈저리게 느낄 날이 언젠가는 온다. 결혼 생활 40년째인 필자의 조언이다.)

경영은 애정이다. 경영은 사람 관리이기 때문이다. 사실, 많은 상사가 부하의 스트레스를 인지하지 못하고 있다. 정확히 말하자면, 인지 노력을 쏟지 않고 있다. 관심 부족이 원인이다. 부하를 향한 애정 결핍 문제다. 애정? 애정은 감정이 아니다. 일을 잘하고 예쁜 짓 하는 부하에게만 애정을 주는가? 이런 조건부 애정은 진정한 애정이 아니다. 바람직한 경영도 아니다. 그렇지 않은 부하에게도 애정을 쏟아야 하니, 애정은 의지다. 노력이다. 센서의 스위치를 켜자. 애정과 관심 표현 방법은 단연코 대화다. 면담하여 부하의 애로사항, 불만, 고통 그리고 가치관을 이해하려는 의지가 중요하다. 거듭, 애정은 의지이고, 의지는 면담이다. 억울하게 뇌 장애를 의심받기 전에, 지금 당장 부하에게 전화하자.

"오늘 오후에 시간 괜찮나?"

아, 면담의 이유도 말해주는 것이 좋다. 부하가 자칫, '이분이 갑자기 왜 이러시지? 혹시 희망퇴직이 시작됐나?'라고 공연히 스트레스를 받을 수도 있으니 말이다.

인지 무능 원인 4: 세대 간 가치관 차이

심드렁한 관심 부족이 인지 무능의 한 원인이라고 했다. 하지만 관심이 지나치고 끈질겨도 문제다. 즉, 센서 기능은 활발한데, 아쉽게도 두뇌 속 데이터베이스는 전혀 업데이트가 안 된 경우다.

"결혼은 언제 하니? 그러다가 언제 애를 낳아서 언제 키우려고! 갓난애 안고 환갑잔치 하겠군. 쯧쯧."

처녀 · 총각들이 넌더리를 친다. 그런데도 명절에 모인 어른들은 아랑곳하지 않고 그악하게[10] 관심을 표한다. 이제 만혼(晩婚, late marriage)이나 비혼(非婚, remaining single)이 대수롭지 않은 시대가 되었지만, 기성세대는 정상(正常)이란 무엇인지 고정관념이 여전하다. 기성세대에게 결혼은 '조속한 자녀 생산을 위해 재우쳐야[11] 할 아주 당연하고 좋

---

10 (편집자 주) '그악하다'는 '지나치게 심하다.' '끈질기고 억척스럽다.'라는 뜻의 순우리말.

11 (편집자 주) '재우치다'는 '빨리 몰아치거나 재촉하다.'라는 뜻의 순우리말.

은 것'이라는 인식이 강하기 때문이다. 그래서 타인의 인생에 뛰어들어 간섭하며 훈계를 늘어놓는다. 어른들의 지나치고 끈질긴 관심 그리고 업데이트 안 된 구시대적 가치관의 강요 시도가 젊은 사람들에게 사람멀미를 앓게 한다. (하기 싫어 안 하나? 요즘엔 처녀, 총각들이 집안 어른을 피하게 됐다. 대한민국의 두 번째 분단이다.)

'다름'을 인정하지 못한다. 싫어하고 좋아하는 것이, 당연하고 당연하지 않은 것이, 가치의 우선순위가, 삶의 목적 자체가 시대에 따라 다르다는 사실을 모르는 것이다. 가치관 차이 때문이다. 주파수가 전혀 맞지 않는 잡음을 자꾸 쏘아대 상대를 자근자근 괴롭히는 것이다.

사례 33

중소업체에 근무하는 한 대학원생이 입에 거품을 물며 분노를 뿜어냈다. 필자의 수업을 듣는 여학생이었다. 자신이 근무하는 회사 사장의 직원 격려 방식을 도저히 못 참겠다는 탄식이었다. 종종 퇴근 시간 직전에 별안간 자기 집으로 저녁 초대를 한단다. "빠지면 안 돼!" 실장이 우두망절[12] 허둥대며 나서서, 마른하늘에 날벼락 맞은 표정의 여직원들을 독려한다. 반면, 사장은 신이 났다.

"그래, 그래, 마셔. 나 때는 엄청나게 마셨지. 너희들 평소에 마셔보지 못했을 거야. 이거, 엄청나게 비싼 포도주야. 지하실에 노래방 기계도 있어. 맘 놓고 놀아."

---

12 (편집자 주) '우두망절'은 '정신이 얼떨떨하여 어찌할 바를 모르는 모양'이라는 뜻의 순우리말.

앞서 국가인권위원회의 '직장 내 괴롭힘 실태조사' 결과를 다시 들여다보자. 직장 내 괴롭힘으로 제시한 30개 문항 중에서 20대의 청년들은 '바로 그런 게 직장 내 괴롭힘이다.'라고 30개 중 69%(20.7개) 항목을 꼽았다. 40대는 42%(12.7개)다. 나이가 많아질수록 점점 줄어, 60대는 29%(8.8개)만 뽑았다. 69% → 42% → 29%. 나이별로 '직장 내 괴롭힘' 인식 자체가 다르다.

"아니, 그런 게 왜 '직장 내 괴롭힘'이야?"

"그런 것도 못 참아? 그런 것 견디라고 월급 주는 거야!"

"나 때는 재떨이도 하늘을 날아다니는 조류(鳥類)에 속했어!"

"우리 부서 회식을 하자고 했는데 왜 날짜를 안 잡는 거야? 왜 반응이 없어? 너희들 빠지려고 그래?"

이 지시가 직장 내 괴롭힘인가? 나이 많은 상사는 세대에 따라 느끼는 고통의 종류와 강도가 다르다는 사실을 인정하지 못한다. 오히려 의아해한다.

(큰맘 먹고 거금 들여 즐겁게 놀 기회를 마련해주겠다는데, 요즘 애들은 왜 이러지?)

부하들 생각은 다르다.

(내가 왜 상사와 놀아주어야 하지? 내가 '기쁨조'란 말인가?)

가치관 차이가 인지 무능을 초래한다. 불필요하게도 지나친 관심이 사람멀미라는 고통을 일으킨다.

트렌드 분석가 김용섭이 내놓은 분석은 명쾌하다.[13] 기성세대가 회

---

13 김용섭. (2019).

식을 좋아하는 이유는 "없이 살아서"란다. 가난했던 시대에 고기와 술은 고마웠다. 반면에 풍요로운 시대를 살아온 젊은 세대는 평소 고기를 충분히 먹는다. 기성세대와 달리 신기하게(?) 술 없이도 즐겁게 놀 줄 안다. 이런 세대에게 회식 제안은 내키지 않는 일이다. 업무와 관련 없는 행사 참석 강요이니, 사생활 침해다. 지속한다면 직장 내 괴롭힘이다.

상사는 대부분 나이가 많다. 부하는 젊다. 이 나이 차에서 나타나는 가치관 충돌로 인해 부지불식간 나이 많은 상사가 직장 내 괴롭힘의 가해자가 되는 경우가 많다.[14] 인지하지 못하니 계속 괴롭힌다. 더욱이 직장 내 괴롭힘을 방지해야 할 높은 사람은 나이가 더 많다. 직장 내 괴롭힘의 존재 자체를 인지하지 못하거나, 무시하거나, 방치할 위험이 더 크다.

나는 기성세대인가? 인지 무능으로 잠재적 가해자가 될 소지가 크다. 빨리 젊은 사람들을 면담하자. (면담 방법은 제2권에서 설명한다.) 인공지능의 데이터는 새로운 것으로 빨리 업데이트해야 한다. 그들이 무엇을 싫어하고 좋아하는지 경청하기를 권한다.

"제가 가장 싫어하는 일은 말이 안 통하는 분과 이렇게 마주 앉아 대화하는 것입니다."

배알이 뒤틀리는 이런 대꾸도 각오하자. 가치관의 '다름'을 이해해야 한다. 떠나가는 연인과 변하는 가치관은 붙잡을 수 없다. 이런 마음가

---

14 서유정·이지은. (2016). 주요 가해자의 직급은 간부나 임원, 직속 상사다. 서비스업 분야의 경우 고객이 가해자인 경우도 많다.

짐을 갖춘 부하와의 대화가 인지 무능을 벗어나는 한 방법이다.

인지 무능 원인 5: 부하의 고통 표현 자제

정리하자면, 인지 무능의 원인은 (▶(1)번 선천적 두뇌 문제는 현실적으로 찾아보기 어려우니 일단 제외하자.), ▶(2) 상사의 경험 결핍, ▶(3) 부하에 관한 관심과 애정 부족 그리고 ▶(4) 상사와 부하 간 가치관의 차이라고 말했다. 흠, 또 질문이 들린다.

(아니, 필자는 왜 자꾸 (1) 선천적 두뇌 문제는 빼놓습니까?)

좋다. 우리 직장의 현실에서는 찾아보기는 힘들지만, (1) 뇌의 문제도 인지 무능을 초래할 수 있다. 그러나 선천적인 그 문제를 탓할 수는 없지 않은가? 스스로 학습하고 계발하지 않는 게으름은 물론 탓할 수 있다. 다음은 마지막으로 (5) 부하들의 고통 표현 억제 때문이다. 즉 나는 탐지하고자 레이더를 켠다. "내가 좀 심하게 말했지?" "아닙니다. 아무렇지도 않습니다. 걱정하지 마십시오!" 내가 쏜 레이더의 전파를 부하들이 깔끔하게 흡수해버린다. 상사들은 탄식한다. 부하들이 마치 스텔스 인간 같다는 것이다. 돌아오는 솔직한 전파가 없으니 진정 어떤 상태인지 알 수 없다는 하소연이다. 흔히 다음과 같은 변명이다.

"그런데요, 부하들이 그런 걸 전혀 내색하지 않는데, 내가 어찌 알아채나요? 독심술을 공부해야 하나요?"

하긴 그렇다. 상사는 쉽사리 부하에게 독설을 내뱉는다. 얼굴을 찡그리며 부하에게 자신의 상한 기분을 마음껏 표현하는 데 거리낌이 없다.

"아니, 무슨 보고가 이래? 한심하군! 넌 언제쯤 제대로 할 수 있겠나! 어? 자네 표정, 지금 그 수작이 뭐야? 지금 나한테 대드는 거야! 뭐야 이거!"

반면 부하는 통상 부정적인 표현을 삼간다. 찡그린 표정도 자칫 지적당할 수 있기 때문이다. 조폭 영화를 보자. (아, 또 남성용 영화다.) 분노를 삭이지 못한 두목이 줄 맞춰 선 부하들의 가슴팍을 난폭하게 주먹질한다. 부하들은 끝까지 차렷 자세를 유지한다. 신음은커녕 숨소리도 내지 않는다. 조금도 아픈 표정을 짓지 않는다. 두목이 '인지'하기 위해 이마빡을 쿡쿡 찌르며 '설문 조사'해도, 소리쳐 응답한다.

"아프지 않습니다! 절대로 기분 나쁘지 않습니다!"

자칫 나약하거나 반항적인 조직원으로 보이면 퇴출당하기 때문이다. 일반 조직에서도 마찬가지다.

"지금 퇴근 시간입니다. 이 많은 일을 과장님이라면 내일 아침까지 해낼 수 있겠습니까?"

이런 표현은 자신의 무능함 고백 또는 지시 거부로 보일 수 있으니 절대 삼간다.

"팀장님, 그게 지시입니까? 지시하려면 좀 똑바로 제대로 해주시지요!"

이는 자신의 이해력 부족 또는 상사 능력의 폄하로 비친다.

"왜 그런 식으로 말씀하십니까? 기분 나쁩니다! 부하도 사람입니다. 왜 이리 함부로 대하십니까!"

이건 상사의 권위를 뭉개버리는 끔찍한 반항이다. 절대 삼간다. 직위가 높아질수록 상사 앞에서 더욱 삼간다. 몸에 배어버렸기 때문이다.

그러니 상대가 스텔스처럼 숨기는데 어찌 '인지'하란 말인가? 그래도 할 수 있다.

할머니와 대화, 상상 그리고 추정

필자가 지인들과 함께 독거 노인에게 쌀 포대를 메고 갔었다. 봉사활동이었다. 그 할머니 얼굴은 해맑았다. 어떠한 곤경도 알아채기 힘들었다. 내 오감에 아무것도 잡히지 않는데 어찌 공감하란 말인가. 그러나 마주 앉아서 할머니와 자분자분[15] 이야기를 나누며 그제야 상황을 어렴풋이 이해할 수 있었다.

공감의 첫 단계인 인식은 때로는 긴밀한 대화, 상상 그리고 추정이 필요하다. 할머니는 일부러 숨긴 것은 아니지만, 내면의 직접적인 감성 표현(외롭다, 아프다, 괴롭다 등)은 전혀 하지 않았다. 그런데도 나는 그 할머니가 처한 외적 상황(찾아오지 않는 자녀들, 고독, 질병, 가난 등) 이야기를 들으며, 할머니의 외로움과 괴로움을 상상하고 추정할 수 있었다. 오랫동안 나는 그 할머니 손을 잡아주었다. 위로의 말씀도 전할 수 있었다.

설령 부하가 숨기더라도 대화, 상상 그리고 추정으로 고통을 인지할 수 있다. 부하의 표현 억제가 결코 인지 불능의 변명이 될 수는 없다.

15 (편집자 주) '자분자분'은 '성질이나 태도가 부드럽고 조용하며 찬찬한 모양'을 뜻하는 순우리말.

제4장 공감의 과정

인지능력 향상 방법

▶(1) 자신의 뇌 상태를 의심하는가? ('예, 그런데요.' 이렇게 쉽사리 자백하는 사람은 물론 없다.) ▶(2) 어려움과 고통의 경험이 부족하다고 느끼는가? ▶(3) 부하를 향한 애정과 관심이 식었음을 자인하는가? ▶(4) 세대 간 가치관 차이를 인정하는가? ▶(5) 부하들이 굳이 부정적 감정 표현을 억제한다는 사실을 알고 있는가? ▶다시 물어보자. 솔직히 인지능력 향상을 위한 학습 노력이 부족했다고 인정하는가? 인간의 품격 함양 노력에 게을렀다고 자인하는가? ▶한마디로, 나의 인지능력 부족의 원인을 이해하는가?

그렇다면 인지능력 향상 방법은 두 가지다. ▶첫째, 두뇌의 데이터베이스에 직접적 · 간접적 경험을 채우자. 비극을 접하는 것이다. 비극은 인간을 인간답게 만든다. 이 첫째가 해결의 2할이라면, 다음 둘째는 8할이다. ▶둘째, 관심이라는 센서의 스위치를 켜자. 부하를 면담하는 것이다. 부하 이해라는 데이터가 쌓일 뿐만 아니라, 부하의 어려움을 쉽게 인지할 수 있다. 공감이 시작된다. 예를 들어보자. 조상이 남긴 문화유적을 접하게 되면, 그저 '옛날 거네'라는 생각뿐이다. 시큰둥하다. 그럼 이제 문화해설사의 풍성한 설명을 귀담아들어 보자. 이해가 높아지면서 바짝 관심과 흥미가 생긴다. 아는 만큼 보이기 때문이다. 난해한 클래식 음악도 해설을 접한 후에 들으면 다르다. 아는 만큼 들리는 법이다. 관심을 켜서 부하를 알게 되면 곤경, 괴로움, 시달림, 고난, 시련, 역경, 고민, 스트레스 등 부하의 감정 변화가 보이고 들리게 된다.

즉 가장 훌륭한 인지 방법은 직접적 또는 간접적 비극의 경험이다. 동시에 상사가 관심을 높여 부하와 긴밀하게 대화하는 것이다. 오늘부터 직장에서 작심하고 면담하자. 경청하자. 상상과 추정 능력은 다 갖추고 있다. 그런데 부하에게서 듣는 이야기도 비극일 소지가 크다. 그러니 인지능력 향상 방법은 결국 딱 하나다. 부하와의 면담이다. 면담은 애정과 관심의 의지 표현이다. 즉 인간을 향한 자세가 바뀌면 공감능력이 향상된다.

이쯤 되면 '세뇌'되었으리라 믿는다. 이 책 처음부터 한 줄기 거대한 시사점이 줄기차게 반복해서 쏟아지고 있다. 즉 부하와 면담하라. (면담의 원칙과 방법은 제2권에서 다룬다.) 아는 만큼 보이고 들리기 때문이다. 이해하는 만큼 인지할 수 있다. 인지능력 향상이 사람멀미를 휘젓는 나쁜 상사에서 탈피하는 지름길이다. 아니, 이 공감의 시대에 존경받는 훌륭한 상사가 되는 디딤돌이다.

제도적 인지 방법

참고로, 인지능력 향상을 위해 다양한 제도를 갖춘 조직이 많다. 현재까지 이 세상에 나온 시스템은 불만 수렴 제도, 사무실 개방 제도, 의무 면담 제도, 360도 평가 제도, CEO와 식사 면담 제도로 나눌 수 있다. 대부분 부하를 향한 관심과 소통을 촉진하는 면담 제도다. 관심, 소통 그리고 이해가 인지 무능을 해결하는 가장 좋은 방법이기 때문이다.

최근에는 온라인 익명 게시판을 운영하는 기업도 여럿이다. 다양한 요구사항('사내 어린이집 입소권 우선순위를 개선하자.' 등)이 올라온다. 해당 부서는 실시간으로 공식 답변을 단다. 그러나 특정 상사에 대한 불만이 올라오는 경우는 드물다. 익명성이 보장된다지만, 게시자가 누구인지 비교적 쉽게 찾을 수 있으리라는 불안감 때문이다. 익명 게시판은 아쉽게도 상사의 적극적인 관심과 소통 노력을 촉진하는 효과는 크지 않기에 설명을 생략한다.

불만 수렴 제도

군대에서 시행하는 '소원 수리 제도'가 대표적인 조직적 인지 제도다. 통상, 고충의 제공자는 상급자다. 그러한 상급자를 군대에서 하급자는 회피하기가 불가능하다. 도망 다닐 수도 없고, 탈영하면 군사 경찰에게 잡혀서 도로 원위치 된다. 무단결근 또는 사표 제출도 할 수 없다. 그래서 조직의 불합리함이나 고충을 표현하기 힘들다. 그랬다가는 피할 수 없는 상급자에게 꼼짝없이 2차 피해를 감수해야 한다.

상급 부대에서 찾아와 정기적으로 익명의 설문 조사를 한다. (자대에서는 물론 누가 써냈나 찾지만.) 고충의 조직적 인지를 위해서다. 이러한 제도 자체가 고충 발생을 애당초 방지하게끔 만든다. 상급자 스스로가 평소에 관심, 소통 그리고 이해 노력을 쏟도록 촉진하기 때문이다. 사실, 기업 현장에서는 정보통신기술이 발전하며 복도에 걸린 건의함 등과 같은 오프라인 직원 불만 수렴 제도는 사라졌다.

사무실 개방 제도

상하 간에 대화를 촉진하는 제도도 많다. '사무실 개방 제도(open-door policy)'가 하나의 예다. 경영진이 사무실에 앉아 있을 때는 문을 항시 열어놓아야 한다. 닫아놓았다가는 경위서를 써야 한다. 상하 간 접근성과 소통 강화를 위해서다.

수십 년 시행해보면, 직원들은 결코 쓸데없는 일 가지고 불쑥 들어오지 않는다. 주로 세 가지 때문에 온다. (1) 불합리하게 거부당한 아이디어를 들고 온다. (2) 직속 상사에 의해 지속해서 초래되는 상사 멀미를 호소하기 위해서 온다. 그리고 (3) 사표 제출하기 직전에 마지막 희망을 품고 찾아온다.

의무 면담 제도

'의무 면담 제도'도 효과적이다. 경영진이나 고급 관리자는 예를 들어 휘하의 모든 부하직원과 일 년에 30분 이상 일대일로 만나야 한다. 업무 이외의 개인적 사안(경력관리, 교육, 애로사항 등)을 놓고 무릎을 맞대는 것이다. 만나자고 하면 부하가 의아해할 수도 있다.

"어? 저는 본부장님을 특별히 뵐 일이 없는데요?"

그래도 만나야 한다. 강제 면담 제도다. 사후에 '경영진 및 고급 관리자가 과연 경청했는가?' 등 면담 효과를 설문 조사한다. 상사가 면담의 진정성을 유지하지 않으면 안 되게끔 만든 제도다.

360도 평가 제도

많은 조직에서 '360도 평가 제도'도 시행한다. 자신의 상사뿐 아니라 동료와 부하들에게 평가받는 방식이다. 동료들에게는 주로 협조성을 평가받는다. 부하들에게는 리더십만 평가받는다.[16] 동료와 부하들의 평가 결과를 나의 상사가 모아서 소화한 후 나에게 피드백을 준다.

"너무 권위적이라서 부하들이 힘들다는 평이 많아요. 인내하면서 설득해야지 윽박지른다고 일이 되나요?"

자신도 몰랐던 부하나 동료들의 '인식'을 (설령 그것이 내가 생각하는 '사실'이 아니더라도) 인지할 수 있다. 물론, 이러한 평가로 인해 상처받는 사람도 많다. 하지만 부디 기억하자. 공감은 인지에서 출발한다. 비극적인 영화 한 편 봤다고 생각하자. 내가 악당 주인공 역을 맡은 영화 말이다.

CEO와 식사 면담 제도

가장 효과적인 방법은 최고경영자의 솔선수범이다. 필자가 대학원 시절에 읽은 한 경영 사례였다. 어떤 사장이 매주 목요일마다 무작위로 뽑은 직원 서너 명씩 자택으로 저녁 식사에 초대했다. (앞에서 거론한 어

16 부하들은 직속 상사의 리더십만 평가해야 한다. 만약 부하들이 상사의 업적이나 기타 역량(전문지식, 전략적 판단력, 경영관리능력 등)을 평가한다면 부작용이 크다. 그렇게 되면 상사는 부하들 앞에서 자신의 업적을 은연중 홍보해야 하고, 전문지식을 과시해야 한다. 사실보다는 인식을 평가하는 다면평가 결과는 단지 참고자료로 삼아야 한다. 점수화하여 평가에 반영하기는 무리다.

떤 사장처럼 퇴근 직전 갑작스러운 소집이 결코 아니다. 적어도 한 달 전 초청이다.) 그리고 경청했다. 놀라웠다. 수십 년 동안 매주 그렇게 해온다는 것이다. 그 정성스러운 경청이 일류기업이 된 비결이었다.

필자가 사장이 되어 따라 해봤다. 솔직히 집으로 저녁 초대는 언감생심이었다. 인근 식당에서 점심 식사로 했다. 지속성 유지에는 무한한 인내가 필요했다. *(내가 그 사례를 왜 읽었던고!)* 후회할 정도로 힘든 일이었으나, 효과는 컸다.

"사장님이랑 무슨 이야기 했니? 뭐 먹었니?"

임원과 간부직원이 사장과 점심을 먹고 나온 직원들을 은근히 불러서 묻는다고 한다. 이를 악물고 꾸준히 시행하니, 사내에 점차 상하 간 면담이 촉진되었다. 직원들에게 들어보니 알 수 있었다. 상사의 이른바 학대적 언행도 대폭 사라졌다. 직원 불만이 줄어들었다.[17]

최근에는 많은 경영자가 소셜 네트워크 서비스를 이용해서 직원들과 직접 소통하기도 한다. 훌륭한 방법이다. 일류기업의 조건 중 하나는 직원 불만율 '제로(zero)'라고 한다. 필자는 굳게 믿는다. 직원 불만 해결의 첫 출발점인 인지의 핵심은 관심과 대화 그리고 이해다. 이러한 상사의 인지 노력은 인재관리의 기초다. 인재관리는 일류조직의 절대 조건이다.

---

17 CEO와의 식사 면담 제도가 회사에 생기를 불러일으킨다는 사실은 분명하다. 그러나 부작용도 생길 수 있다. 면담한 직원들이 자칫 고급 스파게티 급과 샌드위치 급, 독대 급과 다수 중 한 명 급으로, 즉 CEO의 총애를 받는 직원과 무시당하는 직원으로 사내 인식이 나누어질 수도 있다. 따라서 식사 메뉴와 집단 면담에 참여하는 직원 숫자가 통일되어야 한다. 안타깝게도 제대로 이야기도 못 하고 체했다는 직원마저 발생한다.

인지 → 판단 → 느낌 → 행동

공감의 둘째 과정은 판단(sense making)이다. (사실 이 판단은 전 과정에 걸쳐 골고루 작동한다. 단지 개념 설명을 위해 두 번째인 듯 다룰 뿐이다.)

(어, 저 친구, 표정이 이상하네?)

다행히 이렇게 타인의 고통을 인지했다고 치자. 자동적으로 나도 그 고통을 함께 느끼게 될까? 그래서 발 벗고 나서서 도와주게 될까? 물론, 공감은 인간의 선천적 본능이다. 그런데 그 본능이, 대상이 누구이건 간에, 무조건 자동적으로 발현되면 어찌될까? 집안에 침입한 강도에게 주먹을 날릴 수도 없을 것이다. 매일매일이 너무나도 괴롭다. 이 넓은 세상에 온갖 불행한 사건을 겪는 애처로운 사람들 소식을 접하니 그렇게 될 것이다. 그러나 다행인 점은, 인간은 본능을 억제하는 또 다른 본능도 갖췄다는 사실이다. 인간은 '판단'한다. 공감에도 판단이 작용하는 것이다. 여러분이 만약 프로 축구팀 'FC서울'의 열성 팬이라고 하자. '수원삼성 블루윙스' 축구팀은 무찔러야 할 전통적 맞수다. 만약 꼴 보기 싫은 그 라이벌 팀의 극성 팬들이 마침 전기충격을 받는다면 어떨까? 여러분은 고통스러워하는 그 모습을 목격하면서 어떤 반응을 보이게 될까? 세상에! 기가 막히게도 실제로 그런 심리학 실험이 있었다.

축구팀 팬 전기충격 실험

사례 35

미국의 심리학자들과 스위스의 뇌신경과학자들이 함께 실험했다.[18] 두 개의 라이벌 축구팀 남성 팬들을 실험 참가자로 모았다. 각 팀의 상징 문장을 새겨 넣은 고유 색깔의 손목 밴드까지 차게 했다. 실험 참가자 중 관찰자들은 참으로 심각한 상황을 눈뜨고 지켜봐야 했다. 자신의 팀 및 라이벌 팀 팬들이 차례로 나와 전기충격을 받는 고통스러운 모습이었다. *(아니, 이런 비인간적인 실험이 가능하다니!)*

이때 전기충격을 받는 모습을 지켜보는 관찰자들에게 선택권이 주어졌다. (1) 천사처럼 자기 스스로 전기충격을 나눠 받아 상대의 고통을 절반으로 줄여주는 '도움' 선택. (2) 타인의 고통을 외면하고 돌아앉아 축구 비디오를 볼 수 있는 '회피' 선택. (3) 그리고 악마처럼 상대의 고통을 그냥 바라보는 '목격' 선택.

결과는 자기 팀의 팬들이 고통을 당할 때 관찰자들은 천사처럼 고통을 절반씩 나눠 갖는 '도움' 선택을 뚜렷이 많이 했다. 반면에 라이벌

---

18 Hein, G., Silani, G., Preuschoff, K., Batson, C. D., & Singer, T. (2010). 스위스 뇌신경학자들과 미국 심리학자들의 공동 실험이다. 실험 참여자들의 뇌를 fMRI(기능적 자기 공명 영상)로 스캔하여 타인을 돕는 사회적 행동을 불러일으키는 뇌의 작용을 조사했다. 자기 팀 팬들의 고통을 목도했을 때 공감과 연관된 뇌의 왼쪽 AI(anterior insula, 앞뇌섬엽)가 뚜렷이 활성화되었다. 반면 라이벌 팀 팬들의 고통을 보았을 때는 뇌의 오른쪽 NAcc(nucleus accumbens, 중격핵)가 활성화되면서 왼쪽 AI는 잠잠해졌다. NAcc는 보상을 받아 즐거워할 때 활성화되는, 즉 공감을 저하시키는 뇌 부위다.

팀 팬들이 전기충격을 받을 때는 악마처럼 상대의 고통을 그저 바라보는 '목격' 선택이 훨씬 많았다. '회피' 선택은 그리 큰 차이가 없었다.

위 실험의 결론은 예상대로다. 타인의 고통을 인지한다 해서, '감정이입'이 자동으로 솟구치지는 않는다는 사실이다. fMRI(기능적 자기 공명영상)가 입증했다. 관찰자들의 뇌를 촬영하여 활성화된 위치를 확인한 것이다. 자기편 사람이 전기충격을 받을 때는 공감과 연관된 뇌 부위가 활성화되었다. 고통을 함께 느끼는 공감이 작동하니, 천사처럼 고통을 반씩 나눠 갖는 '도움' 행동을 선택한 것이다.

반면 라이벌 팬들이 전기충격 받는 모습을 목격할 때에는 달랐다. 공감을 저하하는 뇌 부위가 활성화되는 현상이 사진에 찍혔다. 오히려 즐거움을 느끼니, 악마처럼 '목격' 선택이 가능했을 것이다. 똑같은 고통을 두 눈으로 인지하더라도, 일어나는 공감의 강약에는 '판단(sense making)'이 작용한다는 사실이 과학적으로 입증되었다.

공감은 무조건적이고 자동적인 감정이 결코 아니다. 여러 가지 판단이 작용하는 복잡한 감정인 것이다.

여러분도 기억의 창고 속을 뒤져보자. 분명 유사한 경험을 찾을 수 있다. 예를 들어, 본부장에게 혼나고 온 친한 동료가 씩씩거리면, 나도 옆에 앉아 진심으로 같이 분노했다. 흡사 나라 잃은 국민처럼 말이다. 그러나 그 본부장이 사장에게 불려가 꾸중 들었다는 소식을 들었을 때는 독립 만세를 부르고 싶을 정도로 통쾌하지 않았던가.

폭행 사건 가해자에게 공감할 수 있을까?

필자가 사장일 때다. 아침에 출근하자마자 기다리던 인사본부장이 보고했다. 박 팀장, 그 술고래가 또다시 사고를 친 것이다. 전날 저녁 술자리에서 벌어진 폭행 사건이었다. 술 취한 박 팀장이 "너 건방 떨지 마!" 하면서 손을 조금 뻗었을 뿐인데, 박 팀장의 증언에 따르면 부하 직원 앞니 하나가 왠지 모르게 부러져 버렸으니 어쩌겠냐는 것이다. 경을 칠 패악질이었다. 지속하는 술버릇이다. 그 직원의 부모가 격노해서 경찰에 신고했단다.

잠시 후 문제의 박 팀장이 두리두리 눈치를 살피며 조심스레 사장실에 들어섰다. 머리를 푹 수그리고 처연한 어조로 같은 말만 녹음기처럼 되뇌었다.

"죄송합니다, 죄송합니다."

찌그러진 얼굴은 섣달 찬바람에 얼어붙은 꼴이었다. 손으로 계속 자기 팔을 쓰다듬었다. 후회, 자기혐오 그리고 미래에 대한 불안감이 주눅이 든 온몸에 드러났다. 나는 말대꾸도 하지 않았다. 과거 여러 차례 지적한 충고와 협박을 반복하고 싶지도 않았다. 서류만 들여다봤다. 오랫동안 그랬다. 냉기가 싸한 분위기가 뻘쭘했는지 박 팀장은 잠시 대못에 박힌 듯 갈피를 못 잡고 서 있다가 90도로 인사하고 조심스레 나갔다.

박 팀장의 심적 고통을 충분히 인지하긴 했다. 그런데 나는 인간다운 '인간'이 아니란 말인가? 어째서 나에게는 '박 팀장이 참 딱하게 됐구나, 애처롭다.'라는 정서적 공감이 폭행당한 그 직원을 향한 공감만큼 생기지 않았을까? '도와줘야지.'라는 생각이 왜 조금도 일어나지 않았을까? 오히려 왜 부아가 잔뜩 끓어올랐을까? 왜 대화를 피했을까?

정상적인 인간이라면 결코 기름지고 달콤한 음식을 한없이 마구 먹지 않는다. 열량 높은 음식을 좋아하는 인간의 본능에도 불구하고 말이다.[19] 인간은 '판단'한다. 그래서 본능을 자제한다. 공감 역시 인간의 본능임에도, 그 발현 정도는 '판단'에 좌우된다.

---

19 농업은 약 1만 년 전에야 시작되었다. 과거 수백만 년간 인류는 먹이 구하기가 쉽지 않았다. 굶기가 다반사였다. 그런 극악한 환경 속에서 오직 열량 높은 먹이를 특별히 좋아하는 특이한 유전자만 살아남을 수 있었다. 현생 인류는 그 후손들이다. 그래서 다이어트가 필요한 이 풍요로운 시대에도 다디단 음식을 좋아한다. 문화적 차이에도 불구하고 인간이 공통으로 지닌 본능이다.

공감 발현을 억제하는 세 가지 판단 기준

사회심리학, 조직행동학, 진화심리학 그리고 뇌신경학 연구자들이 밝혔다. 곤경에 빠진 타인을 향한 본능적 공감은 다음의 세 가지 '판단'이 억제한다.[20,21] (1) '너'의 자격, (2) '나'의 역량 그리고 (3) '너와 나'의 관계. 자세히 따져보자.

첫째 판단 기준: 너(상대)

첫째는 괴로움에 처한 '상대의 자격' 판단이다. 예를 들어보자. 친구의 아내가 찾아왔다. 남편이 바람을 피웠다고 울부짖는다.

(아니, 자신도 남편 몰래 엄청나게 바람피웠으면서 ….)

그 여인의 아픔에 공감이 일어날까? 자격이 없다는 판단이 공감 발현을 억제한다.

(박 팀장, 저 인간이 과연 도움받을 자격이 있는가? 전적으로 자기 잘못 아닌가? 폭행범이야.)

만약 부하가 평소 품성이 훌륭하고, 신뢰할 수 있고, 협조적이고 그

---

20 Atkins, P. W., & Parker, S. K. (2012). 공감의 과정에서 작용하는 '판단'의 세 가지 기준을 필자가 차용했다.

21 Goetz, J. L., Keltner, D., & Simon-Thomas, E. (2010). 이 논문은 집단 속 인간의 상호 협력과 약자 보호를 촉진하는 기능을 맡은 공감능력 덕에 인간의 생존이 가능했다고 주장한다. 그러나 공감은 무조건적이 아니다. 상대가 공감받을 자격을 갖췄는가? 이러한 조건 판단이 수반되는 복잡한 감정이라고 강조한다.

리고 이타적이었다면, 상사는 설령 부하의 실수가 분명하더라도, 그런 부하는 도움받을 자격이 있다고 판단한다. 그럴 때만 상사의 공감이 작동한다. (그러니 평소 잘해야 한다. 그래야만 뭔가 잘못했을 때 상사의 공감 대상이 될 '자격' 획득이 가능하다.)

짚고 넘어갈 사실이 있다. 상대의 자격을 판단할 때 종종 우리의 '편견'이 작용한다는 점이다. 따져보자. 아니, 라이벌 축구팀을 왜 도와줘야 하나? 오히려 무찔러야 할 적수다. 고대에는 이웃 집단 사람들과 돌도끼를 휘두르며 싸웠지만, 요즘 들어서는 대표선수를 내세워 공 갖고 싸운다. 돌도끼가 공으로 대체됐을 뿐이다. 죽느냐 사느냐, 똑같은 전쟁이다. 그들은 쳐부술 적이다. 저놈들은 반칙을 일삼는 저열한 놈들이다. 인간의 탈을 쓴 잔인하고 저급한 동물들이다. 적을 상대하며 이렇듯 우리의 집단사고는 쉽사리 편견을 낳는다. 공감이 발현될 이유가 없다. 오히려 라이벌 축구팀의 팬들이 돌도끼에 맞아 고통스러워하는 모습을 편하게 지켜볼 수 있는 '기회'다. 죄책감을 조금도 느끼지 않고 말이다.

우리의 뇌는 그렇게 진화됐다. 집단에 도움이 되는 '친사회적' 사람을 도와주는 유전자가 많을수록 집단의 생존에 훨씬 유리했다. '적'과 '반사회적' 구성원을 도태시키지 못한 집단은 극악한 환경 속에서 생존이 힘들었다. 우리는 생존한 집단의 후손들이다. 공감이 본능이듯, '도와줄 가치 있는 사람'만을 더 많이 도와주려는 (즉, 공감 발현을 억제하는) '상대의 자격' 판단 역시 인간의 본능이 된 것이다.

둘째 판단 기준: 나 자신

둘째는 '나 자신의 역량'에 관한 판단이다.

(내가 나서서 과연 문제를 해결할 수 있을까?)

자기 효능감 판단이다. 우리 편 사람이 전기충격을 받을 때, 그 고통을 반으로 덜어줄 수 있다는 '내 가용한 역량' 판단 때문이다. 공감과 해결 행동을 택하게 만든다.

(내가 더는 박 팀장을 도와줄 게 없잖아. 내가 그렇게 훈계했는데 …. 또 잔소리해봤자 소용없지. 그리고 폭행범을 돕는다고? 내가 예수 그리스도는 아니잖아.)

박 팀장이 이 곤란한 상황을 헤쳐나갈 수 있도록 현실적으로 내가 도울 방법이 없기 때문이다. 더구나 이번에 도와준들 또 그럴 테니 말이다. 내 도움이 무의미하다. 오히려 분노가 일어난다. 그리고 회피하게 된다. 그런데 따져보자. 회피는 왜 할까? 만약 길거리에서 비참한 모습의 거지가 구걸하는 모습을 보았다고 하자.

(내가 동전 한 닢 준다 해서 이 비참한 사회 현상이 해결되지는 않을 텐데 ….)

불편하고 거북하고 찝찝하고 언짢은 현상을 소화하기 어렵다. 그러니 내 눈에 들어온 그 정보를 부인하고 외면한다. 짐짓 눈을 돌려 회피한다. 내 마음속에 들어찰 불편함을 피하는 선택이다. 오히려 이 사회 현상에 분노가 솟는다. 내 역량으로 해결할 수 없는 사회문제라고 변명을 내세우며, 나의 공감 발현을 억제한다. 그리고 조금 후에 후회한다. *(그래도 돈을 조금 줄걸 ….)* 불편함이 줄기차게 따라오기 때문이다. 이렇게 공감 발현 억제에 실패하기도 하지만, 사람들은 종종 회피, 부인, 외면을 선택한다. 내가 해결하거나 도울 수 없는 무력하고 부질없는 상황인데, 공감이 촉발되어 내가 괴로워지는 그런 감정 상태를 피하고 싶기 때문이다. "내가 해줄 수 있는 게 없잖아." 이것이 두 번째 판단 기준이다.

셋째 판단 기준: 너(상대)와 나

셋째로 '상대와 나의 관계 또는 거리(distance)'가 판단에 작용한다. 아래 사진은 파도에 밀려온 세 살배기 아기다. 보트로 탈출하다가 죽은 시리아 난민이다. 가슴이 먹먹하다. 얼른 눈을 돌린다. 회피다. 그런데 마침 어린 내 딸이 무릎을 다쳐 피를 조금 흘리면서 집에 들어선다. '아이고, 아프지?' 마음이 먹먹할 정도가 아니다. 공감의 정도가 다르다.

나와의 관계가 다르기 때문이다.[22]

(곤경에 처한 저 사람이 나와 어느 정도 가까운가?)

공감의 강약 조절 스위치는 무의식적으로 이 밀접성의 기준에 따라 작동한다.

라이벌 축구팀은 적수다. 돌도끼를 들고 덤벼드는 그들의 비열한 신념을 나는 안다. 우리 팀을 절멸시키자는 것이다. 품성은 저급하다. 가치관은 저열하다.

(나와 유사한 신념, 성품, 가치관을 가진 사람인가?) 이러한 판단 때문이다. 무찔러야 할 적군의 고통을 인지했더라도 나에게 공감은 일어나지 않는다.[23]

마찬가지다. 나와 박 팀장의 관계다. 만약 박 팀장이 유능했다면, 내가 그 정도로 냉담하지는 않았을지도 모른다. 박 팀장은 그런 사람이 아니었다. 알코올 중독자 같았다. 늘 오전 내내 멍한 상태였다. 결코, 나에게 도움 되는, 회사의 목표 달성에 절실한 인재가 아니었다.

---

22 나와 상대의 관계는 종종 '거리'가 결정한다. ▶시리아 난민과는 '공간적 거리'가 멀다. ▶상류층 사람이 가난한 사람에게 공감하기 어렵다. 경험 부족도 이유겠지만 '사회적 거리'가 멀기 때문이다. ▶정부의 부채가 급증하면 우리의 손자, 증손자가 경제적 고통을 당하리라는 사실을 알면서도 공감이 크게 촉발되지는 않는다. '시간적 거리'가 너무 멀기 때문이다. ▶'신념과 가치관의 거리'도 물론 작용한다.

23 배런코언, 사이먼(홍승효 옮김). (2013). 저자는 공감을 침식시키는 요소를 다음과 같이 밝혔다. ▶쓰디쓴 분노, ▶복수의 열망, ▶눈먼 증오, ▶방어 욕구, ▶특정한 믿음(예를 들어, 유대인은 인간으로 대접받을 가치가 없다는 나치의 믿음), ▶확고한 목적(조국을 지키기 위해 적을 죽여야 한다.), ▶의도(직원 정리 해고), ▶공포나 권위에 복종(실험의 신뢰성 의심은 받지만, 예일 대학교 스탠리 밀그램의 실험에서 참가자들은 흰 가운을 입은 남자의 지시에 따라 다른 사람을 기꺼이 감전시켰다.), ▶관습에 순응(필립 짐바르도의 스탠퍼드 감옥 실험에서 간수 역할을 배당받은 학생들은 곧 공격적으로 행동하기 시작했다.) 이 모두 ▶나 자신, ▶상대 그리고 ▶나와 상대의 관계로 분류할 수 있다.

공감본능 발현을 억제하는 판단 본능

(아이고, 어쩌나, 아프겠다!)

내 돌도끼에 맞아 고통스러워하는 적군을 바라보며, 그 적에게 한없는 공감이 발현되면 어떻게 될까? 울부짖는 그 적을 보살펴주느라 계속 싸울 생각을 하지 않는다면, 무슨 일이 벌어질까? 아무에게나 무조건 무한한 공감이 발현되는 유전자는 이미 구석기 시대에 적의 돌도끼에 맞아 죽어 멸종해버렸을 것이다. 타인의 고통을 인지하더라도, 나와 관계가 없는 사람이라면, 공감을 억제하는 '판단' 역시 생존 본능으로 진화된 것이다.

거듭, 공감과 관련된 '판단'은 상대("저 사람이 도움받을 자격이 있나?"), 나("내가 도울 수 있나?") 그리고 상대와 나와의 관계("밀접한가?")에 관한 판단이다. 그렇게 따져보니 안심이 된다. 박 팀장에게 냉담했던 필자도 이제 그렇게 심하게 자책할 필요는 없을 듯하다. 나 역시 본능을 억제하는 또 다른 본능을 지닌 인간다운 인간 아닌가? 그런 변명에도 불구하고 한 가지 남은 문제가 있다. 바로 '심리적 유연성'이다.

인격의 깊이: 심리적 유연성

박 팀장은 사표를 내지 않고 버텼다. 대신 용빼는 재주를 부려 피해

직원과 합의를 이뤄냈다. 피해자 부모까지 찾아가 무릎에 멍이 들 정도로 날래게 넙죽 꿇어 엎드려 손가락 지문이 죄다 닳도록 싹싹 빌었다고 한다. 피해 보상 합의를 이룬 덕에 경찰 수사는 불기소 건의 처분으로 마무리됐다. 그 과정에서 고난이 참으로 호되었나 보다. 매일 마시던 술도 딱 소리 나게 끊었다. 탁했던 박 팀장의 머리가 맑아진 모양이다. 실적도 부쩍 올라갔다. 내가 뒤늦게 칭찬하지 않을 수 없었다. 수년 후 글쎄 우수 팀장이 되어 상까지 받았다.

그 당시 내 '판단'이 결코 틀린 것은 아니었다. 폭행죄로 형사 처벌을 받아 마땅한 사람이니 말이다. 그렇지만 사건 이후 개과천선 여부는 따로 떼어놓더라도, 가끔 돌이켜 보면 내가 반성하지 않을 수 없다. 정녕 '죄인'에게는 공감을 주면 안 되는가? '판단'을 좀 억제할 것을. 내가 비록 성인군자는 아니지만, 아무리 몹쓸 죄를 저지른 사람이더라도 조금 돕기 위해 노력을 쏟을 것을 …. 인격 수양의 문제였다.

정현종 시인도 후회가 많았나 보다. 「모든 순간이 꽃봉오리인 것을」이라는 시를 노래했다.

> "… 더 열심히 그 순간을 사랑할 것을 …. / 모든 순간이 다아 / 꽃봉오리인 것을, / 내 열심에 따라 피어날 / 꽃봉오리인 것을!"

인간은 '경직된 심리'와 '유연한 심리' 사이의 어딘가에 속해 있다. 저쪽, 경직된 심리 쪽에는 열등의식을 가진 사람이 보인다. 심리가 위축되어 닫혀 있다. 쉽게 상처를 받는다. 사소한 일인데도 쉽사리 자신을 향한 공격으로 해석한다. 너그럽지 못하다. 말본새가 늘 삐뚜름하다. 조금 남은 자존심 방어를 위해, 불쑥불쑥 과할 정도의 공격성을 드러내기도 한다.

반면 반대쪽에는 '심리적 유연성'이라는 축복받은 성품이 보인다. 개방적이다. 자신감을 갖췄으니 상대를 낮출 이유가 없다. 그러니 상대의 행동을 심판하는 경향이 덜하다. 소통의 내용은 옹골져도 말투는 늘 순하다. 타인의 행위에 너그럽다. 침묵과 무시로써 상대를 모욕하지도 않는다. 포용한다. 설령 부하직원의 앞니를 부러뜨린 폭력 범죄자라도 말이다. 나는 반성해야 한다. 어떠한 상황과 조건에서도 타인에게 인간적 관심을 기울여줘야 인간다운 인간 아닌가? 심리적 유연성을 지닌 사람이 공감능력을 더욱 잘 발휘한다.[24] 그래서 헌신적으로 이타적 행동을 잘한다.

맞는 말이다. 깊은 물은 소리 내지 않는다. 인격이 깊을수록 공감을 억제하는 '판단'이 냅다 호통치지 않는다. 거듭, 판단(sense making)의 세 가지 요소는 너, 나, 그리고 너와 나의 관계라고 했다. 능히, 판단의 네 번째 요소는 인격의 깊이다. '인격'과 '이타성'은 비례한다. 인격이 완성될수록, 타인을 향한 잔인함의 강도와 빈도는 줄어든다.

'인격'은 주변을 돌아보는 '정신적 여유'와 또한 비례한다. 곳간에서

24 Atkins, P. W., & Parker, S. K. (2012). 이 논문은 상사의 심리적 유연성(psychological flexibility)을 중요시했다. 심리적 유연성을 품은 상사는 스트레스를 덜 받는다. 그래서 자신의 감정보다는 상대의 감정을 살펴줄 여유를 보인다. 또한, 방어 심리를 벗어날 수 있다. 그러기에 부하의 곤경에 공감과 해결 행동을 적극적으로 보여준다.

인심 난다고 했다. 곳간을 채워야 한다. 정신적 여유로 말이다. 참선, 다도, 독서, 산책도 좋다. 운동이나 취미활동도 큰 도움이 된다. 일기 쓰기라는 자기 수양의 효과는 입증되어 있다. 만약 허물없이 너나들이하며 지내는 친구가 있다면 그 친구와의 수다도 괜찮다.

인지 → 판단 → 느낌 → 행동

공감의 세 번째 단계는 느끼기(feeling)다. 제2차 세계대전 당시 나치는 600만 명이나 되는 유대인을 어찌 잔혹하게 살해할 수 있었을까? 나치도 인간이었을 터인데, 울부짖는 그들을 바라보면서 아무런 감정도 못 느꼈다는 말인가? 앞에서 언급한 판단(sense making)이 집단적으로 잘못 세뇌되어 느끼기(feeling)를 억제했음이 분명하다. '정상적인 인간'이라면 느낀다. 물론 판단을 거쳐 강도는 조절되지만, 타인의 곤경, 고통, 슬픔 등을 자신의 감정처럼 느낄 수 있다.

공감능력 결여,
아스퍼거 증후군과 사이코패스의 차이

앞에서 아스퍼거 증후군 환자들은 뇌의 문제 탓에 타인의 사고와 감정을 인지(noticing)하지 못한다고 했다. 하지만 상대의 감정 상태가 어떠한지 이성적 설명을 들으면 괴로워하기도 한다. 느끼기 능력에는 문제가 없다.

반면 사이코패스[25]는 피해자가 괴로워한다는 사실을 안다. 즉 인지 능력은 온전하다. 그런데 그 고통을 함께 느끼기보다는 오히려 즐거워한다. 뇌가 잘못되어 느끼기 능력이 매우 낮기 때문이다. 즉 정서적 공감이 불가능한 것이다.

사이코패스가 아닌 정상적인 사람이더라도 사람마다 '느끼기' 능력은 차이가 난다. 슬픈 영화를 보며 엉엉 통곡하는 사람의 바로 옆자리에 멀뚱멀뚱 눈물 한 방울 흘리지 않는 사람도 앉아 있다. 엄마와 어린 자식이 비 오는 날 울며불며 헤어지는 애끓는 상황을 함께 보았는데도 그렇다. 너무 심할 정도로 타인의 감정을 선천적으로 잘 느끼는 사람도 있다. 느낌이 그저 그냥 온단다. 내 아내가 그렇다. "아니, 저 감독은 무슨 억하심정으로 영화를 저렇게 슬프게 만드나." 내가 이 정도 느낄 때, 아내는 이미 눈물을 펑펑 쏟고 있다. 거의 통곡 수준이다.

감 한 상자가 저지른 파혼의 위기

아들이 혼인하기 전이다. 예비 사돈댁에서 잘 익은 감을 한 상자나 보내줬다. 은퇴한 사돈이 고향에서 수확한 감이란다. 나는 아무 생각 없이 한 입 깨물었다.

---

25 psycho-path는 타인의 권리를 무시하거나 침해하는 반사회적 성격 장애다. 잠재된 정신병질이 범행 시에만 밖으로 드러난다. 그래서 평소 주변 사람들이 알아차리기 힘들다.

"엄청 맛있네! 당신도 먹어봐요."

권유를 뿌리치고 아내가 입엣소리로 한마디 한다.

"우리도 뭘 보내야 할 텐데요."

심각한 표정이다. 아내와의 문답 끝에 알게 되었다. 답례하지 않았을 때 초래될 사돈의 부정적(?) 감정을 아내는 이미 느끼는 게다. 감을 들여다보며 혼자서 시름시름 쓸데없는 걱정에 빠진 아내에게 내가 밉살스레 이기죽거렸다.

"아니, 우리 집엔 감나무가 없잖아요. 당최 뭘 보낼 게 있어야 보내지요!"

드디어 양가 상견례 날이었다.

"여보, 제발 말 좀 조심하세요."

"아버지, 점잖은 자리이니 너무 심한 농담은 하지 않으시는 게 어떨까요?"

초긴장 상태의 아내와 아들이 번갈아 나를 쳐다본다. 나를 못 미더워하는 거다. 사돈은 원래 어려운 관계이니 예의를 갖추어야 한단다. 상견례에서 집안의 체통, 격식 그리고 품위가 고스란히 드러난다는 경고였다. 자리에 앉자마자 사돈이 정중하게 인사를 건넸다.

"좋은 술을 보내주셔서 감사했습니다."

(엥, 웬 술?)

아내가 보냈나 보다. 술을 몇 잔 나눠 마셨다. 웬일인지 동년배의 사돈이 스스럼없는 친구로 여겨졌다. 사돈이 감나무 이야기를 꺼냈다.

"이번 가을에 고향 집에 감이 엄청 많이 열렸어요. 수십 상자가 쌓여서 여기저기 나눠주느라 애먹었지요."

바로 그때다. 문제의 내 발언이 튀어나왔다.

"아니, 그런데 저희에게는 애오라지 한 상자만 보내셨습니까!"

"…."

일순간 모두가 동작 멈춤 상태가 되었다.

(어, 이 사람들이 왜 이러지?)

느낌이 전혀 오지 않았다. 다행히 사돈은 곧 호탕하게 웃어주었다.

집에 돌아와 아내가 눈을 흘겼다. 그 순간 간이 떨어지는 줄 알았다고. 엄숙한 자리에서 농담을 어찌 질책처럼 하냐고. 어떻게 그렇게 상대를 배려하지 않고 말할 수 있냐고. 사돈어른이 당혹스러웠겠다고.

"엥? 왜 당혹스러워요?"

아들도 거들었다.

"처음부터 가슴이 조마조마했는데, 아버지가 그렇게 말씀하는 순간 멘붕 상태가 되면서, '아, 파혼이라는 게 이렇게 시작되는 거로구나!' 라는 생각만 떠올랐어요."

공감능력은 다행히 엄마를 닮았나 보다.

"어, 그래? 기분이 나쁘셨었냐고 내가 네 장인어른에게 지금 물어볼까?"

내가 휴대전화를 꺼내 들자, 아내가 내 전화기를 빼앗아 버렸다. 나는 참으로 흉잡혀 싼 인간이다.

'느끼기' 능력은 사람마다 다르다. 둔감성도 문제지만, 다른 한편 지나친 감수성을 가진 사람은 종종 인생살이가 버겁다.

지나친 감수성이 초래하는 사람멀미

(내 말에 혹시 기분 나빠하지 않았을까?)

예민성이 지나쳐 이리저리 눈치를 살피니 문제다.

(저 사람이 나를 어떻게 생각할까?)

매번 자기검열이다. 걱정과 근심이다. 자신과의 내적 대화가 온통 이러니, 인생이 피곤해진다.

(저 사람이 저렇게 힘들어했는데 이런, 나 때문에 …. 분명 내가 잘못한 거야. 이 멍청이! 나는 왜 이럴까!)

그럴 까닭이 없는데도 쉽사리 자신을 비난하며 자책감까지 느낀다. *(내가 기부금 좀 더 낼걸 ….)* 심지어 시리아 난민 문제까지 자기 탓으로 돌린다. 비판과 비난을 심하게 내부화하는 이런 경험이 누적되면, 아직 하지도 않은 자신의 미래 언행에 걱정부터 앞선다. (연예인들이 겁내는 무대 공포증이 이런 증상이다.) 자유로운 생각과 표현이 위축되니 보통 사람들이 생각하는 긍정적인 미래는 꿈도 못 꾼다. 당연히 행복할 리 없다. 이렇듯 자기검열이 심해지면 우울증, 즉 끝없는 과거 반성과 미래에 관한 암울한 공상이 뒤섞여 심한 슬픔의 상태로 빠져버린다.[26]

자기검열이 심한 사람의 특징은 두 가지다. ▶첫째, 공감능력이 무척 뛰어나다. 이건 어떻게 고칠 수가 없다. 사실, 이건 역설이다. 공감능력이 뛰어난 건 축복인데, 이게 자기를 괴롭히니 말이다. ▶둘째, 마음속에 존재하는 어떤 기준이 정도를 지나친다. 타인이 조금 불편한 것 같

---

26 Malatesta, C. Z., & Wilson, A. (1988).

으면 전부 자기 탓으로 자책하니 …. 그런 자신을 타인이 어찌 생각할지 너무 민감하게 받아들이니 …. 자신과의 내적 대화가 온통 늪에 빠져버린 상황이다. 자책의 심연으로 자꾸 빠져들어 간다. 정신건강의학 전문의를 찾아가야 한다. 상황에서 빠져나와 멀리 떨어져 객관적으로 자신을 바라볼 수 있게끔 도와줄 사람이 필요하다.

자기 객관화란 한마디로 자기 자신을 타인의 눈으로 바라보는 능력을 말한다. 이는 흡사 화를 낼 만한 어떤 상황에 부닥쳤음에도 "허허, 내가 좀 못났지?"라며 자기 희화(戱化, make fun of)의 농담을 던지는 능력과도 유사하다. 자신을 멀리 떨어져 관조할 수 있는 큰 능력이다. 즉 어떤 상황에 빠진 자신을 그 상황과 벌려놓으며 거리를 유지하는 능력이다. 그 벌어진 거리를 '정신적 여유'라 부른다. 포탄이 마구 터지는 듯한 급박한 상황에서도 가벼운 농담을 하는 등 정신적 여유를 유지하는 사람은 참으로 큰 인물로 보인다.

쉽게 우울해지지도 말고, 쉽게 화내지도 말자. 공감능력이 너무 훌륭하든, 반대로 너무 떨어지든 자신이 처한 상황을 관조할 수 있는 정신적 여유를 찾으려 노력하자. 어려운 상황일수록 나를 바깥에서 보려는 노력은 꾸준한 자기 훈련이 필요하다. 결코 불가능한 것은 아니다. 하다 보면 어느새 나도 모르는 사이 정신적 여유를 갖게 된다. 동시에 인격적 성숙도 가능해진다. 거듭 말하지만 인격과 정신적 여유는 언제나 정비례한다.

감수성과 민감성은 키울 수 있을까?

안심하자. 보통 사람은 우울증까지 겪을 정도의 이런 지나친 감수성을 걱정하지 않아도 된다. 우리의 직장에는 타인의 감정 변화를 지나치게 예민하게 느끼는 사람이 드물다. (필자가 둔감해서인가? 남자라서 그런가? 직장에서 별로 찾아보지 못했다.) 오히려 둔감한 사람이 태반이다. 마음속 감성의 밭이 바짝 말라버렸다. 타인이 던져주는 슬픔과 아픔의 씨앗이 자랄 수 없다. 눈물의 꽃이 피어나지 않는다.

공감의 과정에서 앞서 논의한 '인지'와 '판단'의 민감성은 키울 수 있다. 오직 인간을 향한 관심, 관찰 그리고 대화가 바로 그 방법이다. 정신적 곳간에 여유를 채우는 습관도 큰 도움이 된다. 하지만 과연 성인의 '느낌', 즉 감수성을 증진하는 방법이 존재할까? 어렸을 때 「플란다스의 개」, 「엄마 찾아 삼만리」 등을 보며 실컷 울어봤어야 하지 않았을까?

조직행동학 연구자들은 다음과 같이 주장한다. ▶공감능력은 조직문화의 영향을 크게 받는다. "허허, 힘들지?" "요즘 자네 스트레스가 심할텐데 어쩌나 …." 윗사람의 진솔한 '공감 표현 소통 방법'은 본보기가 되어 조직문화가 된다. 부하들도 따라 하게 된다. 그렇다면 나는 단지 꼼짝없이 조직문화의 지배를 받는 사람일 뿐인가? 감수성과 민감성을 향상하려는 개인적 노력은 무의미하다는 뜻일까? 아니다. ▶민감성 증진에 개인적 관심을 쏟아 훈련하면, 공감능력은 향상된다.[27] 민감성 훈

---

27 Dutton et al. (2014).

련은 성인이라도 어느 정도 가능하다. 예를 들어 포도주를 계속 마시면 (술은 성인이 되어야 마신다.) 점차 맛을 알게 된다. 성인인데도 미각이 발달하는 것이다. 슬픔에 관한 책과 아름답지만 구슬픈 시도 많다. 그것을 맛보자. 외부의 자극을 느낄 수 있는 '감수성'과 그것을 날카롭고 빠르게 받아들이는 '민감성'이 길러진다. 확실하다. 우리는 문학을 통해 더 좋은 사람이 될 수 있다.

예를 들어, 마라스코와 셔프가 공저한 『슬픔의 위안』이라는 책을 보자.[28] 가장 무거운 슬픔이란 어떤 것일까? 사랑하는 사람이 바람이 되어 저세상으로 먼저 떠났을 때다. 사랑하는 사람을 잃고 비탄에 빠진 사람들의 심리와 감정 묘사가 가득하다.

> "많은 사람이 다가와 따뜻한 위로를 건네면 좋은 감정으로 응대하나, 그 응대 자체가 감정적 자원을 크게 소모하는 일이다. 그래서 피곤하다고 느끼고 고마워할 줄 모르는 자기 자신에게 마음이 불편해져서 그것이 또 나를 갉아먹는다."(165쪽)

이 정도의 감정까지 겪다니. 짧은 인생을 그리 화내고 소리치고 윽박지르며 살 필요가 있을까? 이런 시는 어떨까. 정채봉 시인의 「하늘나라 엄마가 휴가를 오신다면」이다.

---

28 마라스코, 론과 셔프, 브라이언(김설인 옮김). (2019). 이 책의 번역자는 역자 후기에서 자신이 20년 넘게 우울을 앓았는데 이 책을 번역하면서 큰 위로를 받았다고 한다. 저자들이 다양한 슬픔의 본질을 정확하게 묘사했기 때문이다. 번역자는, 세상이 자신을 이해해준다는 느낌을 받았을 것이다.

"하늘나라에 계시는 / 엄마가 / 하루 휴가를 얻어 오신다면 / (중략) 엄마! / 하고 소리내어 불러보고 / 숨겨놓은 세상사 중 / 딱 한 가지 억울했던 그 일을 일러바치고 / 엉엉 울겠다."

(어? 아무리 그래도 눈물 한 방울 안 나오는데 ….)

걱정하지 말고 부디 문학과 친해지자. 감수성과 민감성 훈련은 시간이 걸린다.

인지→판단→느낌→해결 행동

공감의 마지막 단계는 해결, 복구, 도움 등의 행동(acting)이다. (앞으로는 이 모든 행동을 '해결 행동'이라고 줄여 말한다.) 공감은 사회적 가치가 높은 해결 행동이 뒤따를 때 비로소 진정한 공감이라고 말할 수 있다. 해결 행동에 관한 이해는 쉽다.

해결 행동의 다양한 동기

심지어 어린아이들도 남을 돕는다. ▶인정을 받고 보상을 얻기 위한 '이기적 이유'로 친사회적 행동을 할 수도 있다. ▶또는 타인의 아픔을 목격하면서 초래되는 '자신의 심적 고통을 덜기 위해서' 친사회적으로 행동할 수도 있다. ▶부하의 '사기 회복을 위해' 또는 자녀와의 '인간관계 복구를 위해' 해결 행동을 하기도 한다. ▶동기는 다양하나, 타인의 행복을 높인다는 공통점은 분명하다.

해결 행동의 종류

정상적인 공감능력을 가진 사람이라면 너나없이 다 하는 행동이다. 잠시 간단하게 짚고 넘어가자.

상대의 고통을 경감시키기 위한 행동은 다양하다.

▶백마고지 전투에 지치고 지친 병사들 앞에 사단장이 직접 와주었다. '옆에 함께 있어 주기'는 설령 말을 나누지 않더라도, 훌륭한 관심 표현 행동이다. 상대는 고통을 나눠 가진 듯한 느낌을 갖게 된다. 혼자 겪으면 더 괴롭다. 나를 지켜봐 주는 사람의 존재 자체가 심리적 안정감을 준다. 『삶이 내게 말을 걸어올 때』의 저자 파머의 통찰력이 훌륭하다.[29]

> "너무 심한 괴로움과 슬픔에는 어떤 위안이든 도움이 못 되는 경우도 많다. 결코 이해할 수 없는 타인의 미묘한 감정을 쉽게 이해하는 듯이 행동하는 것은 무리다. 그냥 신비한 타인의 고통 가장자리에 공손하게, 가만히 서 있는 일이 낫다."

▶"많이 힘들지?" '위안 또는 위로(consolation, comfort)'는 상대의 괴로움을 덜어주거나 슬픔을 달래주는 따스한 말이나 포옹 등의 행동이다.

▶"답답할 텐데 내가 창문 좀 열어줄까?" '배려(consideration, care)'는 타인의 처지를 생각하여 도와주거나 보살펴주려는 마음에서 비롯된

---

29 파머, 파커 J. (홍윤주 옮김). (2019).

언행을 뜻한다. 한가지 조심할 점을 짚고 넘어가자. 배려의 핵심은 상대의 눈높이로 상대의 마음을 정확하게 들여다보기다. 우리는 종종 잘못된 배려를 베푼다. 예를 들어보자.

> 어떤 아이가 새로운 부모에게 입양되었다. 첫날부터 새 부모는 애지중지 대하며 방울토마토를 잔뜩 내주었다. 아이는 울면서 먹었다. 아이가 분명 감동한 게다. 그 후 새 부모는 애써 계속 방울토마토를 주었고, 아이는 매번 울면서 먹었다. 수년이 지났다. 아이가 컸다. 성격도 밝아졌다. 어느 날 부모와 대화 중에 그 아이가 실토했다. 이 세상에서 제일 싫은 것이 방울토마토란다! 아니, 그럼 어렸을 때부터 그동안 왜 울면서 먹었냐고 물었더니, 내쫓길까 두려워서 억지로 씹느라 괴로워서 울었다는 고백이었다.[30]

진정한 배려는 세 가지 조건이 맞아야 한다. 정확한 상대방 이해, 애정 그리고 적극적인 행동이다.

▶"힘내자!" '격려(encouragement)'는 의욕이나 용기가 솟아나도록 북돋는 언행이다. "이번 발표가 대단히 훌륭했어요. 잘하고 있어요!" 종종 이런 칭찬이 격려가 된다.

▶"보고서의 결론 부분은 내가 써줄게." '도움(help)'은 시간, 물품, 예산, 인력 등의 필요 자원을 공급하는 행동이다.

---

30 김여호수아. (2020)

특히 어려운 해결 행동이 '경청(attentive listening)'이다. 훈계와 설교는 누구나 할 수 있다. 부하에게 묵묵히 자신의 귀를 내어주는 데는 대단한 인내가 요구된다. 그 어려운 경청은 애정과 관심 없이는 할 수 없는 행동이다.

위 모든 해결 행동의 결과로서 '인정감(acknowledgement)'이 부하의 마음속에 채워진다. 제3권 '직장인의 입(口) 사용법'에서 이러한 해결 행동 및 언사 그리고 인정감의 중요성을 자세히 살펴볼 것이다.

죄책감, 용기 그리고 사과

진정한 '사과'는 가장 훌륭한 해결 행동 및 복구 행동이다. 우선 죄책감(guilt)을 느낄 수 있어야 한다. 그리고 용기가 필요하다. 예를 들어, 길거리를 가다가 어떤 아이가 갑자기 바닥을 찧으며 넘어지는 모습을 목격했다고 치자. "엉엉~" 우는 아이의 무릎에서 피까지 보인다.

(이런, 아프겠다!)

타인의 곤경에 정서적 반응이 일어난다. 얼른 뛰어가서 일으켜 세워준다. 인지, 판단, 느낌 그리고 도움 행동까지 다다랐다. 즉 공감이다. 그런데 만약 내가 길거리의 깡통을 차려고 다리를 쭉 뻗었는데, 어쩌다가 내 다리에 걸려 그 아이가 꼬꾸라진 상황이라면, 나는 어떤 느낌이 들게 될까?

(아이고, 빌어먹을 이 다리! 이걸 어쩌지!)

'죄책감'도 느끼게 된다. 내가 원인 제공자임을 알았으니 말이다. 물론 그 아이가 전혀 아파하지 않고 피도 흘리지 않는다면, 즉 내 공감이 촉발될 여지가 없다면, 죄책감까지 느끼지는 않는다.[31] 즉 공감이 없다면 죄책감도 생기지 않는다. (a)공감(피까지 흘리네. 아프겠다!)이라는 '감성' 그리고 (b)자신이 원인 제공자(빌어먹을 내 다리)라는 '인식'의 결합에서 (c)죄책감이 일어난다. 즉 다음 공식이 성립한다.[32,33]

[(a)공감+(b)고통의 원인 제공자라는 인식=(c)죄책감]

만약 (a)공감능력이 전혀 없거나 그리고/또는 (b)자신이 원인 제공자라는 인식이 없다면, (c)죄책감(또는 미안함)을 느낄 수 없다. 연쇄 살인마들이 그렇다. (a)공감 중 느낌(feeling)의 능력을 갖추지 못한 사이코패스다. 피해자의 고통을 고통으로 못 느낀다. 오히려 즐긴다. 자신이 칼로 찔렀다는 사실은 인정하나, (a)자신이 느끼는 '고통'이 존재하지 않으니 자신이 (b)'고통'의 원인 제공자라는 인식이 없다. 모름지기 (c)죄책감도 없다. 그러니 연쇄적으로 살인한다. 직장에서도 마찬가지다. (a)주로 인지능력 결여로 공감능력이 부족하니 (b)자신이 원인 제공자라는 인식을 잘 못 하고, 그래서 (c)죄책감을 못 느끼는 상사가 많다.

---

31 Zahn-Waxler, C. (2000). 이 논문의 주장은 다음과 같다. ▶공감이라는 정서적 능력을 갖출 때만이, 타인에게 긍정적인 관심이나 헌신을 보일 수 있고, ▶공감이 전제되는 죄책감을 가졌을 때만이, 타인에게 해를 끼치는 반사회적이나 비사교적인 행위를 자제할 수 있으며, ▶그런 행위를 했을 경우 사과와 함께 보상과 회복 노력을 기울일 수 있게 된다.

32 Hoffman, M. L. (1982). 이 논문은 공감이 죄책감의 전제 조건임을 밝힌다.

33 배런코언, 사이먼(홍승효 옮김). (2013). 90쪽. 사람은 공감하지 않고도 죄의식을 느낄 수 있다. 예를 들어, 빨간불인데도 건널목을 건널 때 죄의식은 느끼지만, 공감은 전혀 상관없다. 따라서 공감이 죄의식의 전제이지만, 죄의식이 공감의 증거는 아니라고 주장한다.

연쇄적으로 부하들을 함부로 대하며 괴롭힌다.

다행히 (c)죄책감을 느끼면 이제 (d)용기를 내어 (e)사과하게 된다. 즉 죄책감과 용기의 순서적 결합이 사과다.

[(c)죄책감+(d)용기=(e)사과]

(d)용기는 리스크를 겁내지 않는 씩씩한 자세다. 만약 리스크가 없다면, 즉 잃을 것이 없다면 용기를 낸 것이 아니다. 상사가 부하에게 잘못을 사과한다면 권위 상실의 리스크가 따른다. 이를 감수하는 태도가 용기다. 용기는 존경심을 불러온다. (물론 매번 사과할 일을 일으킨다면 분명 실력 없는 상사다.)

위의 (c)죄책감 대신 (a)+(b)를 대입하자.

[(a)공감+(b)고통의 원인 제공자라는 인식+(d)용기=(e)사과]

(a)공감능력이 결핍된 사람은 (e)사과를 못 한다. 또는 공감능력이 정상이더라도 (d)용기가 부족해 (e)사과를 못 한다. 그러니 해결 · 복구 · 도움 행동도 보이지 않는다.

여러분은 부하에게 사과해본 적이 있는가? 만약 없다면, ▶심각한 공감능력 결핍을 조금도 자각하지 못하고 있거나, ▶심리적으로 지나치게 경직(나도 스트레스가 많아!)되어 공감 억제 상태가 심하거나, 또는 ▶용기가 부족한 사람이다. 이 모두가 아니라면, 뛰어난 능력을 갖춘 사람이다. 실수를 단 한 번도 하지 않았으니 말이다. ▶정녕 이것도 아니라면, 기억력 감퇴 현상을 의심해봐야 한다.

"저 상사가 과연 내가 따르고 싶은 리더인가?"

부하들은 '이성의 눈'으로만 상사를 판단하지 않는다. '감정이라는 안경'도 끼고 상사의 지휘 역량을 평가한다. 훌륭한 상사는 ▶정확하고 명료하며 신속한 '업무방향 제시'라는 기본 역량을 갖추었다. (이 주제는 제3권에서 논한다.) ▶업무의 비전, 목적, 가치를 묻는 '왜(why)'에 '의미전달'로써 답을 잘한다.(아, 제3권에서 나올 내용을 또 미리 말했다.) 그리고 ▶부하의 곤경, 고통, 시련, 고민, 스트레스를 재빨리 인지한다. 심리적 유연성을 유지하며 함께 느낀다. 그리고 해결 · 복구 · 도움 행동에 적극적이다. 즉 공감 표현도 뛰어나게 잘한다. ▶그리고 자신의 실수에는 서슴없이 사과한다.

이러한 상사가 부하들이 생각하는 '훌륭한 상사'다. 이 글을 읽는 직원들은 또 다른 생각을 할 수도 있다.

(그런데요. 나도 과연 그런 훌륭한 상사를 만날 수 있을까요? 전설 속 동물인 유니콘처럼 이 세상에 실존하지 않는 허상을 묘사한 것 아닌가요 ….)

우리 모두 노력의 방향은 이해했다. 노력하자.

공감능력 향상이 불가한 부사장

여러분은 이제 공감의 본질, 공감의 중요성, 공감능력의 남녀 간 차이 그리고 심지어 공감의 과정까지 분석해서 이해했다. 그렇다면 아래의 안타까운 인생 실패 사례에서 무엇이 근본 문제인지 살펴보자. 여러분은 이제 종합 분석이 가능하다.

옛날 내가 임원 시절이었다. 임원 회의였다. P라고 이름 붙은 기술개발 프로젝트에 관한 토의가 일어났다. 반대가 극심했다.

"예산 낭비다. 성공 가능성이 전혀 없다." "세계 최초라면 오히려 발주처가 싫어할 거다." "안전을 어찌 담보할 건가?"

폭력적 언행

드디어 기술개발 책임자인 곽 부사장이 참을 수가 없는지 마이크를 잡았다. 어떤 해외 연구소에서 최근 영입한 박사다. 강파른[34] 성미가

34 (편집자 주) '강파르다'는 '성질이 까다롭고 괴팍하다.'는 뜻의 순우리말.

튀쳐나왔다.

"여러분들이 P 프로젝트에 관해 뭘 압니까? 잘 모르면서 오늘 왈가왈부 말만 많은데, 내가 이 자리에서 P 프로젝트에 관해 여러분들을 '교육' 좀 하겠습니다!"

임원 회의 분위기가 싸늘해졌다. 회의실이 쥐 죽은 듯했다. 흡사 역병 도는 마을처럼 되어버렸다.

(… 뭐? 우리가 말만 많다고! 우리를 교육하겠다고! 아니, 지가 뭔데 ….)

곽 부사장이 아무리 열심히 '교육'해도 마뜩잖은 임원들은 귀담아 듣지 않았다. 나는 답답했다.

(기술집약적인 회사로 발전하기 위한 명운이 걸린 참으로 중요한 프로젝트인데 …. 곽 부사장은 왜 저렇게 말할까? 사람들의 감정을 저토록 못 느끼나?)

나는 수첩에 곽 부사장의 발언을 다음과 같이 바꿔 써봤다.

"여러분들께서 P 프로젝트에 이렇듯 큰 관심을 기울여주시니 진심으로 감사드립니다. 그러나 아쉽게도 그간 저의 소통 노력 부족 때문에 많은 오해를 불러일으켰음을 오늘 새삼스럽게 느끼게 되었습니다. 이 자리를 빌려 잠시 P 프로젝트의 핵심을 설명해 드릴 수 있도록 허락해주시기 바랍니다."

찜통 속의 비서

다음날 종이 한 장을 쥐고 곽 부사장을 찾아갔다. 어제 곽 부사장의 원래 발언과 그 밑에 내가 수정한 것을 정성껏 쓴 종이다. 복도에서 부사장실 문을 열고 들어서면 비서실이다. (그곳에서 또 문을 열고 들어가야 부사장실이다.)

허걱! 숨이 막혔다. 복도와 부사장실 사이에 만들어놓은 비서실은 창도 없는 밀폐된 공간이었다. 이 무더위에 견디기 힘든 후끈함은 흡사 찜질방의 열기였다. 찜통 속에서 비서가 연신 얼굴의 땀을 훔치고 있었다. 그 당시에는 에너지 절감 운동이 한창이었다. 오래된 건물의 송풍구에서 쿵쿵거리며 나오는 찬바람도 영 시원치 않았다. 밀폐된 비서실 공간에는 그나마 그 거지 같은 송풍구도 없었다. 얼마나 더울까!

"아이고, 덥지요?"

"아, 예 …."

더위에 지쳐 파김치가 된 비서가 임종 직전의 목소리로 간신히 대꾸했다.

문을 열고 부사장실에 들어서니, 허걱! 온몸이 오싹했다. 너렁청한 사무실에는 회사에서 특별히 달아준 첨단 에어컨이 씽씽거렸다. 마치 천당과 지옥 차이였다.

"어, 남 박사, 웬일이에요?"

내가 다가섰는데도 곽 부사장은 책상의 서류만을 도로 들여다본다. 앉으라는 말도 하지 않는다. 나는 그 앞에 앉으려다가 뒤돌아 가서 비서실과 통하는 문을 활짝 열어놓았다.

"문은 왜 열어놓아요?"

그제야 곽 부사장이 나를 올려다본다. 나는 비서실이 찜통이라고 설명해주고 찬바람 좀 나눠 써야 송장 치르지 않겠다고 말해주었다.

"아, 그래요? 그럼 그래야지요."

공감능력 침식

헉! 이제야 현실을 인지하고, 사망 사고라는 잠재적 악영향을 이해하고, 뒤늦게 배려의 필요성을 느꼈다는 말인가? 아니, 오고 가며 비서의 죽어가는 그 얼굴이 '시각'에 들어오지 않았다는 말인가? 피부의 '촉각'이 비서실의 그 열기를 느끼지 못했다는 말인가? 배려의 전제조건인 공감, 그 공감의 뿌리인 인간의 오감이 이리도 발달하지 못했는가? 아니면 뇌의 회로 고장 문제인가?

"곽 박사님의 그 엄청난 기술력이 우리 회사 발전에 꼭 필요하지요. 그런데 …."

곽 부사장이 내 말을 잘랐다.

"남 박사만 나를 알아주는군요. 우리 회사 그 멍청한 임원들 싹 다 잘라내야 해요. 이 P 프로젝트 말이야, 이런 기술을 어디서 구할 수 있겠어요 …."

말이 길어질 듯해 내가 준비해 간 그 종이 한 장을 슬쩍 내밀었다.

"사람들이 기분 나빠할 말씀만 좀 삼가시면, 더 많은 사람이 곽 박사님을 존경하게 될 텐데요."

"이게 뭐야? … 그렇지, 그렇지. 내가 이렇게 말해야 하는데 …. 이게 잘 안 돼요."

그러나 도루묵이었다. 며칠 후 복도에서 그 비서를 만났다. 곽 부사장이 에어컨 바람을 계속 혼자만 쐰다는 안타까운 소식을 들었다. 나의 기대와 달리 임원 회의에서 툭툭 터져 나오는 곽 부사장의 공감능력 부족과 비사회적 언행에는 조금도 변함이 없었다. 뒷귀[35]가 금세 생길 수는 없나보다. 임원들의 협조가 모이지 않으니 P 프로젝트가 진척될 리가 없었다. 결국, 회사는 그를 내보내고 말았다. 그 후 곽 부사장의 소식을 듣지 못했다.

부사장 분석

분석해보자. 덥고 추운 것을 구분 못 하는 사람은 이미 원시시대에 자신의 유전자를 전달할 수 있을 만큼 살아남지 못했다. 타 죽거나 얼어 죽었다. 진화과정에서 오감이 발달한 소수의 DNA만 자연의 선택을 받은 것이다. (물론 사람마다 차이는 있지만.) 적당한 오감을 갖지 않은 인간은 없다. ▶곽 부사장의 공감능력 결핍이 결코 오감의 기능 문제는 아닐 것이다.

그렇다면 뇌의 비정상 문제일까? 오감에서 입수한 정보가 뇌로 갈 터인데, 왜 뇌에서 공감을 담당하는 부위가 활성화되지 않는가? '사회적 뇌 가설'은 사회적 동물이면 뇌의 크기가 크다고 주장한다.[36] ▶곽

---

35 (편집자 주) '뒷귀'는 '사리나 말귀를 알아채는 힘'이라는 뜻의 순우리말.

36 Dunbar, Robin I. (1998). 이 논문은 사회적 동물의 뇌가 크다고 주장한다. 예를 들어 무리를 지어 다니는 새는 혼자 생활하는 새보다 뇌가 컸다. 다른 개체의 행동에 주의를 기울이게 되면서 학습과 기억을 관장하는 뇌의 크기가 커진다는 것이다.

부사장의 뇌 크기는 외견상 정상이다. ▶단지 뇌에 타인의 정서를 분석하는 하드웨어가 빈약한 아스퍼거 증후군의 경계선에 서 있는 사람일지도 모른다. 인지능력이 무척 떨어진 사람인 듯하다. ▶소통능력 또한 빈약하니, 타인과의 대화를 즐기지 않고, 따라서 머릿속에 타인에 관한 이해가 거의 없다.

▶워낙 학문적으로 승승장구하던 분이니 부족함과 아픔의 경험 결핍이 원인일 수도 있다. ▶기업에서 조직생활이 부족했기에 협조성, 리더십, 제대로 된 언어 습관 등 조직인의 기본 자질이 계발되지 못했는지도 모른다. 해외 연구소에서 계속 일하는 편이 나았을 게다. ▶자신의 상사인 사장에게는 깍듯하게 대하고 동료와 아랫사람들에게는 함부로 대하는 인격은 욕먹어 싸다. 이중인격 아닌가. 인간이 인간다워지려는 인격 함양 노력에 무관심했고 소홀했음이 자명하다. ▶마지막으로 뒤집어 보자면, 비극의 원인 중 하나는 '괴짜'를 수용하지 못하는 경직된 조직문화가 문제일 수도 있다.

공감능력의 결핍, 자각 불능 그리고 공감능력 향상 노력의 게으름은 십중팔구 인생 실패를 초래한다. 조직과 사회에도 악영향을 끼친다. 자신의 몸속에서 자라는 날카로운 가시덤불을 끊임없이 잘라내자. 인간의 향기는 공감능력에서 나온다. 이게 성인들이 통찰한 인간의 삶이다.

공감능력 계발 책임

정리해보자. ▶공감능력은 인간의 선천적 본능이다. ▶부모가 공감능력 계발에 큰 영향을 끼친다. ▶사회적 경험과 문화적 영향에 따라 공감능력의 크기가 달라진다. ▶남성보다 여성의 공감능력이 더 훌륭하다.

그런데 공감능력이 이렇듯 단지 태생적(본능, 성별) 그리고 외생적(부모와의 관계, 사회적 · 문화적 경험) 영향만 받아 형성될까? 개인은 아무런 책임이 없고, 개인적 노력은 불필요하다는 주장인가?

(옳지, 맞는 말이네. 남자라면 애써봤자 소용없고, 여성이라면 타고났으니 더는 노력할 필요가 없다는 뜻 아닌가? 아기 때 보살핌을 받지 못한 사람은 진작 포기하라는 의미이고.)

절대 아니다. 공감능력, 즉 타인의 눈을 통해 세상을 바라보는 능력은 확장할 수 있다. 인간 두뇌의 신경회로는 그리 어렵지 않게 재설정될 수 있기 때문이다.[37] 단지 공감 실행을 저지하는 판단(sense making)이 이미 자리 잡은 뒤라서 조금 어려울 뿐이다. 불가능한 것은 아니다. 포기하기에는 이르다. 이 책이 세상에 나온 이유이기도 하다.

---

37 배런코언, 사이먼(홍승효 옮김). (2013). 87쪽.

앞서 누누이 언급했듯이, 공감능력은 인간의 두드러진 특성 중 하나다. 공감능력이 인간을 인간답게 만든다. 인간의 품격을 결정한다. 인문학적 교양 쌓기 노력이 중요한 이유다. 분명하다. 인격은 자신이 책임져야 한다.

직접 경험

직접 경험이 공감능력 향상에 최고다. 자신을 둘러싼 벽을 허물고 바깥세상과 공감하도록 만든다. 남미의 혁명가, 체 게바라는 의과대학생 시절에 인생의 전환점이 될 남미 대륙 여행을 떠났다. 그 여행 경험은 빈곤과 불평등의 비극에 눈을 뜨게 해줬다. 체 게바라는 결국 상위 중산층의 좁은 세계관을 벗어나 혁명가가 되었다.

『톰 아저씨의 오두막』이라는 소설을 쓴 스토 부인은 세상 물정을 잘 모르는 온화한 백인 여성이었다. 그런데 한 살 반밖에 안 되는 아들을 전염병으로 잃었다. 눈앞에서 아이가 괴로워하며 죽어갔다. 아무런 손도 쓰지 못했다. 그 끔찍한 기억을 지울 수가 없었다. 비로소 노예시장에 팔린 아들과 헤어지게 된 흑인 노예 어머니들이 어떤 감정을 느끼는지 인지할 수 있었다. 자신이 체험한 그 비참한 고통이 공감의 원천이 되었다. 그 강렬한 공감이 노예 해방을 이끈, 위대한 소설을 쓰도록 이끌었다.[38]

---

38 크르즈나릭, 로먼(김병화 옮김). (2018). 121-123쪽.

(아니, 지금 저 상사도 부하 시절에 온갖 모욕을 직접 경험하지 않았던가. 그런데도 그 고통의 경험 속에서 어찌 공감능력이 전혀 계발되지 않았을까?)

권위적인 조직문화 탓일 수도 있다. 욕하며 배운다고 하지 않는가. 폭언과 모욕은 문화가 되어 대를 이어 줄기차게 흐른다. 행여나 그 상사는 과거 그러한 거대한 물줄기의 희생자가 아닐까? 그 상사는 직접 체험한 통증을 소주 한잔으로 그저 씻어버릴 수밖에 없었다.

이제 당연했던 기존 문화가 도전받는 시대가 왔다. 부디 그 귀한 고통의 직접 경험들을 삭제하지 말자. 무엇이 올바른 조직문화인지 곱씹어 소화해야 한다. 새로운 조직문화 창달의 주체로서 자기 성찰이 중요한 이유다.

독서, 영화관람 등 간접 경험

간접적 경험도 가치가 크다. 연극, 영화, 소설 등을 감상하며 우리는 타인의 삶 속으로 상상의 나래를 펼칠 수 있다. 그러나 마구 때려 부수는 폭력적 영화나 과도하게 낭만적이거나 비현실적인 소설들은 상상이 불가하다. 공감능력 향상에 전혀 도움이 되지 않을 듯하다. (필자의 아내는 내가 전쟁 영화를 너무 좋아하기에 공감능력이 바닥이라고 오류에 가득 찬 인과관계를 주장한다. 나는 반전(反戰, antiwar) 영화만을 볼 뿐이다. 비참함과 고통을 간접 경험하면서.)

공감적 감수성을 키울 수 있는 사회적 활동에 참여하기도 도움이 될 터다. 특히 취약계층과 소외계층의 복지 향상을 위한 봉사활동이 효과가 크다고 한다. 도움 주는 사람이 오히려 도움을 받는다. 자신 밖으로 나가 전혀 다른 세계 속 타인의 삶에 관심과 이해를 높이게 된다. 확장된 공감이 여러분을 좋은 상사, 훌륭한 인격체로 만든다.

인간을 향한 애정과 관심

어린 딸을 키우는 바람에 공감능력이 대폭 향상됐다는 증언을 앞서 언급했다. 애정 → 관심 → 관찰 → 이해 때문이다. *(어? 그럼, 지금 이 나이에 늦둥이 딸내미를 낳아 길러보라는 권유인가요?)* 아, 그건 아니다. "그럼 공감능력을 어떻게 키울 수 있을까요?" 훌륭하다. 인간다운 인간이 되려는 바람직한 질문이다. 그러나 이렇게 묻기 전에 부하들에게 애정을 품어보자. 공감능력 향상을 위한 최고의 방법이다.

(부하들에게 애정이라고요? 애정은 의지라고요? 그런데 가슴이 전혀 떨리지 않는데, 오히려 이가 갈리는데 …. 그런 부하들에게 애정을 어떻게 품지요?)

그렇다면 차선책이다. 관심을 쏟아보자. 관심이란 타인의 마음에 초점을 맞추려는 의식적인 노력이다. 관심의 반대말은 냉혹한 무관심이다. 즉 무관심을 벗어보자. 내가 관심을 쏟는 사람의 표정은 시시각각 내 눈에 들어온다. 그들의 생각도 내 귀에 들린다. 그리고 면담에 시간을 내라는 뜻이다. 부하들의 아픔을 인내하고 들어보자. 다른 사람의 처지에 서보는 훌륭한 자기계발 훈련이 될 것이다. 공감을 방해하는 편견도 사라진다. 애정이 의지라는 말은 의지적으로 관심을 쏟으라는 뜻이다. 의지적 관심의 실천은 바로 그 어렵다는 면담이다. 이제 인간관계의 혁명이 일어난다.

이기주 작가의 『언어의 온도』[39]에는 작가가 지하철에서 엿들은 할머니와 손자의 대화 그리고 작가의 해석이 나온다.

> "할머니가 손자 이마에 손을 올려보더니 웃으며 말했다. '아직 열이 있네. 저녁 먹고 약 먹자.' 손자는 커다란 눈을 끔뻑거리며 대꾸했다. '네, 그럴게요. 그런데 할머니는 내가 아픈 걸 어떻게 그리 잘 알아요?' … '그게 말이지, 아픈 사람을 알아보는 건, 더 아픈 사람이란다 ….' 상처를 겪어본 사람은 안다. … 그래서 다른 사람의 몸과 마음에서 자신이 겪은 것과 비슷한 상처가 보이면 남보다 재빨리 알아챈다. 상처가 남긴 흉터를 알아보는 눈이 생긴다. 그리고 아파봤기 때문에 다른 사람을 아프지 않게 할 수도 있다."(25-29쪽)

공감능력을 키우는 8할은 '경험'과 '애정 어린 관심'이다.

---

39 이기주. (2017).

요약

□ 순식간에 일어나는 공감에 현미경을 들이밀어 잘게 쪼개어본다. 시사점을 구하기 위해서다.

첫째, 인지(noticing)는 상대의 감정 변화와 이를 초래한 생각을 읽는 것이다.

□ 인지는 오감+두뇌의 작용이다. 인지 불능은 공감 무능의 가장 큰 문제다.

- 통상 여성의 인지능력이 남성보다 더 낫다. 잘 알아차린다.

□ 우리의 직장에 아스퍼거 증후군 환자와 비슷한 사람이 있다고 생각할 수도 있다.

- 아스퍼거 증후군(자폐증의 일종) 환자는 인지능력이 몹시 떨어진다. 선천적으로 공감을 담당하는 뇌 부위가 정상이 아니기 때문이다. 상대가 누구이건 공감하지 못한다.
- 여러분이 혹시 자신의 상사를 대하는 태도와 부하를 대하는 태도가 각기 다르다면, '이중인격자'일 수는 있겠으나 의학적으로 아스퍼거 증후군 환자로 진단받을 정도는 아니다.
- 그러나 '소통능력 학습' 및 '인격 함양 노력'의 게으름은 강하게 지적당할 만하다.

□ 극단적인 경험 부족이 인지 무능의 원인일 수도 있다.

- 직접적이건 간접적이건 곤경, 아픔, 슬픔 등의 경험이 부족한 사람은 공감능력이 떨어진다. 질책을 받아보지 못한 뛰어난 사람이 상사가 되면 부하들을 모욕하기 쉽다.
- 부디 비극을 접해보자. 부하들을 면담하자. 그들의 이야기도 비극일 공산

이 크다.

☐ 상사의 애정과 관심 부족이 인지 무능을 초래한다. 인재 관리 실패의 주된 원인이다.

- 부하의 곤경과 스트레스를 인지하지 못한다면 관심 부족이 원인일 수 있다.
- 경영은 애정이고, 애정은 관심이고 의지다. 면담하여 부하의 애로사항, 불만, 고통 그리고 가치관을 이해하려는 '의지'가 필요하다.

☐ 세대마다 느끼는 고통의 종류와 강도가 다르다. 가치관 차이 때문이다. 인지 불능이 시작된다.

- 즉 '가치관 차이'가 인지 무능을 초래한다. '그악한 관심'이 고통을 만든다.
- 젊은 세대와 대화하여 이해하는 수밖에 없다. 떠나는 연인과 변하는 가치관은 붙잡을 수 없다.

☐ 부하들이 고통 표현을 자제하니 알아챌 수 없을 수도 있다.

- 설령 부하가 숨기더라도 대화, 상상 그리고 추정은 고통을 인지할 수 있게 한다.
- 부하의 표현 억제가 결코 변명이 될 수는 없다.

☐ 가장 훌륭한 인지능력 향상 방법은 부하와 면담이다.

- 아는 데로 보인다. 부하를 알게 되면 그의 감정 변화가 보이게 된다. 공감이 가능하다.

☐ 제도적으로 인지능력을 높이기도 한다.

- 소원 수리 제도, 사무실 개방 제도, 의무 면담 제도, 360도 평가 제도 그리고 최고경영자 면담 제도가 그 예다.

둘째, 판단(sense making)은 공감 발현을 억제하는 또 다른 본능이다.

☐ 세 가지다. ▶상대, ▶나 그리고 ▶상대와 나의 관계에 관한 고려가 공감에 작용한다.

- 상대가 나의 공감을 받을 자격이 있는가 판단한다.

- 나 자신이 문제를 해결해줄 역량을 가지고 있는가 판단한다.
- 상대와 나의 관계가 밀접한지 판단한다.

□ 이러한 세 가지 공감 발현을 억제하는 판단은 사실 '인격의 깊이'와 '반비례' 관계다.

- 개방적이고 너그럽다면, 즉 심리적 유연성을 갖췄다면 이타성이 나온다. 어떠한 상황과 조건에서도 타인에게 인간적 관심을 기울여준다. 공감능력을 더욱 잘 발휘한다.
- 정신적 여유를 유지하는 수단(참선, 다도, 취미활동, 산책, 운동, 여가활동, 독서, 친구와의 수다, 일기 쓰기 등)이 습관되면 공감 발휘에 크게 도움된다.

셋째, 느끼기(feeling) 능력은 사람마다 차이 난다. 감수성과 민감성 계발은 가능하다.

□ 사이코패스는 뇌의 문제로 인해 정서적(feeling) 공감능력이 매우 낮다.

- 피해자가 괴로워한다는 사실을 안다. 즉 인지(noticing)능력은 온전하다. 그런데 그 고통을 함께 느끼기보다는 오히려 즐거워한다.
- 정상적인 사람이더라도 느끼기 능력이 부족할 수 있다.

□ 둔감성도 문제지만, 지나친 감수성을 지닌 사람은 종종 인생살이가 힘이 든다.

- 지나치게 타인의 눈치를 살핀다. 매사 자기검열이다. 종종 공연히 자책감까지 느낀다.

□ 감수성과 민감성은 조직문화의 영향을 크게 받는다. 물론, 개인적 민감성 증진 훈련은 가능하다.

- 이러한 훈련에는 문학의 힘이 대단히 크다.

해결, 복구, 도움 행동(acting)이 뒤따를 때 비로소 진정한 공감이다.

□ 다음과 같은 해결 행동이 공감을 완성한다. 사회적 가치가 높다.

- 옆에 함께 있어주기, 위안 또는 위로, 배려, 격려, 칭찬, 도움 등.

□ 진정한 사과는 가장 훌륭한 복구 행동이다.

- [(a)공감 + (b)고통의 원인 제공자라는 인식 = (c)죄책감]
- [(a)공감 + (b)고통의 원인 제공자라는 인식 + (d)용기 = (e)사과]라는 공식이 성립한다.
- 부하들에게 사과해본 적이 없다면, 심각한 공감능력 결핍을 자각하지 못하고 있거나, 심리적으로 지나치게 경직(나도 스트레스가 많아!)되어 있거나, 용기가 부족한 사람이다.

부하들이 생각하는 '훌륭한 상사'는 이렇다.

□ 부하의 곤경, 고통, 시련, 고민, 스트레스를 재빨리 인지한다.

- 심리적 유연성을 유지하며 함께 느낀다.
- 그리고 해결·복구·도움 행동에 적극적이다. 즉 공감 표현도 뛰어나게 잘한다.

□ 자신의 실수에는 서슴없이 사과한다.

공감능력, 즉 타인의 눈으로 세상을 바라보는 능력은 확장할 수 있다.

□ 직접 경험이 공감능력 향상에 최고다. 과거 권위주의 시대에 느꼈던 상사 멀미를 그저 삭제하지 말자.

- 데이터베이스에 입력해 부하들의 상사 멀미를 인지하는 능력을 키우자.

□ 연극, 영화, 소설 등 간접 경험도 도움이 된다. 봉사활동의 효과도 크다.

□ 공감능력 향상을 위한 최고의 방법은 부하들에게 애정을 품고 관심을 쏟는 노력이다.

- 관심의 의지적 실천은 면담이다. 알면 아는 만큼 보이는 법이다.

생각하는 시간

다음 질문을 곰곰이 생각해보자.

☐ 여러분은 상사와 부하를 대하는 태도가 각기 다른가?

- 만약 답변이 '진정 똑같다'라면, 여러분은 최고의 인격을 가진 사람이다.
- 만약 답이 '다르다'라면, 그나마 다행이다. 아스퍼거 증후군을 지닌 사람은 아니다. 적어도 상사를 대할 때는 공감능력이 발휘되니 말이다.

☐ 재질문이다. 심하게 다른가? 다른 사람들이 손가락질할 정도로? 사실 누구도 지적해주지는 않을 것이다. 스스로 생각해보자.

- 감정 표출의 조심성이 크게 다른가? 언어 사용의 조심성이 크게 다른가? 그렇다면 지금부터 착수할 인격 수양의 계획은 무엇인가?

☐ 부하의 고통과 침체한 감정을 읽어내는 인지능력을 스스로 어떻게 평가하는가?

- 가장 최근 질책한 부하가 누구인가? 그 당시 그의 감정 변화를 묘사해보자.
- 그리고 그 부하에게 그 당시의 느낌을 물어보자. 물론 솔직한 대답은 나오지 않을 것이다. 그래도 어렴풋이 그 차이를 파악할 수 있을 것이다. (필자도 해보았다. 이러한 노력 자체가 신뢰를 쌓게 된다. 이러한 진솔한 면담 자체가 부하의 동기 유발에 크게 도움 된다. 부하 육성 방법 중 하나다.)

☐ 과거에 상사의 질책에서 모욕감을 느껴본 적이 있는가? 그때의 감정 변화가 어땠는지 생각해보자.

- 같은 강도의 질책이나 모욕을 요즘 사람들은 어떻게 느낄 것인지 생각해보자.

☐ 인지능력을 높이기 위한 조직적 제도 또는 개인적 방법을 갖추고 있는가?

- 과연 무엇인가? 효과를 입증할 수 있는가?

☐ 여러분의 공감능력은 조직력, 실적 그리고 무엇보다도 부하들의 행복감을 높인다. 심리적 유연성을 유지하자.

- 여러분이 정신적 여유를 유지하는 수단은 무엇인가? 습관으로 자리 잡았는가? 효과적인가?

☐ 부하에게 사과해본 적이 있는가? 만약 전혀 없다면, 그 이유는 무엇인가?

- 실수를 한 번도 해본 적이 없기 때문인가?
- 부하의 억울함과 괴로움을 인지하지 못했기 때문에 필요성을 못 느꼈는가?
- 자신의 실수를 알아차렸고 부하의 침체한 감정도 읽었지만, 그냥 무시했는가?
- 용기 부족 때문이었다면 그 이유는 무엇인가? 무엇을 잃을까 걱정했는가?

제1권 제4장

이 QR코드를 휴대전화의 QR코드 앱으로 인식하면 토론방으로 연결되어 여러 독자들이 남긴 소감을 접할 수 있습니다. 여러분의 느낌도 써주십시오. 이 책의 저자와 질문으로 소통할 수도 있습니다.

제1권 결론

직장인의 마음(心) 사용법

공감을 살펴보았다. 공감능력이 흡사 원자폭탄의 힘과 맞먹는다는 논지였다. 그런데 공감능력이 단지 사람멀미와 직장 내 괴롭힘을 해결하기 위해서인가? 그것만은 아니다. 여러분은 앞으로 20~40년은 더 일할 것이다. 그런데 이미 로봇이 성큼성큼 걸어 다닌다. 인공지능 발전 속도는 가늠하기 어려울 정도다. 인공지능이 고흐 화풍을 학습한 후 그려낸 멋진 그림도 보았다. 인공지능이 변호사보다 판례분석을 더 잘한다고 한다. 신문 기사를 기계가 쓰기 시작했다. 자율주행 자동차는 수년 내에 실용화가 예측된다. 4차 산업혁명 시대는 이미 시작되었다. 곧 피부로 느끼며 살게 될 것이다.

곧 다가올 미래에도 여러분은 현재 하는 일을 계속할 수 있을까? 정년까지 다 채울 수 있을까? 어찌 될지 사실 나도 정확히는 모른다. 분명한 점은 여러분이 수행하는 많은 업무를 인공지능과 로봇이 대신하리라는 것이다. 우리의 직장에서는 새로운 기술, 감성 그리고 능력으로 무장한 새로운 인력을 끌어들이면서 기존의 중견 직원들에게 희망퇴직을 요구하는 사례가 많아질 것이다. (현재 일본이 그렇다.)

인공지능으로 대체하지 못할 유일한 능력은 인간의 공감능력이다.

예를 들어, 암 진단은 이미 인공지능이 더 잘한다. 로봇 수술은 획기적으로 발전 중이다. 의료 종사자에게는 이제 환자를 돌보고 아픔을 공감해주는 능력이 중요해지기 시작했다. 설령 직업이 사라지지는 않더라도 업무가 바뀐다. 공감능력이 바로 개인 경쟁력이 되는 시대에 살게 되는 것이다. 조직 내에서도 공감능력이 모자란 '꼰대'가 설 자리는 점점 좁아진다. 인재상이 급속히 바뀌고 있다. 핵심은 집단 창의력을 발휘하게 하는 협업 역량과 소통 역량이다. 이 모든 것의 기반은 인간의 인간됨, 즉 공감능력이다.

가정이나 직장에서, 또는 친구와 인간관계가 깨져서 후회한 적이 있는가? 원인이 무엇인가? 나의 급한 성격? 정신적 여유 부족? 감정 통제력 결핍? 내가 던진 험한 말씨? 다 맞다. 근본 원인은 나의 부족한 공감능력일 것이다. 만약 후회한 적이 없다면, 이 역시 공감능력 결핍이다.

이제 공감이란 무엇인지 생각할 때다. 소통과 인간관계의 원활함을 좌우하는 공감능력의 중요성을 재인식하자. 관심을 두고 조금만 노력해도 공감능력은 향상된다. 나의 미래를 준비하기 위해서다. 나의 행복을 보장하기 위해서다. 특히 부하직원들에게 행복한 일터를 펼쳐주기 위해서다. 나의 공감능력은 인재 관리와 조직경쟁력 강화에 크나큰 위력을 발휘한다.

자, 제1권을 끝냈다. 축하한다. 공감능력을 충분히 학습했다. 이 자신감을 바탕으로 이제 부하들을 만나보자. 제2권에서는 부하 면담에 필요한 경청과 질문의 원칙과 기술을 다룬다. 제3권에서는 말하기, 즉 지시와 피드백의 효과적인 전달 방법을 익힐 수 있다. 뚜벅뚜벅. 좋은 상사가 되기 위한 길을 부디 끝까지 가보자.

참고문헌

- 김근주 · 이경희. (2017). 「직장 내 괴롭힘 실태와 제도적 규율 방안」. 한국노동연구원, 정책연구 2017-03.
- 김아사. (2020). 「재판하던 판사가 "6시되면 퇴근"」. 《조선일보》. 6월 19일. A10면 1단.
- 김여호수아. (2020). 서울드림교회. 10월 11일. https://www.youtube.com/watch?v=Fd3EzMj1m4M.
- 김용섭. (2019). 『요즘 애들, 요즘 어른들』. 21세기북스.
- 김정혜. (2018). 「우리 사회 직장 내 괴롭힘 실태: 국가인권위원회 실태조사 설문 조사 결과」. 직장 내 괴롭힘 실태 파악 및 개선방안 모색 토론회. 국회입법조사처 대회의실. 2월 13일.
- 김호정 · 김효은 · 송원섭 · 이영희 · 정아람. (2017). 『징글맞은 연애와 그 후의 일상』. 중앙북스.
- 남정미. (2019). 「꼰대와 멘토 차이 2000명이 응답하다」. 《조선일보》. '아무튼, 주말.' 12월 28일.
- 남충희. (2011). 『7가지 보고의 원칙』. 황금사자.
- 뉴스1. (2017). 「스스로 목숨 끊는 군인, 한 해 평균 58명 달해」. 10월 11일.
- 뉴시스. (2018). 「폭언 폭행에 평검사 자살. 2심도 부장검사 해임 정당」. 11월 8일.
- 뉴시스. (2019). 「직장인 91% 퇴사 충동 … 연봉에 고민하지만 상사 갑질이 결정타」. 3월 26일.
- 《동아일보》. (2006). 「전남대병원 직원 10개월 새 4명 자살」. 8월 23일.
- 《동아일보》. (2018). 「두 얼굴의 아인슈타인」. 6월 15일.
- 마라스코, 론과 셔프, 브라이언(김설인 옮김). (2019). 『슬픔의 위안』. (주)현암사.
- 《문화저널21》. (2019). 「육아휴직 후 복직한 여직원 자살」. 6월 3일.

- 배런코언, 사이먼(김혜리 · 이승복 옮김). (2008). 『그 남자의 뇌, 그 여자의 뇌: 뇌 과학과 심리실험으로 알아보는 남녀의 근본적 차이』. 바다출판사.
- 배런코언, 사이먼(홍승효 옮김). (2013). 『공감 제로: 분노와 폭력, 사이코패스의 뇌 과학』. 사이언스 북스.
- 버스, 데이비드(이충호 옮김). (2012). 『진화심리학』. 웅진지식하우스.
- 사람인(www.saramin.co.kr). (2015). 직장생활 중 퇴사 충동을 느낀 경험 조사. 8월.
- 서유정 · 이지은. (2016). 「국내 직장 괴롭힘의 실태 분석 및 대응방안 연구」. 한국직업능력개발원. 연구논문집.
- 어빈, 윌리엄(홍선영 옮김). (2014). 『알게 모르게, 모욕감(*A Slap in the Face: Why Insults Hurt and Why They Shouldn't)*』. 마디.
- 연합뉴스. (2019). 「○○대 교수 성희롱 갑질 논란」. 6월 11일.
- 이기주. (2017). 『언어의 온도』. e-book. 말글터.
- 이도원 · 장대익 · 홍성욱 · 곽금주 등. (2011). 『서울대 명품 강의 2』. 글항아리.
- 《주간동아》. (2016). 「학생도 근로자도 아닌 그들 "우리는 죽음을 실습합니다"」. 7월 6일. 1045호. 32-35.
- 주커먼, 필(박윤정 옮김). (2018). 『종교 없는 삶』. 판미동.
- 최은경. (2019). 「일본 대학, 꾸중 못 견디는 신세대에 '야단맞는 법' 강의」. 《조선일보》. 3월 6일. A20면.
- 직장갑질119. (2020). 막말과 모욕 갑질 40선. https://blog.naver.com/gabjil119.
- 크르즈나릭, 로먼(김병화 옮김). (2018). 『공감하는 능력』. 더퀘스트.
- 통계청. (2019). 2019년 청소년건강행태조사, 청소년 자살 시도율. http://kosis.kr/statHtml/statHtml.do?orgId=117&tblId=DT_117_12_Y071&conn_path=I2.
- 파머, 파커 J.(홍윤주 옮김). (2019). 『삶이 내게 말을 걸어올 때』. 한문화.
- 한국경영자총협회. (2016). 「2016년 신입사원 채용실태 조사 결과 보고서」. 2016년 6월.
- 《한국일보》. (2018). 「경찰 "투신 간호사에 태움 없었다" 결론. 유족 강력 반발」. 3월 19일.

- 해리스, 맬컴(노정태 옮김). (2019). 『밀레니얼 선언: 완벽한 스펙, 끝없는 노력 그리고 불안한 삶(*Kids These Days: Human Capital and the Making of Millennials*)』. 생각정원.

- Adkins, A. (2016). Employee engagement in US stagnant in 2015. Gallup. http://www.gallup.com/poll/188144/employee-engagement-stagnant-2015.aspx.
- Atkins, P. W., & Parker, S. K. (2012). Understanding individual compassion in organizations: The role of appraisals and psychological flexibility. *Academy of Management Review*, 37(4), 524-546.
- Baron-Cohen, S., Wheelwright, S., Skinner, R., Martin, J., & Clubley, E. (2001). The autism-spectrum quotient (AQ): Evidence from asperger syndrome/high-functioning autism, malesand females, scientists and mathematicians. *Journal of autism and developmental disorders*, 31(1), 5-17. https://autismodiario.org/wp-content/uploads/2011/09/BaronCohenWheelwrightEtAl2001.pdf.
- Bartolome, F. (1999). Nobody trusts the boss completely—Now what? *Harvard Business Review on Effective Communication*. Harvard Business School Press.
- Darwall, S. (1998). Empathy, sympathy, care. *Philosophical Studies*, 89(2), 261-282.
- Decety, Jean 편저(현지원 · 김양태 옮김). (2018). 『공감: 기초에서 임상까지』. 학지사.
- Dunbar, Robin I. (1998). The social brain hypothesis. *Evolutionary Anthropology: Issues, News, and Reviews*, 6(5), 178-190.
- Dutton, J. E., Workman, K. M., & Hardin, A. E. (2014). Compassion at work. *Annual Review of Organizational Psychology and Organizational Behavior*, 1(1), 277-304. http://scholarship.sha.cornell.edu/articles/749.
- Fabes, R. A., Carlo, G., Kupanoff, K., & Laible, D. (1999). Early adolescence and prosocial/moral behavior I: The role of individual processes. *The*

Journal of Early Adolescence, 19(1), 5-16. https://digitalcommons.unl.edu/cgi/viewcontent.cgi article=1042&context=psychfacpub.

- Goetz, J. L., Keltner, D., & Simon-Thomas, E. (2010). Compassion: an evolutionary analysis and empirical review. *Psychological bulletin*, 136(3), 351-374. https://www.ncbi.nlm.nih.gov/pmc/articles/pmc2864937/
- Hein, G., Silani, G., Preuschoff, K., Batson, C. D., & Singer, T. (2010). Neural responses to ingroup and outgroup members' suffering predict individual differences in costly helping. *Neuron*, 68(1), 149-160.
- Hoffman, M. L. (1975). The development of altruistic motivation. The paper presented at society for research in child development meetings in Denver, 1-10.
- Hoffman, M. L. (1982). Development of prosocial motivation: Empathy and guilt, in N. Eisenberg(ed.). *The development of prosocial behavior*(pp. 281-313). New York, NY: Academic Press.
- HR Exchange Network. (2018). Employee Engagement on the Rise: Gallup survey shows increase from 2015. https://www.hrexchangenetwork.com/employee-engagement/articles/employee-engagement-on-the-rise-gallup-survey.
- Hsiao, P. (2015). Power harassment: The tort of workplace bullying in Japan. *UCLA Pacific Basin Law Journal*, 32(2), 181-201.
- Lahey, B. B., Hart, E. L., Pliszka, S., Applegate, B., & McBurnett, K. (1993). Neurophysiological correlate of conduct disorder: A rationale and a review of research. *Journal of Clinical Child Psychology*, 22(2), 141-153.
- MacLean, P. D. (1985). Brain evolution relating to family, play, and the separation call. *Archives of general psychiatry*, 42(4), 405-417.
- Malatesta, C. Z., & Wilson, A. (1988). Emotion cognition interaction in personality development: A discrete emotions, functionalist analysis. *British Journal of Social Psychology*, 27(1), 91-112.
- McGlone, M. S., & Tofighbakhsh, J. (2000). Birds of a feather flock

conjointly (?): Rhyme as reason in aphorisms. *Psychological Science*, 11(5), 424-428.

- Melwani, S., Mueller, J. S., & Overbeck, J. R. (2012). Looking down: The influence of contempt and compassion on emergent leadership categorizations. *Journal of Applied Psychology*, 1171-1185.
- Powell, J. (1990). *Why am I afraid to tell you who I am?* Zondervan. 12-13.
- Rosch, P. J. (2001). The quandary of job stress compensation. *Health and Stress*, 3(1), 1-4.
- Simner, M. L. (1971). Newborn's response to the cry of another infant. *Developmental Psychology*, 5(1), 136-150.
- *The Economist*. (2019). 'The word for condescending old person in Korean.' 5월 30일. https://www.economist.com/asia/2019/05/30/the-word-for-condescending-old-person-in-korean.
- Way, D., & Tracy, S. J. (2012). Conceptualizing compassion as recognizing, relating and (re)acting: A qualitative study of compassionate communication at hospice. *Communication Monographs*, 79(3), 292-315.
- Zahn-Waxler, C. (2000). The development of empathy, guilt, and internalization of distress. In R. J. Davidson(ed.). *Anxiety, depression, and emotion* (pp. 222-265). Oxford University Press.
- Zahn-Waxler, C., Cole, P. M., & Barrett, K. C. (1991). Guilt and empathy: Sex differences and implications for the development of depression, In J. Garber & K. A. Dodge(eds.). *The development of emotion regulation and dysregulation* (pp. 243-272). Cambridge University Press.
- Zahn-Waxler, C., Cole, P. M., Welsh, J. D., & Fox, N. A. (1995). Psychophysiological correlates of empathy and prosocial behaviors in preschool children with behavior problems. *Development and Psychopathology*, 7(1), 27-48.

제1권 총정리용

이 QR코드를 휴대전화의 QR코드 앱으로 인식하면 토론방으로 연결되어 여러 독자들이 남긴 소감을 접할 수 있습니다. 여러분의 느낌도 써주십시오. 이 책의 저자와 질문으로 소통할 수도 있습니다.

사람멀미 처방전 제1권
직장인의 마음(心) 사용법

1판 1쇄 인쇄 2021년 12월 10일
1판 1쇄 발행 2021년 12월 15일

지은이 남충희
편집인 최현문
발행인 이연희
본문, 표지 디자인 정현옥
본문 삽화 조영남
캐리커처 김선우
발행처 황금사자
출판신고 2008년 10월 8일 제300-2008-98호
주소 서울시 종로구 백석동길 276(302호, 부암동)
문의전화 070-7530-8222
팩시밀리 02-391-8221

ISBN 978-89-97287-13-0 04320 (세트)
948-89-97287-14-7 04320
값16,000원